魏波 著

中国复兴的哲学探讨

中国社会科学出版社

图书在版编目（CIP）数据

中国复兴的哲学探讨/魏波著. —北京：中国社会科学出版社，2018.12

ISBN 978-7-5203-3334-4

Ⅰ.①中… Ⅱ.①魏… Ⅲ.①中国特色社会主义—社会主义建设模式—研究②哲学理论—中国—现代 Ⅳ.①D616②B261.1

中国版本图书馆 CIP 数据核字（2018）第 252040 号

出 版 人	赵剑英
责任编辑	朱华彬
责任校对	张爱华
责任印制	郝美娜

出　　版	中国社会科学出版社
社　　址	北京鼓楼西大街甲 158 号
邮　　编	100720
网　　址	http://www.csspw.cn
发 行 部	010-84083685
门 市 部	010-84029450
经　　销	新华书店及其他书店

印刷装订	环球东方（北京）印务有限公司
版　　次	2018 年 12 月第 1 版
印　　次	2018 年 12 月第 1 次印刷

开　　本	710×1000　1/16
印　　张	22.25
插　　页	2
字　　数	260 千字
定　　价	88.00 元

凡购买中国社会科学出版社图书，如有质量问题请与本社营销中心联系调换
电话：010-84083683
版权所有　侵权必究

目　　录

导　言 …………………………………………………………（1）

第一章　从文明变迁视角认识中国复兴 …………………（6）
　第一节　古老文明的悲剧主题 ……………………………（6）
　第二节　认识视角的转换 …………………………………（9）
　第三节　中国复兴的本质内涵……………………………（14）

第二章　以科学方法论穿越认识盲区 …………………（23）
　第一节　社会认识方法论…………………………………（23）
　第二节　认识的盲区………………………………………（25）
　第三节　穿越转型盲区……………………………………（31）

第三章　中国复兴与社会主义的双重试验 ……………（39）
　第一节　中国复兴与社会主义的交织……………………（39）
　第二节　探索新文明的社会试验…………………………（47）
　第三节　在解决关键问题中开创文明发展的新模式……（53）
　第四节　社会试验的方法论原则及其历史条件…………（58）

第五节　历史关口社会主义的新突破 …………………（65）

第四章　以共享理解和发展社会主义 …………………（81）
第一节　共享的时代要求 …………………………………（81）
第二节　共享的阻力 ………………………………………（86）
第三节　以共享理解社会主义 ……………………………（89）
第四节　辩证理解共享的本质 ……………………………（95）
第五节　培育社会共享机制 ………………………………（101）

第五章　以改革创新奠定中国复兴的经济基础 …………（109）
第一节　以科技创新推动经济发展转型 …………………（109）
第二节　构建国家创新系统 ………………………………（120）
第三节　以改革推动创新转型 ……………………………（124）

第六章　以民主治理奠定中国复兴的政治基础 …………（132）
第一节　中国复兴的关键是构建现代国家治理体系 …（132）
第二节　中国社会主义治理体系的原则 …………………（138）
第三节　以民主治理发展社会主义民主 …………………（142）

第七章　培育新中华共同体以奠定中国复兴的
社会基础 ……………………………………………（151）
第一节　认同危机与"我们"的分裂 ……………………（151）
第二节　共享、认同与共同体 ……………………………（154）
第三节　在共享财富、权力与价值观中培育认同 ……（159）
第四节　构建新中华共同体的现实基础 …………………（163）

第八章　以思想启蒙奠定中国复兴的文化基础 …………（170）
- 第一节　文化与启蒙 ……………………………………（170）
- 第二节　历史上的二度启蒙与两次文化突变 …………（173）
- 第三节　现代性建构中的启蒙逻辑 ……………………（177）
- 第四节　以启蒙推动文化复兴的变革机制 ……………（180）
- 第五节　在培育文化自信中实现文化复兴 ……………（186）

第九章　中国复兴的思想基础 …………………………（195）
- 第一节　中国复兴对思想的需求 ………………………（195）
- 第二节　马克思主义与中国文化的互动变革 …………（199）
- 第三节　在适应性变革中推动思想创新 ………………（204）
- 第四节　在实践中探索21世纪中国复兴的思想基础 …………………………………………（207）
- 第五节　马克思主义的创新性变革 ……………………（212）

第十章　中国复兴的价值支撑 …………………………（229）
- 第一节　复兴进程中的价值观变革 ……………………（229）
- 第二节　构建新中华共同体价值基础的基本原则 ……（234）
- 第三节　建设社会主义新型价值观 ……………………（240）
- 第四节　价值观建设的现实路径 ………………………（250）

第十一章　中国复兴的主体担当 ………………………（258）
- 第一节　国家复兴与公民重塑的互动机制 ……………（258）
- 第二节　当代中国人的生命状态 ………………………（261）
- 第三节　在民主实践中培育现代公民 …………………（266）

第四节　在激发国民创造力中再造青春中国 …………（271）

第十二章　中国复兴的精神力量 …………………………（275）
　　第一节　废墟之上的精神追寻 ……………………………（275）
　　第二节　对"道"的执着 …………………………………（277）
　　第三节　自强不息的信念支撑 ……………………………（279）
　　第四节　气贯长虹 …………………………………………（282）
　　第五节　革故鼎新的变易精神 ……………………………（284）
　　第六节　中华民族精神的再生 ……………………………（286）

第十三章　中国复兴与世界文明秩序的重建 ……………（290）
　　第一节　中国与世界文明秩序的互动 ……………………（290）
　　第二节　中国复兴与世界治理变革的互动机制 …………（296）
　　第三节　以平等身份构建新秩序的认同基础 ……………（299）
　　第四节　中国文化与人类共同体 …………………………（306）

第十四章　中国复兴的客观规律与人的主体性 …………（309）
　　第一节　中国复兴是客观历史过程 ………………………（309）
　　第二节　自由意志与客观规律的统一 ……………………（312）
　　第三节　认识和遵循中国复兴的历史规律 ………………（316）
　　第四节　高扬中国主体性以克服宿命论 …………………（319）

第十五章　大转型时代的哲学变革 ………………………（325）
　　第一节　哲学与时代 ………………………………………（325）
　　第二节　大转型时代对"道"的追问 ……………………（328）
　　第三节　哲学的贫困折射时代精神的困顿 ………………（331）

第四节　文明复兴与哲学变革的互动 …………………（334）

第五节　意义世界的重建 ………………………………（339）

参考文献 ……………………………………………………（343）

后　记 ……………………………………………………（348）

导　言

　　1927年4月6日，北洋军阀逮捕了李大钊。在狱中，李大钊写下《自述》，自言"感于国势之危迫，急思深研政理，求得挽救民族、振奋国群之良策"，"留东三年，益感再造中国之不可缓"[①]。西方列强的侵略使中华民族陷入危亡境地，而现代文明的兴起也映照出古老中国的陈腐，"振兴中华"需要从根本的制度与文化层面"再造中国"，这既是李大钊先生毕生为之奋斗的事业，也是近代以来中国社会文化变迁的方向。4月28日，李大钊从容就义。然而，"再造中国"的理想与事业却传承至今，构成21世纪中国复兴的历史主题。

　　在历史上中国曾经创造了辉煌的古代文明，作为一个文明古国自信地屹立在东方。近代以来在西方列强的冲击下，中国一步步滑向低谷并在苦难中萌生变革自新的动力，"重整河山待后生"成为几代人的共同追求。在轴心时代，大同世界表达了先人对生活的期盼；近代以来，"现代化"成为人们追求的社会理想。从近现代历史的进程看，中国复兴是中华民族在面对生

[①] 《李大钊全集》第5卷，人民出版社2013年版，第297页。

死存亡的压力下谋求自由与解放的过程，也是古老文明在现代性冲击下自我变革与发展的过程。在赢得了民族解放与国家独立的基础上，中国实现了经济的快速发展，初步实现了现代化。"再造中国"是一场宏大的社会试验，这不仅会塑造中国文明的新形态，而且将重构世界文明格局的新版图。从历史遗产和现实矛盾看，实现古老文明的复兴意味着在经济发展的基础上构建现代国家治理体系，在培育新型共同体的认同基础上构筑中华民族的价值与信仰体系。立足中国的基本国情，充分吸纳世界文明的优秀成果，进而在探索社会主义新型道路中创造新文明，需要克服现实利益与狭隘观念的约束，在解决深层次和结构性的难题中推进转型。那么，我们距离"复兴"还存在多大差距？当今中国处于怎样的发展阶段？中国复兴将走什么道路？如何构建现代国家与社会的合理性基础？回答这些问题都需要我们进行创造性的探索，从历史、现实与未来的历史坐标及中国与世界互动的空间坐标中把握其方向。

人类行动的必要前提是对自我与世界的认识，把脉中国社会的历史与现实以形成深刻认识，这是探讨中国复兴的出发点。然而人常常为各种假象所遮蔽，无知和无明是一种常态。受到当下生活的利益和观念的影响，人在既定的秩序中所看到的一切似乎都是合理的，结果就很难走出自己划定的圆圈。因此，获得正确认识需要跳出狭隘视野的局限。中国的复兴是各种历史与现实的因素、政治与经济的力量、国际环境与地缘政治的作用等无数种变量共同汇成的社会变迁洪流，认识和把握其中的趋势、方向与规律正是科学研究的任务。哲学与科学都是人认识和把握世界的方式，旨在通过理智认识和改造世界。近代以来社会科学的诞生标示了人类认识社会现象的自觉，而中国的社会科学学者自然需要以研究和回答中国的问题为首要任务。创造新的知识与思想以构建当代中国的哲学社会科学话语体系，这既是中国复兴的客观要求也是其重要标志。在当今世界，西方近代以来所确立的知识、价值与思想成为主导性的话语体系，不仅在学术上而且在现实生活中发挥了主导作用。面对新问题与新挑战，中国复兴无法照搬西方模式而只能在既有条件下探索自己的新道路，同时基于这些条件和实践经验进行理论创造。显然，理论并非只是主观建构的结果，它需要立足实践揭示社会发展的客观规律从而实际地指导和引领社会的进步。

认识中国复兴这一复杂的历史变迁，以理性精神把握其本质和规律，最根本的是把握社会历史发展的"大道"与"大理"，从思想上明确发展与变革的基本方向进而在凝聚共识基础上推进变革。"道"是社会历史发展的客观规律，是社会文化变迁的必然趋势，也是社会行动需要认识和遵循的基本法则。同时，"道"象征社会的正义和良知，这是社会行动的价值准则。社会历史发展遵循的"道"通过偶然性事件表现出来，深层的历史发展大势却不会自然显现出来。因此，人需要借助理性思维去认识它们，进而在思想层面构建以概念和命题等呈现出来的"理"。这种理论只有正确揭示社会历史发展内在的客观的"道"，才是具有现实意义的、可以指导人们行动的"理"。

面对当代中国变迁与转型的复杂态势，认识中国复兴的大道大理不仅需要具体科学的研究，也需要从哲学的高度进行提问和思考。哲学通过对生活问题的反思介入时代进程。生活遇到了问题，需要人们从根本上进行思考，于是便有了哲学的提问和回答。借助对大根大本问题的反思，哲学力图把握宇宙人生的大道与大理，其结论未必是唯一正确的，然而其反思的方法与批判的精神恰恰是走向真理的道路。哲学提供了一种观察世界的视角，它超越了具体感性而从形而上的层面探讨本源问题，进而以思想引导人的实践。因为对真理的追求，人获得了生命的尊严；因为对责任的承担，人拥有了道义的力量。哲学的探讨不是从书本裁剪生活，而是从生活本身出发把握社会变迁的内在律动。其中一个方法是不断回到原点追问原初问题，从本源上反思和拷问作为前提的种种假设与先见，从中发现问题、夯实基础、打开缺口，从而为人的思想和行动确立可靠的依据。所以，这是一个反思的过程，也是认识现实并超越现实的思想探险。那么，中国复兴面临哪些基础性、原初性的问题？这其中包括从抽象意义上对生活的追问：这样的生活值得吗？怎样的生活是好生活？人可以期望怎样的好生活？如何认识和回答这些问题？21世纪中国复兴需要在新的历史性变革基础上开辟新世界，这绝不只是经济的发展与军力的增强，更意味着制度的变革与文化的繁荣。这一切都必然需要建立在新的思想之上，在反思与批判中确立现代中国的思想基础，进而为国人提供安身立命的物质基础、制度保障与意义安排。凡此种种，都需要从哲学的高度予以反思与追问。

哲学的本质精神包含了对现实及人类知识的怀疑与批判，它主张将社会生活的一切予以理性的审察和反省以避免衰朽和停滞。批判精神展现了启蒙思想的主旨，即以理性取代盲从。这种启蒙精神成为现代性的思想品格和精神传统，进而变为普遍的社会精神渗透到知识和思想生产中，构成现代社会自我改进和发展的动力机制。在这一精神指引和鞭策下，人类不断创造新知、完善制度进而实现生命的成长。坚持这一思想方法和精神理念，哲学便不仅是解释现实更致力于批判现实和改进生活,没有了这种批判性也就丧失了理论干预生活的力量。面对现代社会资本的肆虐、强权的存在、欲望的泛滥,哲学借助其批判精神担负起维护人类文明发展的使命。中国复兴意味着谋求民族新生的历史性变革,意味着整个民族在超越自我中创造新生活的集体行动,因而需要坚持从未来认识当下的方法论立场,以哲学的批判精神反思历史与现实,进而生发出变革的思想与创造的激情。

"中国"是一个地理、政治、文化层面的象征符号,十三亿人口、五千年的文明传统、大一统的社会结构、走向现代的历史趋势等展现出其复杂性。"再造中国"以实现复兴是一百多年来中国人孜孜以求的理想,实现这一理想还需要深刻的系统性的变革,变革则必然会遇到传统观念、现实利益等的重重阻挠,冲突也就不可避免。只有直面冲突并勇于自我革命,才能克服前进道路上的障碍进而实现历史的进步。从此意义上说,中国的复兴不会在歌舞升平中自然而然就能实现。在经历了20世纪的革命和改革之后,中国还需要继续推进这一历史进程。对于这一场必然会发生的历史性变革,人们需要张开双臂去拥抱它,在思想激荡与实践创新中迎接新生活的到来。这里我们提出中国复兴所面对的诸多结构性问题,以期与关心此问题的人们共同探讨。

第一章

从文明变迁视角认识中国复兴

在走过了几千年古老文明的传承以及近代以来的抗争之后，中国的复兴势不可当并将深刻影响全球格局。如何认识这一历史事件成为国际社会关注的焦点问题之一，也是中国人必须思考的大问题。

第一节 古老文明的悲剧主题

1840年，鸦片贸易引发了鸦片战争，也掀开了中国近代历史悲剧的大幕。马克思在分析了中英鸦片贸易后总结道："半野蛮人坚持道德原则，而文明人却以自私自利的原则与之对抗。一个人口几乎占人类三分之一的大帝国，不顾时势，安于现状，人为地隔绝于世并因此竭力以天朝尽善尽美的幻想自欺。这样一个帝国注定最终要在一场殊死的决斗中被打垮：在这场决斗中，陈腐世界的代表是基于道义原则，而最现代的社会的代表却是获得贱买贵卖的特权——这真是任何诗人想也不敢想的奇异的对联式悲歌。"①此时的中国仍陶醉于天朝大国的幻想世界，却不知世界正在发生天翻地覆的变化。源于西方的工业资本主义是一种强势的、极富扩张性的力量，其固有的掠夺、占有的本性驱使它向古老的东方文明发起了决斗，而中国则在极不情愿中被拖上了战场。对此马克思分析道："与外界完全隔绝曾是保存旧中国的首要条件，而当这种隔绝状态通过英国而为暴力所打破的时候，接踵而来的必然是解体的过程，正如小心保存在密封棺材里的木乃伊一接触新鲜空气便必然要解体一样。"②古老文明不可避免地陷入悲剧性冲突中，也在历经衰败与抗争、死亡与图新后走向了新生。

近代中国这一跌宕起伏的悲剧性冲突延续至今形成了"中国复兴"的历史命题，如何认识这一主题也成为当今时代的大问题。近代以来中国一步步跌入低谷成为"野蛮""落后""愚昧"的国度，中国人失去了自信、自尊而在黑暗中逡巡。在经过"反帝""反封建"的斗争后，中国人赢得了独立、解放和自由；在经历了乌托邦试验的挫折后，中国又以改革开放推动了经济发展并进入中等收入国家行列。21 世纪中国复兴面临的问题是近代以来文明发展主题的继续，这从总体上塑造了中国的现实格局。人们看到了稳定、繁荣的大国气象，也看到了资本的贪婪、环境的污染、道德的下滑。那么，中国的崛起将以怎样的面貌出现，又如何理解 21 世纪中国复兴的本质内涵？1921 年，杜威在讨论"少年中国"与"老年中国"问题时提出，中国有绵延五千年的古老文明，近代以来在应对西方工业

---

① 《马克思恩格斯文集》第 2 卷，人民出版社 2009 年版，第 632 页。
② 同上书，第 609 页。

文明的冲击下走上转型之路,这是史无前例的。"历史没有记录下任何可以模拟的东西——一个古老、巨大、独特、排外、自足的文明能够再一次诞生吗?"他认为,这是一个巨大的谜题有待解开。①

对于这一问题存在不同的认识。一些西方国家从霸权视角得出了"中国威胁论",认为中国的崛起必将形成新的霸权,这会打破西方主导的世界体系从而威胁其核心利益。一些周边国家也感到"不安全",与中国的关系趋于紧张。一种观点认为中国探索出了一套"中国模式"。伴随着经济发展、国力增强,中国人走出了历史的阴影并增强了民族复兴的信心。不过,盲目的自信会导致自负,民族主义的发酵则可能走向狭隘。还有一种"危机论",认为不可持续的发展模式难以为继,贫富、官民、城乡、民族之间的矛盾趋于尖锐,由此可能引发社会危机。许纪霖提出"中国的崛起应是文明的崛起"。他区分了"富强的崛起"与"文明的崛起",认为"富强的崛起"追求"民富国强","文明的崛起"则是人类历史演化中新的生存方式和意义系统的诞生。近代以来中国在西方冲击下成为"以国家主权为中心的民族国家",现代中国的重建则需要重振文明国家的风采。② 解开上述谜题、实现中国的复兴需要克服传统政治、文化与人性的局限,跳出"经济凋敝—政治动荡—社会分裂—信仰迷失"的循环,在保持已有的经济发展、社会稳定等态势下化解深层矛盾,确立实现长治久安的制度框架,无疑这将是一次

---

① [美]杜威:《老中国与新中国》,《杜威全集》第13卷,赵协真译,华东师范大学出版社2012年版,第84—85页。
② 许纪霖:《中国如何走向文明的崛起》,载许纪霖主编《何种文明?中国崛起的再思》,江苏人民出版社2011年版,第3—13页。

历史性的突破。站在五千年中华文明历史和世界文明发展的视野中去认识，文明的复兴、转型与创造构成中国复兴的本质内涵。

第二节　认识视角的转换

走出了历史阴影之后，中国需要转换视角去认识自己与世界，这既是历史发展的客观要求，也是人的自我觉醒的表现。对自我及世界的认识是生活的起点，今天中国的这种认识也在经历深刻的变革。在轴心时代中国文明横空出世并绵延了两千余年，近代以来中国走上了转型与革新之路，20世纪的复兴意味着轴心时代之后中华文明的一次突变，这一华丽的转身将开启全新的时代。推进这一历史性转型需要思想上的突破，首先是从世界观上实现一种转换。

近代以来中国在西方文明冲击下形成了被动回应的思维范式，不自觉之间为其所主导。面对西方的"挑战"，中国不仅以学习西方为圭臬，而且不自觉地卷入到西方主导的思维模式中，由此形成了"超英赶美""建设现代化国家"的主流叙事，在不自觉之间消解了中国文明的主体性。文化保守主义、新左派等竭力突出本土文化的价值并抗拒西方文明的普适性，但依然在抗拒与变迁、东方与西方、社会主义与资本主义等对立模式下思考。随着经济的起飞，自卑也容易变为民族主义的自负，这仍然是在强化西方主导的世界秩序和思维方式。如今，历史发生了重大变化，中国需要跳出这种思维范式，以平等主体身份重新认识世界、他者与自我，通过视角的转换重新确立自己的主体地位。"东方主义"等主张跳出"西方中心论"的思维；

同样，中国也要跳出"东方中心论"的狭隘。那么，如何转换视角去认识中国的复兴？

一个答案是从文明视角进行认识。历史学家布罗代尔提出了研究文明史的三个不同层面：一是短时段的研究，叙述具体事件；二是中时段的研究，对作为一个整体的一系列事件进行研究；三是长时段的研究，超出以上"事件"的范围，考察按照一个世纪或更长时间来衡量的现象。从最后一个层面看，"文明被看作不同于标志着它们发展的偶然的和变幻无常的事件：文明所揭示的是它们自身的长期性、恒久的特征以及它们的结构——文明的近乎抽象的但却是不可或缺的图形"。所以，"文明只能在长时间段中进行研究，这样才能把握一条逐渐呈现的主线——为一群人所共同遵守的某种东西"。① 对于当代中国也需要跳出眼前的具体事件，从历史发展的长时间段去认识，这个历史的长波可以追溯到过去两个世纪并延伸至 21 世纪，当然还包括中国五千年文明史的大背景。另一个空间坐标是世界文明史的演变尤其是过去几个世纪西方文明的兴起以及新世纪人类文明的走向。从这一时空坐标去定义中国的复兴，可以摆脱以往带有时代局限性的认识。从历史与未来的长时间段看，中国的复兴进程存在一条主线，即几千年来被中国人珍视、遵循而没有中断的中华文明。从长远的历史视角看，意识形态的、政治的、技术的因素等都具有暂时性，超越时代局限的是"文明"的成长，以"文明"定义中国的复兴具有内在的合理性。中国本身创造了数千多年没有中断的文明，这是中国复兴的基

---

① ［法］布罗代尔：《文明史纲》，肖昶等译，广西师范大学出版社 2003 年版，第 54—55 页。

础。"文明"涵盖知识、技术、政治制度、生产方式、文化价值观等多个层面，展现了社会生活的整体性。中国的复兴包括文化的复兴，也包括政治、经济、社会等全面的变革，"文明"便具有这样的概括性。同时，文明包含了一种褒义的价值判断，撇开西方中心论的局限，"文明"体现了人类克服自身局限、挑战各种蒙昧与邪恶进而创造美好生活的方向。从此意义上说，人类发展历史便是在不断积累和创造文明的历史，中国的复兴便是传统文明的一种自然延续和新生。

事实上，中国是一个伟大的文明古国，对此中国人从来没有怀疑过。然而近代以来，这种文明的自信为西方的坚船利炮所击碎，丧权辱国、割地赔款、军阀混战、灾荒不断，泱泱文明大国失去了风采、魅力甚至尊严而沦落为任人宰割、耻笑、辱没的对象，人们忘记了中国是一个文明国家。改革开放以来中国经济快速发展，然而市场经济的发展又迅速瓦解了传统的道德与信仰体系，在一些外国人看来，中国人成了不讲诚信、缺少信仰的"经济动物"。当国人将各种"不文明行为"带到世界各地时，当资本在神州大地肆虐时，一个问题被提出来：中国如何成为现代文明国家？

提出和回答这一问题也是重新认识中国及其复兴的过程。自从 18 世纪以来，"文明"（civilization）概念伴随着西方世界的崛起以及工业资本主义向全球的扩张而成为一个核心范畴，以西方为"文明"标准看待世界成为主导的思维方式。在强势文明的冲击面前，非西方世界也接受了此种观念，这构成了现代历史的主导世界观。随着西方文明内在缺陷的暴露，人们认识到"文明"概念的价值重荷，多元主义、相对主义的观念逐步兴起。20 世纪初，西方文明在工业革命的推动下达到了一个高峰，现代性内在的矛盾也带来了各种弊病甚至灾难，这引发了思想家们的批判性反思。斯宾格勒从文明的成长、衰落、灭亡的历史演进中推论出"西方的没落"，汤因比用挑战与应战的理论模型分析了历史上几十种文明的兴衰。罗素感受到"西方文明的希望日显苍白"，"心中充满了疑惑和痛苦"，于是开始了中国之行以"寻找新的希望"，后写成了《中国问题》一书。[1] 罗素说道："我相信，中国人如能对我们的文明扬善弃恶，再结合自己的文化，必将有辉煌的成就。但在这个过程中要避免两个极端的危险。第一，全盘西化，抛弃有别于他国的传统。那样的话，徒增一个浮躁好斗、智力发达的工业化、军事化国家而已，而这些国家正折磨着这个不幸的星球；第二，在抵制外国侵略的过程中，形成拒绝任何西方文明的强烈排外的保守主义（只有军事除外）。"[2] 杜威在一篇书评中提出，罗素对中国的成就言过其实。然而，"与西方的接触，在中国引起了一种再度觉醒的躁动、一次真正的文艺复兴。""在我看来，终极的'中国问题'关涉在当前的激变中什么将会胜出：西方严厉的和破坏性的影响，还是由与西方的交往所激发的对于中国文化的内部重塑。"[3] 21 世纪的中国需要彻底走出西方的"破坏性的影响"，重塑自己的社会与文化并彰显自己的主体性。新崛起的中国不应是"一个浮躁好斗、智力发达的工业化、军事化国家"，其觉醒、重塑、崛起将是一种文明的复兴。罗素提出，如果中国人采纳西方的人生观，一旦有能力则可能走上帝国主义道路，

---

[1] ［英］罗素：《中国问题》，秦悦译，学林出版社 1996 年版，第 10 页。
[2] 同上书，第 4 页。
[3] ［美］杜威：《中国与西方——评〈中国问题〉》，载《杜威全集》（第 15 卷），汪堂家、张奇峰、王巧贞、叶子译，华东师范大学出版社 2012 年版，第 179—182 页。

以蛮横的霸权为无上光荣，则实际上为仇敌所屈服。"如果中国的改革者在国力足以自卫时，放弃征服异族，用全副精力投入于科学与艺术，开创一种比现在更好的经济制度，那么，中国对世界可谓是尽了最恰当的义务，并且在我们这样一个令人失望的时代里，给人类一个全新的希望。我愿以此来唤起中国新青年，因为这一希望并非遥不可及，正因为这一希望是能够实现的，所以中国人应该受到所有热爱人类的人们的极高崇敬。"①在中国正处于黑暗中时，罗素对中国文明的前景满怀期许，同时也富有远见地指明了中国复兴的方向。那时，积贫积弱的中国还在为救亡图存艰难抗争，无法奢望为世界贡献一种新文明。如今，中国有条件以雍容大度的心态对待世界同时确立新文明的根基；中国的"新青年"也有条件在创造新文明中给世界带来新的希望，从而赢得世人的尊敬。

可以说，从文明视角认识中国迷题、以文明再造定义中国复兴，是一个合理的结论。在新文化运动时期，胡适将"新思潮的意义"归纳为"研究问题，输入学理，整理国故，再造文明"，提出了"文明再造"的主题。1930年，曾在中国身居多年的美国学者纳撒尼尔出版了《中国：文明的崩溃》一书，从文明冲突的视角剖析了中国的历史与未来。他开篇即提出，关于中国首要和基本的事实是：她拥有人类四分之一的人口；拥有延续至今依然存活的最古老的文明；在西方压力下，她必须改变自己文明的形式与精神并重建社会。②在此基础上，他提问道：中国能实现再生（rebirth）吗？中国的再生又将走向何方？

---

① ［英］罗素：《中国问题》，秦悦译，学林出版社1996年版，第198页。
② Nathaniel Peffer, *China: The Collapse of a Civilization*, New York: The John Day Company, 1930, p. 3.

中国将会学习西方科学技术、实现工业化、建立与现代性需求统一的经济、政治与社会，实现一次真正的文艺复兴从而融入20世纪的西方吗？① 如今，中国在经历了漫长的衰退、挣扎后走上了复苏、再生的新道路。中国创造了灿烂的古代文明，其大度、悠然、空灵、澄澈展现出巨大魅力，也成为世界文明中的一个高地。在走过了20世纪之后，中国可以超越历史的种种局限，在新的平台上以平和的心态重新定位，实现一次历史性的转变，展现中华文明、泱泱大国的万千气象。人的超越性体现于对现实的认识与克服，这正是文明的力量、文明的精神。中国文明的古老基因在现代文明的冲击与洗礼下再次焕发出新的生机，从中恰恰萌生了超越现实的强大力量，这既是中国文明再生的出路和方向，也是人们对新文明的理解和期待。

第三节 中国复兴的本质内涵

中国新文明的创造将走什么道路、展现怎样的文明？这既是世界各国关心的话题也是中国的现实问题。21世纪中国复兴的一个本质内涵是中华文明的复兴。

中华文明的复兴意味着构筑一种新的世界观与价值观，超越西方中心论的世界观、非此即彼的方法论等，以独立、平等、自主的文明主体身份思考和行动。从世界观层面来说，培育新文明可以立足中国"天下"世界观理解天人关系，以"天下"胸怀和视野超越各种"中心论"，包括古代中国的"中央帝国"

---

① Nathaniel Peffer, *China: The Collapse of a Civilization*, New York: The John Day Company, 1930, pp. 12–13.

的自负。从价值观层面来说，培育新文明需要探索一种新的价值体系，在保持多样性的同时确立基本价值。

中华文明的复兴意味着古老文明的复归，恢复中国文明的大度与自信，展现其通灵与明澈。这一复归是向人与自然的和谐复归，恢复神州大地的宁静与平和；是向人与人的和睦复归，恢复人与人的信任和友爱；也是向人与自身的统一复归，恢复中国人的朝气与活力。新文明立足于中国古老文明的传统之上，但不是简单的回归传统，而是立足现实生活去开掘传统的积极因素，让有生命力的文明传统在当下生活中绽放新的光彩。巴克爵士探讨了欧洲文艺复兴（Renaissance）、宗教改革（Reformation）及大发现（Discovery）的关系后认为，这三个概念是人为的划分，而历史进程的事实是它们构成相互渗透的整体，在几个世纪里反复互动汇成了近代欧洲文明兴起的洪流。其中一条线索是对古希腊文明的重新认识、发现和复归（recovery）。[1]他说道："人类心灵不能摒弃其遗产的伟大；伟大的时代总有伟大的回转与伟大的复归；宗教改革就像文艺复兴，在更高的水平上实现了伟大的回转与复归。"[2] 在经历了这样漫长的觉醒、反思、改革之后，启蒙运动、科学革命、民主革命和工业革命蓬勃兴起，现代西方文明涌现出来。中国的复兴也需要经历深刻的思想与政治革命，也会经历重新发现的过程，即重新发现中国文明的价值；同时经历一个伟大的回转和复归，即中华文明的回转和复归。这是部分死亡基础上的浴火重生，是否定之否定之后的创造性复归。

---

[1] Sir Ernest Barker, *Traditions of civility: Eight Essays*, Cambridge. New York: Cambridge University Press, 2011, pp. 74 – 123.

[2] Ibid., p. 115.

中华文明的复兴意味着各种文明的复合，即融合、吸纳一切文明的合理因素。文明的复合体现为传统与现代的复合，将传统融入现代、以现代改造传统；体现为东方与西方的复合，融汇东西方等各种文明的合理成分，在相互参照与对话中形成新的文明形态；也体现为各种主体的复合，激发市场、社会、政府等各种主体的积极性和创造性。各种文明在这一块土地上和平相处、共同发展，汇聚、融通各种文明并创造出新的文明形态，这是中国文明生生不息的动力机制。总之，文明的复合是在开放的时空坐标中审视一切文明并汇成新文明的历史洪流。现代西方文明具有内在的合理性，充分而彻底地吸收其合理部分是对本土文明有信心的表现。

中华文明的复兴意味着在新的实践中创造新文明，由再生而走向复兴。如落叶归根又催生出新的嫩芽，古老文明在磨难中自我革命、死而复生，新文明的出现是基于新的生活实践而进行创造的过程，表现为批判性的审查、建设性的交融、创造性的再生。一个历史经验是，不论是传统文明还是其他文明，简单的移植都缺少生命力而难以生存，唯有结合自己的社会历史文化实际并在生活实践中创造，才能生根发芽并结出新的文明成果。文明是一种生产和生活方式，人们借助于知识、技术、制度、价值观和信仰的创设确立某种规则和秩序，由于人性的弱点以及知识的有限，这一过程常常包含了错误，而人的智慧与德性的成长则推动了文明的进步。中国复兴意味着在文明的复兴中探索新的生产生活方式、构筑新型文明秩序，这是一个系统创新的过程，意味着社会结构和思想世界的深刻变革。按照英国思想家霍布斯的理解，文明意味着克服丛林世界的残酷竞争，通过确立政治制度来规范人的行为。文明的核心是确立共同体生存的制度体系，制度与文化的变迁构成文明发展的深层内容。中国的复兴不仅要探索新型经济发展模式，更要探索新型民主政治与社会治理体系，构筑新文明的制度与文化基础。

中华文明的复兴还意味着再造中国人。文明通过人的生活表现出来，内化为人的思想、外化于人的行为，人的生命活动便是文明最切实的体现。中国新文明将在亿万中国人的生命实践中创造出来，新文明的创造更是中国人自我革新的过程，这是文明复兴的核心所在。对中国问题反思的一个维度是认识和批判中国人的国民性包括"劣根性"，近代以来中国人在世人心目中的形象是"饥民""东亚病夫""阿Q"等"丑陋的中国人"。经历了苦难与死亡的洗礼之后，中国人在革命中浴火重生，在发展中重塑了自我。人都是不完美、有缺陷的，中国人自然也有许多弱点、缺陷，因而需要在其他文明参照下改进自己；同时，还要恢复中国人的平和、达观、仁厚、精进等美好品格，再造"美丽中国人"。这既是实现中国文明复兴的条件，也是文明复兴的标志。当然，这里依然需要经历一番新的自我革命，包括融合自由、民主、法治、人权等观念，克服奴性、膜拜权力等弱点，进而开创一种新生活、新文明、新生命。

中华文明的复兴意味着走出持续几个世纪的停滞、衰退以及治乱循环，在一种新的系统结构和文明秩序下开始新的生活。中华文明的复兴内含对国民的一个承诺，即在这块土地上建设让人留恋的家园，让人们生活得更好、更有尊严。这要求在克服一己之私、集团之私中形成合作共赢的新格局，进而形成新的文化认同基础并构筑大中华文明圈。中华文明的复兴也内含对世界的一个承诺，即中国不仅不会对世界构成威胁，而且是解决矛盾、化解危机、促进世界文明进步的积极因素。中国将以文明大国的心态和天下情怀处理国家关系，化解与西方世界意识形态上的冲突及与周边国家的利益之争，为解开国际关系中的各种"死结"作出贡献。总之，中华文明的复兴意味着恢复和重建中国文明的自信，走出近代以来形成的自卑与狭隘，走出西方主导的思维、话语和权力模式，在超越现代西方文明局限和自身缺陷的基础上创造一种新文明。从这一视角看，中国复兴的前景将是光明的。

中国复兴留给人们丰富的想象和作为空间，实现中华文明的复兴需要推动国家改革与发展的战略转型。

首先，解放思想，在百家争鸣中推动思想创新。改革开放以来中国推进了市场取向的改革，但依然深受传统僵化思想的束缚。面对各种观念的论争，文明的复兴要求从构筑新型文明的立场去拓展思想发展的空间，在直面现实问题、立足实践经验中拓展新的思想世界。那么，21世纪的中国将呈现怎样的思想景观、确立怎样的思想世界？"轴心时代"的百家争鸣将中国古代文明推向一个前所未有的高度，也铸就了之后两千多年的思想基础。同样，今天中国的复兴不仅需要而且必然出现思想的繁盛，这就要克服僵化思想的束缚，推动思想的不断解放。2011年，经济学家科斯在年近101岁时接受了一家中国媒体的邀请，他分析了中国的市场改革之路，认为这是在试验中探索的结果，中国通过回归自己的文化传统寻找到发展市场经济的思想和制度资源。但是，当今中国缺乏思想市场，这是中国经济诸多弊端的根源。思想市场的发展将使中国经济的发展更多以知识为动力、更具可持续性，更重要的是，这可以使中国通过与多样化的现代世界相互作用和融合以复活和改造其丰富的传统。假以时日，中国将成为商品生产和思想创造的全球中心。

科思的这些提醒可谓振聋发聩。如今教育的普及、全球化带来的文明的交流等为创造力的迸发创造了条件，开放思想市场意味着放开对思想的种种钳制使其自由生长，这将引发整个社会创造力的释放。如果说过去的经济发展是通过开放经济市场激发了民众创业的热情实现的，那么，未来中国思想市场的开放将成为新一轮发展的引擎。

其次，超越阶层、民族、地域之间的利益冲突，夯实社会团结的基础。当今中国社会各个阶层、民族、地域之间的分化与冲突十分突出，维护社会稳定面临巨大压力。社会的发展为各种客观力量所支配，各种主体都有着明确的利益取向，制度则带有强大的约束性和惯性，这些因素交互作用可能会将中国带向对所有人都不利的方向。中国人还是要在这块土地上生活，创造一种新文明、在新的秩序基础上开始新生活是大多数人的希望所在，也是中国文明的前途所在。可是，如何超越日益尖锐的利益冲突？从文明的复兴视野去认识，一种可能出路是在构筑中国新文明的基础上达成各个阶层、区域、民族之间的和解，在避免零和博弈中实现多方共赢。人性的自私、对权力和利益的追求都是人的本能，业已形成的权力和利益结构十分稳固，而市场和权力的法则又扎根于社会结构的深处，培育新文明则需要克服这些困境。实现中华文明的复兴需要从中华民族的整体、长远和共同利益出发，探索克服社会矛盾的系统机制，建构基于公平正义之上的制度架构。

再次，以中华文明的复兴推动世界文明秩序的重构。"文明冲突论"曾引发了全球的讨论包括"文明的对话"。如今，中国人需要重拾文明古国的记忆和自信，但它不是如西方人理解的"统治世界"，而是以新文明的创造来影响并引领世界文明的发展。这未必意味着凸显"中国性",因为中国传统恰恰是包容、开放、以天下为己任的。在西方冲击下,中国的民族国家意识逐步建立起来;如今,中国需要肯定"天下"的世界观,适当凸显全球性。民族国家依然是最重要的行为主体,但这也形成了现实中的种种矛盾。新世纪人类文明的进步需要克服民族国家的局限,从"天下"视野构筑新型国际关系。世界对中国有着各种偏见甚至敌视,这里有经济、政治、意识形态的原因。作为一个大国,中国容易给小国带来一种不安全感。弱化人口、军事、经济大国的概念而强化"文明国家"的概念,则可以化解世人的不安全感,进而增强世界对中国的认同,这也正是新文明的魅力所在。

  最后,超越西方现代性的局限以开创新型文明。基于对西方文明局限的认识,汤因比提出:现代西方文明激发了活力,同时也带来社会的分裂以及人与自然的紧张,要克服其缺陷、避免走向崩溃需要在西方以外寻找出路;中国则似乎在探索一条新的"中间道路"。他推断,如果中国能够把传统中国的稳定和现代西方的活力结合起来,创造出一个能够使人类免于自我毁灭的"综合体",这将是世界和中国都需要的礼物。[①]美国学者娜奥米与艾瑞克从未来视角分析了气候变化等引发的可能后果,认为西方文明已步入了第二个黑暗时代(Dark Age)并将走向崩溃,这源于西方文明中两个根深蒂固的传统:实证主义使其不愿正视对未来的科学分析;市场原教旨主义则使其无法克服资本的驱动。他们还推断,2074年发生大崩溃和大移民时,中

---

  ① [英]汤因比:《历史研究》,刘北成、郭小凌译,上海人民出版社2005年版,第393—394页。

国凭借其强有力的政府组织而能更好地渡过难关。① 关于人类未来的担忧从未间断，但也让人像看灾难电影一样一笑了之。但是，一种文明在发展过程中会形成较为稳定的结构、机制、理念等，进而形成强大惯性驱使其前进，其自我僵化的本性使其难以应对环境的变化，结果可能会走向崩溃。现代西方文明建立在现代技术、资本主义、市场经济、主权国家、个人主义等之上，它们构成了"现代性"并主导了近现代历史。然而这一文明存在着结构性的缺陷，导致人与人、人与自然、人与社会、国家与国家之间的尖锐冲突。中国的复兴必须克服西方文明的缺陷，进而探索文明发展的新道路。

上述战略转型是历史的大势，自觉认识并推动这种战略转型则是顺应历史潮流的上策。文明复兴需要国家改革与发展的战略转型，即走出过去求独立解放、谋发展富强的阶段，而转向一种新文明的创造，从而实现战略定位、战略思想的突破。从思想层面说，中华文明的复兴意味着文明的觉醒，意味着重构中国人的文明自觉、文明自信、文明意识，确立起中国复兴新的世界观和价值观。这种觉醒也是一种思想的再启蒙与文化的再复苏，在全面审视传统文化遗产的基础上确定新的思想坐标。这是历史的大势也是创造历史的机遇，中国人能否超越自己、超越现实而萌生出创造历史的伟力，便是解开中国谜题的答案所在。

实现中国复兴的最大障碍不是其他国家而是中国自己。从历史传承下来并在现实中不断强化的观念、利益与权力结构具

---

① Naomi Oreskes and Erik M. Conway, *The Collapse of Western Civilization: A View from the Future*, Daedalus. 142（1）Winter 2013.

有维护现实的惯性，它们构成中国复兴的强大阻力。面对严酷的现实，中华文明的复兴是一种客观趋势还是一厢情愿？以知识和行动建构世界是人类社会的独特禀赋，从未来超越现实、在超越现实中建构理想社会是一个创造的过程。中国的复兴既是已经发生的事实，包括过去一个多世纪的变革；又是正在和将要发生的事实，是由各种力量所驱动并由人参与建构的行动。未来扎根于现实和历史中并由人创造出来，从历史和现实可以认识未来中国的变迁。纳撒尼尔在探讨了中国的工业化进展之后提出，中国可能采取西方和现代化的外表，以其独特的个性改变它们，以其固有的精神注入其中，进而发展出一个新社会、新文明、新文化，一个族群得以再生、更新并开始一种新生活，就像以往历史证明的那样展现出丰富的创造性。那么，中国能否在与西方文明的冲突或融合中，在不迷失自己的条件下实现复兴？这是历史留下的问题。"答案将由事实来给出——也许五十年，或者一百年，两百年。不过，不论何时给出答案，整个世界的未来将会被它塑造。"[①] 时间过去了八十多年，中国取得了巨大进步，不过"发展出一个新社会、新文明、新文化"还没有完成，这正是21世纪中国复兴面对的问题。如今，神州大地正在涌动新文明的浪潮、培育新文明的基因，人们已经感受到新文明如胎儿在母腹中的躁动，也如东方的太阳即将冲破黑暗喷薄而出。21世纪中国文明壮丽的日出象征着一次涅槃再生，人们有理由充满信心和期待。

[①] Nathaniel Peffer, China: The Collapse of a Civilization. New York: The John Day Company, 1930, p. 289.

第 二 章

以科学方法论穿越认识盲区

中国复兴是探索新文明的创造性活动，面临巨大的未知世界。在历史发展的新关口，面对改革转型的"深水区"，仅仅依靠过去的经验知识已不足解决新的问题，理论和思想的创新成为客观要求，确立正确的认识方法论则是一个基本条件。

第一节 社会认识方法论

社会历史的演进体现为作为客观力量的社会系统各要素的交互作用，也表现为作为历史主体的人的选择与行动，前者是通过后者来实现的。这样，社会历史也在很大程度上取决于人的主观认识和现实行动。人创造历史的活动受制于多种因素，其中一个关键是其对世界的认识，认识的对错、深浅、周全与否等直接影响了人的判断和行动。经验证明，人的错误与失败都可以找到认识的根源，增强认识的自觉性、掌握尽可能充分的知识，这是达成行动目标的必备条件。其中，对于世界的认识不仅表现为系统化的"知识"，也包含对对象世界的直觉、领悟、想象等形成的"洞见"，这往往是正确判断和行动的基础。

现代社会高度复杂，这既增加了认识的困难也对人的认识能力提出了更高要求，这就要遵循科学的认识方法论。

坚持正确的认识方法论要求寻找合理的前提作为出发点。破除偏见以澄清思想，排除错误以克服自负，这便是一个出发点。人总是为各种偏见、臆断、想当然、一厢情愿等支配，常常浑然不知世界的真相而陷入"无知无明"。这既是由人的悟性不高所致，也包含了人所面对的一种普遍处境：个人的认识能力和世界本身的"黑箱"状态存在某种难以跨越的鸿沟，错误是不可避免的。哲学家皮尔士提出了"易谬论"（fallibilism），认为人们探求真理，但尽最大限度所获得的仅仅是需要不断加以改进的趋近值。荀子道："凡人之患，蔽于一曲而暗于大理。故为蔽？欲为蔽，恶为蔽；始为蔽，终为蔽；远为蔽，近为蔽；博为蔽，浅为蔽；古为蔽，今为蔽。凡万物异，则莫不相为蔽，此心术之公患也。"（《荀子·解蔽》）人的自负根深蒂固，打破这种定势必然遇到人内心深处的本能反抗，这就要冲破传统文化的魔咒，在批判与反思的启蒙中构建民主与多元的思维方式。认识的升华与社会的进步常常从发现错误开始，而审查和清理头脑中不合理的思维习惯则是培养批判性思维和创造性能力的有效途径。维特根斯坦在笔记中写道："我应该只是一面镜子，让我的读者能够透过镜子看到思想上所有的畸形，以便他用这样的途径，将思想端正。"[1]这也是哲学作为"治疗的学问"的功用。即便如此，由于人认识的困境和易错的本性，错误和失败仍然是很难避免的，它们构成了人类生活的一部分，以至于

---

[1] ［英］路德维希·维特根斯坦著，［芬］冯·赖特、海基·尼曼编：《维特根斯坦笔记》，许志强译，复旦大学出版社2008年版，第30页。

人注定会带着错误离开这个世界。承认人性的不完美性是一个开明的态度，接纳人必然会错的事实并从中学习则是完善自我的途径。然而，发现、接受和改正自己的错误是很难的，因为这会将人带入自我冲突中。人常常是在撞了南墙之后才认识到自己的错误和幼稚，而这种自负植根于以自我为中心的思维方式中。只有不断反思并克服内心深处的自负、傲慢、偏见，才能走出与生俱来的无知无明而走向澄明之境。

第二节 认识的盲区

对于中国复兴这一充满挑战性的历史进程，人们的认识如何？作为一项极其复杂的系统工程，中国的复兴仍然是充满未知的有待探索的过程，这构成一个广袤的"未知世界"和必然王国，人们对它的认识还相当不足，存在巨大的认识盲区。认识上的不足和困境有着客观的原因。从客体角度看，中国复兴本身是社会文化系统的历史演进过程，其内在规律不会自动显示出来，而这种必然性又通过普遍的偶然性与不确定性表现出来，因而认识其中的规律并非易事。从主体角度看，人们对于社会历史发展的认识还十分有限，对于中国复兴的规律的认识也处于探索中。知识与思想进化史上的一个基本经验是，人类的理性能力是有限的而非无限的，人的认识受到各种客观因素的约束而充满主观性与随机性，由此形成了认识的局限和真理的相对性。

中国在强势政府推动下实现了经济发展并维持了政治合法性。随着发展进入新阶段，转型逐渐成为更加迫切的主题。作为一种系统性的社会与文化变革，国家转型涉及多个变量的复杂互动，这包括现代国家制度体系的建构、文化价值观的重塑、经济社会结构的再造等，表现为从人治到法治、从"传统"到"现代"等的深刻转变。因此，这不仅是要实现工业化、城市化，更意味着重构现代文明秩序并培育新中华共同体。中国问题的实质是古老中华文明的重生与再造，中国的转型则是一种文明的系统转型与创造。近代以来的社会变革从不同意义上推动了这一进程，中国赢得了独立并实现了初步繁荣，然而历史的诡谲显示出转型的艰难。在瓦解、移植、创造的过程中，中国人学习西方的技术、知识、制度等，中国的面貌也为之一新。然而，这种批判和学习还不够深入，居于文明深层的制度、文化、价值、思想等还有待突破。在形式上，中国已经充分现代化，这表现为摩天大楼林立、教科书体系的改造等；在实质上，人们还没有真正将自由、民主、法治等思想与价值融入自己的生活中。中国的复兴需要通过创造性地破解各种难题以走出各种历史怪圈，在推动国家的系统转型中再造中华新文明，这既是经济与社会发展发展的内在要求，也是实现国家复兴的关键枢纽。中国的文明转型是正在演进中的历史过程，它已然走过了一个多世纪的历程，如今面临深层的制度文化重构问题。由于正处于演进与变迁之中，各种要素、变量都不断变化并交互作用。探讨中国的转型便是研究这一行进中的历史演化进程，认识其中的规律与趋势，从而为制定合理应对策略提供基础。

　　面对现实中盘根错节的矛盾和阻力，如何凝聚共识和集体意志而实现历史性的转型与跨越？社会历史发展为转型提供了哪些"物质条件"？认识并推动中国转型需要分析"意识"背后的社会物质生活及其矛盾。在经过了三十多年的持续快速发展之后，中国的社会经济结构和文化价值观发生了剧烈变化。

与此同时，技术进步推动了全球化进程，中国在对外开放中全面融入世界并受到深刻影响。在此条件下，当今中国转型面临的各种约束条件出现了重大变化，转型步入一个新阶段并面临更加复杂的难题，同时也呈现出一系列新特征。一是系统复杂性。在经历了快速的工业化、城市化和信息化之后，社会系统各个方面的关系日趋复杂，转型也呈现出高度的系统整体性。市场经济和全球化的推进加剧了社会的分化与多元化，经济快速发展与其他领域改革发展的滞后形成落差，社会系统各个方面形成掎角之势，推动任何一方面的转型都需要其他方面的配合。传统社会统治与管理的模式存在高度的大一统的特征，权力仍支配着社会的资源，因而转型必然涉及国家权力的重构、利益结构的调整、社会关系的重塑、文化价值观的再造，由此呈现出高度的系统性和复杂性。二是全面创新性。当今中国的转型明确地指向了创新，创新成为转型的实质要求。转变经济发展模式的方向是在发展科技与教育的基础上向创新型经济转型。政治转型的方向是发展社会主义民主，这要在中国社会和文化基础上探索新型民主政治。社会转型是在市场经济基础上构筑新型社会结构与秩序，而立足中国社会实际、挖掘传统社会和文化资本去建设现代社会需要推进社会创新。文化转型意味着在重新审视传统文化基础上确立新的价值体系与意义世界，不论是实现传统文化的创造性转换还是推动当代文化的创新性发展，创新都是方向。总之，当下中国转型已无法简单地移植、复古、模仿，而只有立足当下生活的实践，以全方位的系统创新为导向推动转型，这是中国发展与转型的必由之路。三是客观必然性。转型既是人们对社会变迁的自觉认识，更是社会发展各种因素交互作用形成的客观趋势。转型不仅是过去几十年改革开放的继续，更是一个多世纪以来社会变迁的自然演进，这不仅是中华民族追求复兴的主观愿望，也是社会发展的客观趋势。近代以来中国走上了向现代社会迈进的道路，现代性的因素通过移植、传播而内生出自我发展的动力机制。现代性在瓦解传统中也释放出人的创造潜能。随着现代社会结构的形成，系统各个要素相互作用，进而形成了系统转型的动力。因此，转型是中国社会文化发展的自然延续，也是自身的现代性生成和发展的必然结果。四是历史转折性。在轴心时代中国创造了灿烂的古代文明，这一文明在两千余年中不断发展，然而从总体上并没有超越轴心时代所确立的基本思想范式与制度架构。由于传统文化的保守性和向后看的特征，文明的发展也主要是维护和强化既有秩序。近代以来在西方文明的冲击下，中国文明开始走上了新生的道路。在21世纪，中国需要在核心层面上完成近代以来开启的现代转型，在创新探索中构筑新型文明秩序，由此而冲破近代以来的历史阴霾、迎来中华文明的再生。从中华文明发展历史的视野看，这一转型旨在确立新文明秩序的框架，因而具有历史转折意义。

　　对于当下中国正在演进中的转型，人们是否拥有正确的认识？从较长时间段看，中国正在步入转型盲区，穿过之后是光明一片，而如何穿越这一盲区则成为现实的挑战。从近期看，中国依然保持经济发展和社会稳定，现有秩序与格局依然高度稳定，在短期内不会有大的变数。中国的经济发展依然充满活力，各种生产要素充足，国内市场潜力巨大，保持较长时间的经济增长是可能的。尤其是，中国人的国民性格柔韧性很强，在其价值表中物质利益居于前列，对小家庭利益的看重远大于对公共事务的关注，这些都是维护稳定的有利因素。在现有秩序框架内，社会各种力量达成平衡，社会秩序得以维系。同时，现实体制有着强大的适应性，通过发展经济、改善民生、惩治腐败等也巩固了合法性。如果改革不触动根本体制，在发展经济中缓解社会冲突，同时也会将矛盾进一步积累下来。从远期看，中国将走出历史的阴霾、实现历史性的复兴，对此世人越来越少怀疑。这既是一种主观的自信，也是中国社会历史发展的大势，中华文明积聚的能量将最终促成伟大文明的复兴。值得关注的是中期阶段。在这一阶段，面对制度与文化深处的结构性问题，中国将主动或被动地启动实质转型，旨在通过社会系统的再造培育新文明秩序的基础。此时，各种长期累积下来的复杂矛盾将集中爆发出来，深度转型被提上日程。在各种因素和变量的交互作用下，转型将进入实质性阶段。从一般意义上说，人总是面对未知的世界、处处都是盲区；一个国家的转型与发展也是如此，过去中国便是在摸索中走过来的。比较说来，步入实质转型阶段意味着既有的制度、秩序、价值受到了挑战并无法继续正常运转，人们从确定、有序、可预期的世界步入到不确定、无序、难以预料的世界中，这一阶段可以称为转型盲区。

转型盲区这一比喻凸显出实质转型阶段社会历史主体的认识能力与行动特征。一是盲目性。社会各阶层对形势及演变的结果认识不足，认识上的局限容易导致盲目的自负，像瞎子摸象一样形成片面甚至错误的判断。事实是，人们所拥有的知识永远是不完备的，其中充斥了想当然与无知，在未知的情形下容易导致盲目的行动，这是人类难以克服的认识困境。在转型盲区这种无知性尤其显著，因为人们面对的是以往所没有出现的新问题、新冲突，而已有的知识不足以应对新的问题。虽然可以借鉴已有的经验，然而由于面对的是制度与文化的深层难题，过去的经验不足以解决这些问题。这样人就可能会作出错误的判断和决策，最终导向不可知的未来。二是偶然性。认识的目的是掌握世界的本质和规律，也就是把握社会历史发展的必然性；当人仍然处在必然性的支配之中时，便无法获得自由，因而常常为偶然性所左右。由于认识上的局限以及利益的羁绊等，精英阶层与社会公众无法达成共识，任凭本能驱使而将矛盾激化，最终导致社会向着难以把握的方向运行。在此条件下，社会行动常常为非理性所支配，社会发展失去控制而为偶然事件所左右进而引发连锁反应。三是不确定性。社会本身处于变动不居的发展状态中，在全球化、市场化和信息化的驱动下，中国的社会结构与价值观念正在经历剧烈而快速的变迁。技术创新一日千里，整个世界被卷入高速运转和快速变迁的节奏中。与此形成鲜明对比的是，权力和利益格局业已形成并存在抗拒变迁的保守性与惯性。受制于各种体制、知识和集体行动能力的限制，国家难以对变化了的现实作出积极有效的回应，无力从系统整体上推进国家与社会的转型，结果陷入被动与无力的境地。由于人难以把握历史的大势，转型也便出现多变性和不确定性。

走入转型盲区是一种客观事实，是社会发展必然经历的客观过程。人们认识到，面对各种深层次和结构性的矛盾，从制度和文化的深层重构社会系统需要超越历史与现实。因为问题的艰难与复杂，人们对这一阶段的转型也就难以认识和把握。从近期看，人们拥有的知识还可以解释当下的生活与变迁，因为当下还没有把实质性的问题提上日程。当转型的深层实质性问题被提上日程时，以往的知识不足以解释和解决这些问题，人们就步入了盲区。从主观层面看，转型盲区的存在源于人的认识的局限性与社会发展的不可预知性。人的理性认识是有限的，知识只是对过去有限经验事实的描述。基于对世界各国转型经验的总结，学者们构建了"转型学"，然而其他国家的经验未必适合中国。对于复杂多变的社会生活而言，人的知识必然充满局限甚至错误。马克思在给恩格斯的一封信中说道："在人类历史上存在着和古生物学中一样的情形。由于某种判断的盲目，甚至最杰出的人物也会根本看不到眼前的事物。后来，到了一定的时候，人们就惊奇地发现，从前没有看到的东西现在到处都露出自己的痕迹。"[1]中国是有着十四亿人口、有着数千年文化传统的大国，转型的复杂与难度可想而知，转型的前途也便充满变数。

第三节　穿越转型盲区

对于转型盲区要从战略上进行认识，从中华民族复兴的高度去超越现实的利益、权力和观念冲突，寻求走过盲区的知识、道德和智慧。

穿越转型盲区需要深刻认识转型规律并推动知识创新。清醒认识到转型盲区的存在，以理性的谦逊面对客观现实，这是顺利穿越盲区的首要条件。增强决策的科学性以避免大的失误需要知识创新，其中包括从形而上的哲学层面把握社会发展的"大道"。"是故形而上者谓之道，形而下者谓之器，化而裁之谓之变，推而行之为之通，举而措之天下之民谓之事业。"（《周

---

[1] 《马克思恩格斯选集》第4卷，人民出版社2012年版，第469页。

易·系辞上》）探寻玄远的社会与人生之"道"正是治理天下的基础，进而"化而裁之""推而行之""举而措之天下之民"，就是求得天下大治的通途。在实践探索中不断创造新知识、构建新理论，这是走过盲区的必要条件。社会发展与国家转型是客观的历史进程，遵循其内在的法则与机制。同时，这一客观进程又是通过作为社会历史主体的人的思想和行动来实现的。在这里，人具有参与和创造历史的主体性，而这种主体性的发挥则建立在对客观历史进程的认识和遵循之上。正确认识时代问题与历史大势，便是顺利跨越转型盲区的必要条件。

转型与改革需要摆脱从原则、教条出发的认识路线，在澄清思想中确立合理的起点。推动国家转型、探索新型文明意味着破除各种落后的制度、观念、利益格局等，它不是循规蹈矩、也不是修修补补，而是着眼于新文明的创造去寻求具有创新性的解决方案，创造新的制度与文化体系正是中国转型的本质要求。事实证明，社会文化系统本身具有强大的惯性、连续性，人类文明的演化是一个包含承继与变革的过程，而传统中的各种因素总是以各种方式存在于人类社会文化的基因中。现代社会系统更加复杂而脆弱，认识把握中国的历史与现实，从既有的历史与现实遗产基础上寻求变革与转型之路，这可能是代价最小的一种方案。中国的转型既遵循人类社会发展与进步的大道，也基于自己独特的文化、历史与现实之上。基于历史与现实的基础之上，中国建立较为成熟、稳定、符合实际又顺应世界文明潮流的现代国家需要经历较长时间。中国社会独特的历史、社会与文化现实等都极其复杂，传统体制、文化、社会心理、公民素养等都与民主政治存在结构性的不适。因此，制度的变迁与社会文化生活方式的变革需要经历一番长期的移植、适应、创造的过程。

社会转型通过社会历史主体来实现，主体既有巨大的作为空间，也受制于各种力量的束缚而可能无所作为。社会生活中的各种要素、结构、格局、关系等是客观事实，遵循其内在的法则运转，难以靠政治宣传或者一纸命令就能改变。在无数中复杂要素的交互作用下，中国的转型又将走向何方？认识的正确与否与深刻程度左右了人们的判断并形成不同的决策。在转型盲区，人们总是存在种种模糊甚至错误的认识，结果只能依靠经验、直觉等作出判断。在此种条件下，决策便可能发生失误甚至犯下"颠覆性错误"。现代社会本身是一个风险社会，全球化将这种风险传播到世界各国。由于中国处于剧烈的社会变迁中，各种利益与观念的冲突积累了巨大的破坏性能量，这使得转型充满了高风险性。进入转型盲区后，初始条件发生了重大变化，利益与观念的冲突尖锐起来，旧体制下的逻辑与秩序被打破，被压抑的破坏性能量短时间内集中爆发，导致社会治理出现暂时失控或失灵，人的本能冲动会僭越既有秩序而导致混乱。决策者常常被各种应急事件所困扰、为各种利益集团所绑架，在失去对局势的控制能力时被迫作出选择，决策也便可能存在盲目性和应急性，由此可能引发系统性风险。

一是经济风险。随着既有发展模式的潜力逐步耗尽、缺陷不断突出，发展就越来越不可持续，创新转型遇到结构性阻力而难以实现。虽然传统模式依然有强大的惯性，中国地域辽阔、发展不平衡也为传统发展模式提供了迂回空间。但是，随着经济结构的变化、民众生活水平的提升以及社会分化的加剧，创新转型所需要的市场制度、治理环境、人力资源、文化氛围等都无法在短时间内建立起来，导致创新转型艰难，经济发展在中期阶段的下滑是必然的。在各种因素作用下，经济出现危机也符合经济发展的周期规律。重要的是，中国经济长期存在的结构性矛盾、畸形与扭曲的特征等难以在现有秩序下根本化解，最终积累下更复杂的矛盾，在特定条件下最终会释放出来，由此带来的破坏性后果将超过常态下的经济危机。

二是社会风险。当今中国的社会分化日趋明显，由经济收入上的两极分化导致社会地位的分化，信任度大幅下降，这导致社会冲突加剧。转型时期需要整合社会、凝聚人心以构筑社会团结的经济、社会与文化认同基础。当前中国社会的稳定建立在经济发展、民生改善、百姓认同的逻辑之上，如果经济出现大幅下行导致失业率上升、收入下降、养老支付出现困难等，上述逻辑便会被打破，长期积累的社会不满将会集中爆发出来，由此引发社会危机。虽然中国传统社会比较稳固，然而剧烈的经济社会变迁已经打破了传统社会的结构，人们被抛入市场、城市和全球化的洪流中，在承受巨大压力的同时却并没有相应提升应对风险的能力，在危机面前可能失去忍耐力而最终爆发集体的破坏力。

三是政治风险。在以政绩作为主要合法性基础的逻辑下，政府通过发展经济、改善民生获得民众的支持，民众在不断改善物质生活的实际体验中会产生对现实政治制度的认同。由于民众的需求不断变化和提升，这会形成"滚雪球"的效应，使得政府不仅不能放慢发展的脚步而且还要不断加速，这也是导致"唯 GDP"的一个根源。一旦经济发展出现大的波折，这一逻辑便被打破。亨廷顿提出，如果将政绩合法性与制度合法性混为一体，政绩的下滑则会连带引发对制度合法性的冲击，由此形成"政绩困局"。[①]在现有发展模式下,财富分化与权力格局有着直接关联,体制性腐败和官民矛盾直接降低政治合法性。"反腐"直接冲击官僚集团以及背后的利益格局,必然遇到集体性反抗包括消极怠工,这又成为一把双刃剑。

四是国家分裂的风险。近年来恐怖暴力事件频发,中国也步入了反恐时代。暴力恐怖事件背后常常有分裂势力的支持。在转型盲区,随着社会冲突的加剧、中央权威的流失等,分裂势力可能会趁机作乱而危及国家统一。特别是政治转型涉及民主、自治、公民权利等,如何防止民主条件下的国家分裂是对民主发展的一大考验。

五是国际冲突的风险。中国的崛起冲击了原有的亚太乃至国际格局与秩序,这一新变量引发了不满和冲突,以美国为首的西方世界感受到了中国的"威胁",而周边国家也因一头"大象"的崛起导致力量的失衡而感到不安,于是联合起来形成对中国的"包围"之势。从朝鲜半岛、东海到南海,冲突的因素都在增加。在转型时期,国际地缘冲突可能会引发民族主义情绪高涨,决策者被民意绑架会诱发非理性决策,国家转型将面临风险,不确定性陡然增加。

面对这些系统性风险,如果不能顺利走过转型盲区,国家陷入历史上不断上演的军阀割据、经济凋敝、内乱频仍、民族冲突、国家分裂等,中华民族复兴进程便会遭遇重大挫折。一种判断认为,过去几十年中国保持了稳定和发展,这种局面还会想当然地延续下去。事实上,社会在不断发展和变化中,随

---

① [美] 塞缪尔·亨廷顿:《第三波——二十世纪后期民主化浪潮》,刘军宁译,上海三联书店1998年版,第59页。

着各种矛盾的积累，现有的秩序与格局并非是永恒的，事实上它最终会被打破。"子曰：危者，安其位者也。亡者，保其存者也。乱者，有其治者也。是故君子安而不忘危，存而不忘亡，治而不忘乱，是以身安而国家可保也。《易》曰：'其亡其亡，系于苞桑。'"（《周易·系辞下》）居安思危、防患未然是迫切的要求。从中国复兴的大战略考虑，不仅要建立日常生活的各种应急预案，更要跳出被动"维稳"的思路，从国家转型的系统整体上探索应急预案，寻求最优的转型路径。

综合各种因素看，中国的复兴与转型前景存在多种可能性。一种可能是陷入被动转型的境地。各社会阶层特别是精英阶层如果不能形成改革共识，在维护各自利益与权力中强化着现有格局，则无力推动实质意义的改革。改革如果只是从维护统治的目标出发，则无心或无力触动根本的权力结构和利益格局。在现有体制框架内打补丁、填漏洞、平衡利益，包括反腐败、调节收入分配、体恤弱势群体等，都可以缓和社会矛盾、增强体制韧性。然而，这也可能回避问题的核心，由于不能正面应对转型的实质问题而最终滑入被动转型的地步。如果体制内改革的"机遇窗口"关闭，改革将失去主动权而被历史车轮推着走。另一种可能是从长计议，将眼前与长远结合起来，在稳定现实局面的同时，从长远出发推动国家转型与文化变迁，以培育中华新文明秩序为宗旨，积极创造条件推动转型，从而在量变中逐步过渡到实质转型的道路上去。作为一种主动转型的道路，这意味着自觉认识历史发展的大势，以积极和能动的社会主体姿态参与历史的创造。

在被动转型的状态下，历史发展虽然有其客观性，但是这种客观性也是通过社会主体的行动实现的，人的自觉与否、主动与否还会深刻影响历史发展的轨迹。由于历史主体无法达成共识和集体行动，社会各方在维持现状中不断积累着矛盾，在历史洪流的涌动下社会向着不确定的未来迈进。被动转型可能陷入失控，各种社会矛盾诱发冲突，最终以巨大的代价实现转型。在主动转型的状态下，社会各界尤其是统治精英认识到历史大势并自觉启动变革，在达成共识中促成集体行动，则可以争取到更多的时间、更大的创造空间，在现实基础上寻求合理的较优的解决方案，避免大的动荡与挫折。"人无远虑，必有近忧"，推动中国的复兴需要从战略上作出判断和选择。

从现实看，业已形成的利益与权力结构已经十分稳固，市场机制和人性本能必然使其竭力维护既有格局，从而形成抗拒变革的结构性阻力。从现存体制与秩序看，社会各阶层特别是精英阶层同样难以超越自身的局限，由此而生发出维护现有体制的强大势能。面对共同问题，社会各个阶层能否认识到共同利益从而达成共识、作出妥协？历史学家米涅在总结法国大革命时写道："当改革已势在必行，实现改革的时机又已成熟时，就什么也不能加以阻挡了，一切事物都将促成改革的到来。假如人们能互相谅解，假如一些人肯于把过多的东西让给别人，另一些人则虽然匮乏而能知足，那么人们就会是非常幸福的；历次革命就会在和睦友好的气氛中进行；历史学家也就没有什么过激行为和不幸事件可以回顾，只有指出人类比以前更为理智、自由和富足就行了。但是，迄今为止，各民族的编年史中还没有过这样的先例：在牵扯到牺牲切身利益时还能保持理智的态度。应当作出牺牲的人总是不肯牺牲，要别人牺牲的人总要强迫人家牺牲。好事和坏事一样，也是要通过篡夺的方法和暴力才能完成。除了暴力之外，还未曾有过其他有效的手段。"①现实的物质利益以及权力结构一旦形成就成为超越个人意志与德性的客观物质力量，人也为这种力量所塑造和主宰而失去历史的主体性。这时，左右历史进程的就不再是人的意志、德性或者愿望，而是这种背后的客观力量。

---

① ［法］米涅：《法国革命史》，北京编译社译，商务印书馆1977年版，第2页。

第 三 章

中国复兴与社会主义的双重试验

21世纪中国的复兴面临"走什么道路"的总问题,作为初始条件的社会主义是需要考虑的基本事实,那么二者存在怎样的关联?如何理解这一历史进程的本质?社会主义是现代中国的历史选择,由于存在路径依赖,21世纪中国的复兴还将在此基础上展开。中国坚持务实原则以改革开放走出了传统社会主义的诸多窠臼,在经济发展的同时也面临继续探索社会主义的问题。作为古老文明的再生,中国复兴与社会主义建设都意味着探索新的生产方式、政治制度与文化价值观,二者共同汇聚成一场创新变革的社会试验,这构成超越现实创造新文明的历史变迁。推进这一社会试验需要在原初性问题上予以反思,在改革中推进制度与文化的创新,在探索社会主义新道路中形成文明发展的新模式,这正是中国复兴的必然要求。

第一节 中国复兴与社会主义的交织

问题产生于具体的社会历史条件之下,研究问题需要以此确立合理的出发点。实现国家的复兴是当代中国变迁的主题,这构成社会科学研究的一个合理问题。回答此问题需要认识和理解中国复兴的本质并探寻其道路。从中长期历史发展看，在走过了古老文明的发展以及近代以来的奋斗之后，21世纪中国的复兴意味着实现一次历史性的飞跃，借助构建现代的国家与社会实现经济繁荣、政治社会稳定以及文化世界的充盈，在人的自我发展基础上使人们普遍获得更高的生命价值与意义感。对于这一历史性的社会文化变迁，人们有着怎样的认识？

一 从社会主义认识中国复兴

中国的复兴走到了新的历史关口，市场经济的发展重塑了社会运行机制，经济社会结构与思想观念发生了深刻变化。不过，经济的创新转型、政治的民主转型、文化的价值观重建等面临瓶颈。在各种具体问题的背后还存在诸多根本性、系统性、结构性的问题，它们汇聚成一个问题即"走什么道路"。"道路"内含了制度与理论，制度塑造了社会生活的基本结构和运行机制，理论是对实践中"道路"的总结升华。同时，"道路"还包含了对"宇宙大化流行之道"的认识与把握，体现了对人类社会历史发展规律与趋势的理解与遵循，对"道"的追问和追随正是探寻正义社会的必然要求。所以，推动中国复兴需要以现实主义的态度解决具体问题，防止空谈"主义"；同时也不能陷入具体事务中而回避根本问题，而需要在解决具体问题中探讨"主义"，如此才能在中国复兴的道路上迈出实质性步伐。具体说来，当代中国面临对"中国道路"的再认识。一种流行观点认为中国已经走出了一条成功之路，沿着这条通衢大道就可以实现复兴的目标。从历史大势看这种分析是有道理的，但这会忽略了经济发展背后隐含的复杂问题。时代在变化、形势在演进，解决新问题需要有新的理念与办法。被标示为"右"的自由主义思潮等主张推行市场化、私有化等，认为社会主义代表了不切实际的并被实践证明走不通的乌托邦。被标示为"左"的思潮则坚持社会主义的公平正义原则，反对市场化改革和资本主义个人主义的价值观，这种思潮又常常与民粹主义、民族主义结合而受到社会底层的认同。"向何处去"的问题依然充满疑惑和争议，其背后则是社会现实的矛盾与困顿。

认识中国复兴的本质与道路需要考虑的一个基本维度是社会主义。为什么这是必须考虑的视角，社会主义是否构成一种现实的可欲的目标？从历史上看，社会主义的历史遗产是当代中国变迁的基本出发点。由于社会发展存在路径依赖，历史与现实构成历史主体选择的约束性条件，探讨当代中国的道路问题需要认清这些约束性条件，从实际出发寻求变革的现实路径。追求工业化、城市化、民主化等"现代性"仍是当代中国发展的主题，而社会主义与现代性的关联则是绕不开的中心话题。近代以来中国学习西方不断受挫，资本主义的合理性受到怀疑。俄国革命的胜利打开了一扇新的大门，中国人选择了马克思主义并开辟了以社会主义为方向的革命道路，这体现了历史发展的客观逻辑。革命成功之后，中国立足实际进行社会主义制度变革与现代化建设。在这种特定条件下，社会主义构成21世纪中国复兴的基本实际和初始条件。不承认这一客观历史事实，从某种虚幻的理想或原则出发必然因为脱离实际而在实践中碰壁，而在尊重历史承认现实的基础上寻求变革是符合科学精神的思想路线。从现实看，社会主义既是当代中国社会的基本事实，也是塑造未来发展的客观力量。中国的社会主义探索具有革命意义，工业化与现代化、人民主权制度的建立、平等自由的扩大以及教育的普及等都涤荡了传统社会的种种弊病，为古老文明注入了新的生机。坚持社会主义道路是中国政治的基本理念与合法性基础。中国人口众多、人均资源远低于世界平均水平，让十几亿人都能过上较高水准的生活需要坚持社会主义。资本主义的私有制与对劳动的剥夺必然导致两极分化，在人均资源匮乏的中国难免引发剧烈的分配不公及社会冲突。中国历史上周而复始的农民起义引起朝代更迭，其根源正是土地等资源的集中引发的社会分化及阶级冲突。不同于资本主义的个人主义、资本主导、效率至上等原则，社会主义突出了人人平等、集体合作、社会和谐等原则。20世纪的社会主义革命通过土地革命等进行了再分配，这不仅结束了由尖锐矛盾引发的剧烈冲突，而且奠定了中国走向复兴的基础，对此需要从长期的历史发展视野予以客观评估。一个基本事实是，社会主义得到占据人口绝大多数的底层民众的支持，这是中国坚持社会主义的客观依据与民意基础。

这样，对社会主义再认识成为中国复兴中的基本选择和根本方向。那么，中国的复兴是否要坚持社会主义？如何理解和发展社会主义？面对中国"向何处去"的问题，人们需要明晰核心概念与理论，认识当代中国所处的历史阶段与基本国情，在把握社会发展规律与世界文明发展潮流中明确方向。

二 社会主义的多面性及其历史局限

20世纪以来中国的复兴与社会主义有着内在关联，而认识现实是走向未来的基础。那么，当下中国的社会主义是怎样的，它的处境如何？从大的历史背景看，当代中国社会历史发展的主题是在吸纳与构建"现代性"中实现古老文明的复兴。历史经验证明，中国需要立足传统又超越传统、借鉴西方又超越西方，在五千年古老文明基础上探索人类文明发展的新道路，而社会主义代表了人类文明发展的新方向。20世纪，中国选择了社会主义并推动了以"现代化"为目标的社会运动，没有步苏东社会主义国家的后尘而是走出了一条新型道路，这让"历史终结于资本主义"的预言难以成立。然而，中国是否彻底走出了传统社会主义的泥淖并开创了一条新型社会主义道路？

中国仍然坚持了社会主义之"名"并将之写入宪法，在经济上坚持"公有制为主体"，国家代表人民掌握主要的生产资料；坚持人民民主；奉行社会主义的价值观等。苏东剧变之后，"冷战"时期的"两大阵营"也被统一的"全球市场"所取代。在实现经济发展追求政绩合法性的驱动下，中国遵循现实主义的逻辑，弱化"社会主义"与"资本主义"的意识形态对立，通过引入国际资本并融入资本主义主导的国际市场体系，通过改革发展社会主义市场经济，社会经济结构发生了重大变化。有学者认为，1949年以后中国建立了一个高度平等的社会，而之后市场取向的改革实质上是走向了国家资本主义。[1]美国学者大卫·哈维认为，借世界范围内新自由主义的兴起，中国的改革开放也走上了市场社会主义的道路，在推动经济发展的同时也带来贫富分化。结果，中国确定无疑地迈向新自由主义化和阶级力量的重建，虽然带有"中国特色"，而威权主义、民族主义诉求等都表明中国正以特殊的方式与新保守主义潮流汇合。[2]从事实看，中国走出了一条实现政治稳定、经济发展、治理良

---

[1] Martin Hart-Landsberg & Paul Burkett, "China and Socialism: Market Reforms and Class Struggle", *Monthly Review*, 56（3）：1–116.

[2] ［美］大卫·哈维：《新自由主义史》，王钦译，上海译文出版社2010年版，第174页。

好、文化繁荣的发展道路，这被概括为"中国特色社会主义"。在务实理念的支配下，中国反思和吸收了以往社会主义事业中的经验教训，在谋求经济发展、国家繁荣与社会稳定的目标中赋予社会主义以新的内涵。从事实看，市场经济的发展形成了新的利益结构，资本主义的因素迅速增加甚至逐渐成为社会生活的支配性力量。这一方面通过经济发展提高了生产力水平和国民生活水平；另一方面也引发了新的问题与矛盾。由于经济社会发展的惯性力量，改革、开放与发展顺应了历史潮流与民意，中国不会走回头路去突出"社会主义"的意识形态。

中国之所以能够走出这样一条新路，在于立足实践经验反思资本主义与传统社会主义的理论和经验，在试验与创造中摆脱传统理论观念的束缚。作为现代性的自我反思的思想和运动，社会主义产生于资本主义生产方式的内部矛盾，理解资本主义构成认识和发展社会主义的前提。马克思认为，社会历史的发展及社会形态的更替是基于生产力发展之上由各种矛盾推动的客观进程，一种新的生产关系在旧的生产关系还没有充分释放生产力之前是不会产生的。作为历史主体的人不能超越这些客观物质条件随心所欲地创造历史，只能在客观条件之上推动历史发展。马克思曾分析了当时德国的形势，认为它不仅苦于资本主义生产的发展而且苦于资本主义生产的不发展。[①]这表明了马克思对资本主义及社会发展的客观态度。当下中国苦于"资本主义生产的发展"，因为它带来了一系列的社会问题；同时又苦于"资本主义生产的不发展"，因为它的生产力水平还不够高，还需要挖掘资本主义的积极方面并为社会主义的发展创造

[①] 《马克思恩格斯文集》第5卷，人民出版社2009年版，第9页。

物质条件。"中国特色社会主义"是总结经验教训并认识中国国情而走出来的道路，既包含了对社会主义的再认识，也包含了根据变化了的实际所进行的适应性变革。由于存在生产力落后、专制传统深厚等历史因素，中国把"解放和发展生产力"作为社会主义的本质要求，利用资本主义的有利因素并参与国际市场竞争与合作来发展经济，由此探索出了这条道路。

因为采取了上述务实方略，中国通过改革开放、发展市场经济而获得了经济发展，但是由此也不可避免地受到资本的冲击。如今，世界社会主义运动处于低潮、资本主义依然保持蓬勃生机并主导着世界的秩序，资本主义兴起和发展所构筑的现代文明和世界体系有其内在的合理性，现代性的自我批判也形成了资本主义自我矫正与修复的机制，资本主义不断调适自身、适应变化的环境并显示出其生命力。另一方面，资本并没有改变其本质，资本剥夺劳动的关系依然存在，资本塑造并支配了社会和精神文化的基本面。历史的发展内生了否定和超越资本的动力，社会主义便具有历史的合理性与必然性。在当代中国，人们在享受经济发展的同时也日益感受到资本的负面效应。资本在追逐利润的驱动下引发了人与自然的全面紧张，导致系统性的生态环境危机。市场取向的改革带来严重的两极分化，权钱交易的腐败腐蚀了国家权力的合法性基础。市场经济的交换法则与资本的唯利是图原则成为社会生活的支配性规则，这不仅瓦解了传统社会的团结与秩序，而且扭曲了人们的价值观念，拜金主义、享乐主义、极端个人主义等流行起来。以房地产发展为例，在政府垄断土地市场、住房成为商品、投机没有成本等条件下，房地产成为社会财富聚集分化的重要途径，少数人凭借权力、资本、机会等一夜暴富，多数人则成为"房奴"而不得不透支未来，由此带来社会财富的严重分化、积累了经济泡沫、打击了实体经济，更扭曲了国民的心态和价值观。房地产问题只是一个缩影，其背后则是国家经济发展的道路、模式、理念与价值观等各种因素的共同作用。同时，资本主义内含了自身无法克服的矛盾，在推动生产力发展的同时积累了克服自身的条件。马克思从人类社会的历史发展进程中批判现实进而提出了超越现实的基础。由此来看，资本主义本身是一种历史的产物而具有自身的局限。

　　总的说来，中国对社会主义的追求和探索有历史意义，而社会历史的复杂性和中国社会的独特性也使这一进程充满矛盾。如何理解中国特色社会主义的本质精神，中国是否依然需要并能坚持社会主义？这些都不是仅仅空喊口号或者标明立场就可以的，而需要直面现实问题并给出正面回应。探讨社会主义似已成为空洞乏味的宣教，"社会主义"一词在背负了沉重的历史负担和模糊与混乱的认识。如果只是按照实用主义的原则把概念和理论用来诠释政策的合理性，则很容易朝令夕改且难以揭示事物发展的客观逻辑，尤其容易形成名与实、理论与实践的冲突。

　　回应历史发展的诉求并将社会主义道路引向新境界，这是当代中国社会发展的内在要求。中国通过市场取向的经济改革获得了发展并巩固了政治合法性，但依然面对众多严峻的挑战，这其中既有社会主义国家遇到过的普遍问题，也有中国社会的特殊问题。社会主义是克服资本主义内在矛盾与危机的历史过程，也是人们超越现实创造更好生活的理想与行动。20世纪世界众多国家的社会主义探索走过了曲折道路，留下了丰富的历史遗产。这其中包括对计划与市场、公平与效率的论争，关于民主与集权的反思，对人的权利、自由与发展的认识等。社会主义在实践中的试验留下了众多历史谜题，这正是进一步探索的前提；"中国特色社会主义"并非是完成了的历史过程，相反，它还面临众多复杂问题有待于解决。另一方面，从中国复兴的背景去认识，这也是实现历史性飞跃、推动中国文明的复兴所必须要解决的问题。

可以说，社会主义依然是有待于深化和探索的命题。改革开放与发展市场经济的经验被证明是成功的，继续走这条道路是中国发展的内在要求；同时，这条路并非是已完全修好的"高速公路"，它只是表明了过去经验的成功，而前行的路还需要继续在摸索中延伸。"道路"是人走出来的，是人们根据所面临的历史条件和问题境遇而不断探索的进程。历史不断发展，"道路"也需要在新的经验基础上不断延伸。从现实条件出发，如果能通过破解重大难题实现社会制度与文化系统的转型，则可以为国家复兴奠定坚实的结构基础；如果不能走出一条新路，或者落入苏联东欧社会主义国家全面"西化"的道路，甚至陷入更糟糕的拉美式的权贵资本主义道路，则要付出巨大的代价，最终无法真正走出一条新路。

第二节　探索新文明的社会试验

中国复兴与社会主义相互交织构成21世纪中国变迁的两个基本维度，推动历史发展需要认识其本质及演变方向。那么，其本质内涵是什么，如何认识二者的双重交织？

21世纪中国复兴中的社会主义探索本质上是创造新文明的社会试验。21世纪中国复兴中的社会主义探索面对的主题是，立足社会历史、文化传统与当代现实，推进经济的创新转型、政治民主转型、社会文化的现代转型，在克服西方资本主义文明的局限中探索出一条社会主义的新道路。中国的复兴是古老文明的复生和新文明的创造，社会主义则是实现中国复兴的根本方向，它们都不是对传统简单的回归或者对其他文明的复制，而只能在解决新问题中创造性地探索一条新路。通过探索社会主义新道路以实现中国的复兴本质上是创新和试验的过程。20世纪，社会主义作为一种"宏大叙事"受到了各种激烈的批评，众多国家的失败似乎予以了验证。但这只是证明了在现实中"某种"社会主义模式的失败，而并未中断人类超越现实资本主义的缺陷而探索新型社会的道路。毋宁说，社会主义并不先验地存在某种完美的一成不变的制度模式。相反，它只是在试验或试错中不断探索与创新的过程。21世纪，社会主义依然"在途中"。解决效率与公平、自由与平等、权利与义务、社会与个人、人与自然等之间的矛盾，需要克服传统社会主义和资本主义的固有局限而探索新的经济社会运行机制。显然，这是一场宏伟的社会试验。作为一个依然坚持社会主义的大国，中国的复兴是古老文明的涅槃重生，这一剧烈的社会文化转型构成历史性变革，而探索新型社会主义则是最具挑战性和历史意义的试验。作为世界范围内最大规模的社会主义试验，它必然是充满想象力和创造力的文明再造。这样，中国复兴与新型社会主义的探索相互交织共同汇成探索新文明的社会试验，其宗旨是开创人类文明发展的新模式，克服和超越资本主义的局限而开创社会主义的新道路。在世界社会主义遭遇重大挫折的背景下，这意味着在一系列重大问题上有实质性突破，从理论上回答社会主义遇到的问题，从实践上开辟社会主义的新天地，向世人呈现一种新的生产方式、生活方式、社会风尚、精神面貌，将社会主义带入新境界而成为世界文明发展中的一块新高地，由此向世界证明社会主义的合理性与吸引力。显然，这是一场需要高度的创造性并具有历史意义的社会试验。

从认识论角度看，中国复兴中的社会主义探索是在实践中认识社会历史规律的试验过程。理解这一历史过程的本质不能从主观出发先验地构建体系，但可以从历史与现实中勾勒历史变迁的某种轨迹。历史唯物主义认为，社会发展是生产力与生产方式等客观物质力量相互作用推动的历史进程，这一进程又是通过人的活动实现的。虽然社会发展充满了主观性与偶然性，但是在背后还是由客观的经济社会结构所支配，因此，推动变革需要认识经济社会发展的机制和规律。认识和遵循社会历史发展的规律，探索未知世界中解决问题，需要遵循正确的认识方法论，在试验与探索中逐步发现新知。面对着复杂独特的问题，要在发展新制度、新文化中探索新道路、创造新文明只能在试验中总结经验发现新知。人类已拥有了海量的知识与经验，这提供了重要的基础条件；同时，这些知识又是不完备的，不足以解决遇到的新问题。这时，就需要在试验中不断发现新知、探索新路。波普尔提出了一个认识方法论原则，认为人类的知识不足以支撑乌托邦的社会试验，人可以在"零星的社会工程"的试错中发现新知。马克思主义的根本方法论是在实践中增益知识、检验真理、解决问题。一般与个别、普遍性与特殊性是相互渗透的两面。探索中国的社会主义需要立足中国的社会实际与文化传统进行创造性探索，它以解决中国问题、实现中国复兴为直接目标，尤其需要立足中国国情、总结中国经验进行创造性探索，结合中国本土文化创造"地方性知识"的同时探索社会主义的普遍性知识。探讨中国新道路的出发点也是立足现实生活,认识其客观的结构及演化趋势,由此寻找历史主体合理行动的科学基础。毛泽东在反思新民主主义革命的经验教训基础上,立足中国社会实际探索出了农村包围城市的革命道路;邓小平在反思社会主义建设的经验教训基础上,对什么是社会主义、如何建设社会主义的原初问题予以了追问和探索,在实践中开创了中国的社会主义新境界。这其中的成功经验是立足实际在实践中探索符合国情的道路。今天,探索社会主义新道路以实现国家复兴同样需要遵循这种认识规律,在正本清源与创新探索中实现新突破。

从主体角度看,中国复兴中的社会主义探索是人在创造新生活中自我教育与自我发展的生命试验。作为基于对社会历史发展规律认识之上的主体能动的创造活动,它表现出对主体性的发现与肯定这一现代性的精神要旨。作为社会历史的主体,人在历史活动中认识社会历史发展规律并实现自己的意志,这本身也是挑战自我、超越自我的过程。借助马克思主义对占人口最大多数的被剥夺者、被压迫者、无权者的历史主体地位的发现与肯定,思想的解放与启蒙得以可能,在此基础上,社会主义旨在通过克服不合理制度的局限而打开人自我发展与创造历史的社会空间。如此,社会主义便成为人类追求解放与自我发展的历史运动,其中的关键则是通过制度变革与创新为人的解放与发展提供可能条件。正如卢卡奇基于对列宁领导的社会主义探索经验提出,"在一定程度上,社会主义意味着凭借人类意识和社会的自我决定来控制人类发展。意识的一个特性就是其可教育性。"卢卡奇继续提出,人类的这种自我教育的中介正是社会主义民主。①社会主义体现了人类反抗现实资本主义的压迫而争取自由解放的主体意识,这种主体意识的一个表现则是对社会历史规律的把握与遵循。同时,社会主义更是一种在行动中创造新生活的试验,其理论基础是相信人可以通过教育包括自我教育来改造人及其社会。那么,这种教育何以可能?社会主义民主便提供了一种可能性,即通过创造相应的社会历史条件,让人们在这种社会体制尤其是社会实践中实现自我教育,进而创造一种新的社会生活与文化理想。"社会主义民主"是对资产阶级民主的局限性的克服,人民真正当家作主而成为历史命运的主宰。通过瓦解传统的基于财产分化、经济剥削与政治压迫的制度机构,社会主义实现了人真正意义上的平等与自由,同时也为人的发展与创造性的实现提供了可能。

从国际比较视野看,中国复兴中的社会主义探索是对近代以来世界范围的现代性的本土化与批判性的超越。21世纪中国复兴与社会主义的探索构成近代以来世界文明试验创新的延续。近代以来"现代性"的兴起为核心的现代文明的产生是一场社会试验,不论是现代科学的出现还是思想启蒙,工业革命还是政治革命,都构成了一场轰轰烈烈的探索未知创造新世界的社会试验。美国的兴起更是基于对欧洲文明的继承和批判而在新大陆上进行的一场全新的社会试验。以追求自由、平等的新教理念为基础,美国人在这里进行了各种社会试验。注重试验、推崇行动、注重效用的实用主义哲学也成为美国的国家哲学,这一哲学也正是对几个世纪美国人持续不断地进行试验探索的

---

① [匈牙利] 卢卡奇:《民主化的进程》,寇鸿顺译,广东人民出版社2013年版,第132页。

理论总结。在工业革命尤其是美国内战后展开的科技革命与社会革命中，美国超越了欧洲各国并在"二战"后成为世界霸主。在这种试验中，人们探索未知世界、创造新知识、改造旧社会从而不断推动了社会进步。同样，作为现代性的反思与超越的社会主义运动也是人类探索理想社会的试验。从巴黎公社到苏联东欧社会主义国家的探索，这种社会试验都展现出历史发展的趋势和人类追求自我超越的努力。从此视野看，中国复兴进程中的社会主义探索本身即是融入全球化的一个结果。在回应西方现代性的冲击中，中国文明奋力抗争以谋求自我新生，而社会主义的选择则体现了对西方现代性的反思与超越。中国立足本土文化赋予现代性新的内容与形式，进而将近代以来开启的世界范围的社会试验发展推向一个新阶段。作为有着数千年文明历史和十几亿人口的世界大国，中国的试验不仅是古老文明的新生也是对人类新文明的尝试。社会主义代表了对资本主义的超越和对新社会生活的追寻，它与中国文明的融合创新意味着新文明、新制度、新文化的创造。由于中国社会的复兴性与独特性，更由于社会主义本身尚处于摸索过程中，历史上的种种挫折和失败说明这一探索具有极大的挑战性。由此而出现的"中国奇迹"的本质意蕴与标志不仅甚至主要不是经济的发展，更根本的是新的生产生活方式的创造、新的文化思想的涌现以及最终表现于人的自由与发展的社会进步。

  从社会试验认识中国复兴进程中的社会主义探索意味着什么？这意味着中国的复兴并非是一个自然而然的过程，社会主义也并非一个完美的概念和乌托邦，从本质上说它们不是"既成"的存在，相反它们仍是行进中的处于探索中的一种"可能世界"。因此，并不存在什么一成不变的原则或教条，也不存在什么不可怀疑的制度与文化，相反，这一切都处于尝试、试验、探索和修正的过程中。这将突破以往教条式的或者先入为主的思想范式，由此而打开了创造历史的空间。作为一个超越现实的社会运动，中国复兴与社会主义的探索意味着打破已有的种种套路与模式，而旨在新的实践基础上探索新的生产生活方式与文化世界。同时，这一视角也揭示出中国复兴与社会主义的相互交织和相互规定，共同形成一种新文明的系统社会试验与创造，由此可以对中国复兴以及社会主义的本质都形成新的认识。中国复兴本质上既是古老文明的复归与新生，又是新文明的探索与创造，既是对传统性的继承批判又有对现代性的建构与反思，既体现出中国性又包含着世界性的品格，既吸纳资本主义的合理因素又超越资本主义而追求社会主义的方向。中国复兴不是西方霸权模式的复制，也非古老中华帝国的再现。一方面，中国的复兴为社会主义提供了试验平台，而中国社会与文化以及当代实践又必将为社会主义注入新的内容，包括中国传统优秀文化的渗透，也包括在新的生活实践中创造等。社会主义为中国复兴提供一种不同于西方资本主义的发展道路，昭示了中国古老文明自我演化进程中超越与创造的根本选择。这些都汇成一场壮观的社会试验。

第三节　在解决关键问题中开创文明发展的新模式

21世纪中国复兴与社会主义的社会试验的核心任务是解决当今世界以及社会主义实践面临的根本问题，立足中国历史文化传统、社会现实并吸纳世界文明成果，最终在探索社会主义的新道路中实现中国文明的复兴，从而为人类文明的发展探索新的方向。

中国复兴进程中的社会主义需要探索一种新的道路，即不同以往的新理念、新制度、新文化等。"中国模式""中国道路""北京共识"等一度称为热门话题。历史上，各种模式层面得以试验并取得了直接的经验和教训，中国社会主义新文明发展模式的探索将在吸收这些经验教训的基础上探索新路。事实说明，如何走出一条新型社会主义道路的答案并非是确定的。"新"是事物发展的方向和自我超越的要求，只有不断克服自身的不足与缺陷，才能在新陈代谢中实现自我发展。简单地照搬照抄或者因循守旧都无法顺利实现变革与转型，而必须在实践中探索符合实际和世界文明潮流的新道路。这并不意味着简单地否定过去，而是要继续坚持过去的成功经验，遵循探索中国道路的原则、方法和精神，进而在直面新问题中摸索出新道路。中国道路是在实践基础上不断冲破各种条条框框中探索出来的，在实践经验中创新探索是其本质特征，这就不能将社会主义限定为一些抽象的原则、制度、教条而作茧自缚。探索中国新道路意味着直面并解决新问题，既尊重中国的历史与现实并肯定中国本土文化与实践经验的价值，又充分理解世界大势并顺应人类文明发展潮流，在改革试验中进行创新性的探索。一种新的社会主义模式是否可能，新模式的本质特征是什么，这些都需要在试验中探索和发现。

如何实现保持经济持续发展并迈入发达国家行列，构建能够实现效率与公平、人与自然的统一的经济体系与发展方式？历史唯物主义认为，生产力的发展是一种客观物质力量，社会主义应建立在生产力的高度发展之上并能创造出更高水平的生产力。所有制是生产关系的基础，不同的所有制形式决定了社会生产关系的基本面，进而也塑造了政治上层建筑、社会关系以及价值观。由于资本主义生产关系固有的矛盾，社会主义超越资本主义首先表现为超越传统私有制。解放和发展生产力，以有效形式实现人民掌握生产资料并实现较高效率的资源配置，进而以劳动为基础确立社会分配的原则从而实现更高层次的公平，在发展生产的同时实现人与自然新的平衡与和谐，这是社会主义根本的经济原则。那么，公有制的实现形式如何，如何既提高效率、发展生产力又能避免两极分化、实现公平正义？社会主义反对生产资料的私有制带来的社会分化，而主张通过公有制克服资本主义的缺陷。在现实条件下，财产私有仍有现实的合理性基础。如何发展社会主义公有制和多种形式的所有制，促进经济发展和社会公平，需要进行新的探索。其中如何理解市场是一个关键问题，"市场社会主义"对此进行了探索。鉴于现实的历史条件，市场仍然有着较高的资源配置效率和显著的激励机制，将社会主义与市场经济结合起来是现实选择，但如何实现更高的效率和更公正的分配仍是难题。在资本主义社会，"资本"主导一切并决定社会财富分配带来的两极分化，社会主义则主张在"劳动"基础上确立社会分配的原则，以此消除社会不平等的经济根源。历史唯物主义主张生产力发展是社会进步的基础动力，社会主义的本质首先是克服资本主义内在矛盾形成的对生产力发展的桎梏，从而通过生产关系的改变来释放生产力。坚持社会主义就要重新评估和肯定"劳动"的地位，以此确立社会生活运行的基本法则。当然，现代社会生产结构发生深刻变化，"劳动"具有了新的形式和内涵，对此需要有新的认识和定义。中国的改革走上了市场经济道路，资本主义快速发展也带来财富两极分化加剧。近年来中国的所有制关系趋于多样化和复杂化，以股份制为基础的混合所有制逐渐成为主流，而如何遏制两极分化、增进社会公平依然面临体制性障碍。同时，如生态马克思主义所揭示的，资本主义带来对环境和资源的破坏性透支，重建人与自然的平衡需要超越资本的局限，这也正是社会主义生产方式的合理性基础。

如何发展民主法治以建设现代国家的制度框架与治理体系？坚持人民主体地位，一切权力归人民所有，发展社会主义民主、建设社会主义法治以实现人民当家作主，这是社会主义的政治原则。近代西方政治革命在重构现代政治合法性基础上推动了现代民主政治的发展。马克思认为，资本主义国家不过是维护资产阶级阶级统治的工具，因此无产阶级革命需要打碎旧的国家机器并由人民掌握权力。权力具有自我腐化的本性。通过合理的制度安排等克服资产阶级国家的局限，发展出更高水平的社会主义民主，这是社会主义合理性的基础。坚持社会主义就要重新认识"人民"的地位，特别是明确国家权力的来源和本质，肯定人民掌握国家权力这一根本原则，防止权力腐化为少数人谋取私利的工具，这是社会主义具有历史合理性的政治基础。社会主义的本质特征克服资产阶级国家的局限，破解附着在权力身上的魔咒。将社会主义与民主结合起来创造更高水平的社会治理，从体制上遏制腐败的蔓延并建立合理的权力约束、监督与制衡机制，这是社会主义遇到的又一难题。从历史上看，社会主义首先在有着漫长专制传统的东方国家建立，传统文化的影响特别深厚。在苏联，权力威胁了公民权利与自由，个人崇拜、权力高度集中、漠视法治等使社会主义蒙上了阴影。改革开放以来，中国注重法治建设、保护人权、推动基层民主并取得了显著成效。受到历史与现实因素的影响，权力仍缺少约束和监督，权力与金钱的交易导致腐败。建设社会主义民主、构建社会主义法治国家，通过社会建设在社会生活中克服资本、市场的渗透与腐蚀，构筑新型社会结构以增进团结，这都是关系社会主义命运的关键问题。一种观点认为，中国只能走向西方式的自由民主之路。学者普赖比拉在比较分析苏东与中国的转型时提出，从中央计划经济转向市场经济是一种系统转型。中国选择了经济改革优先的战略，这是否会引导中国走向资本主义？按照马克思的经济决定政治上层建筑的原理，市场经济的发展必然引发政治和社会的转型。[①]那么，如何回应经济社会发展引发的对政治改革的需求，如何发展社会主义民主，这仍然充满了未知和不确定性。邓小平在"文革"结束后即提出了党和国家领导制度改革的大命题，这依然是萦绕在中国上空的一个魔咒。

如何培育新型社会结构、文化价值观以塑造现代公民？从原初意义上看，社会主义正是基于对资本主义的个人主义、竞争与分化的批判而提出的主张，其主旨是主张人与人合作之上的"社会"。通过打碎旧的国家机器并改变所有制基础，社会主义意味着在解放的基础上重塑社会结构并确立新型社会关系。但是，社会结构的变迁是一个长期过程，不可避免受到各种经济条件、文化传统等因素的影响。与此同时，社会主义意味着在新的经济社会结构中培育新型的文化价值观念以及"新公民"。社会主义代表了一种更高的理想、更合乎人性的生活、更符合社会历史进步潮流的制度安排和价值观念。正是对资本主

---

① Jan S. Prybyla, "On Systemic Transition: Will China Go Capitalist?", *Journal of Northeast Asian Studies*, 1996, 15 (4): 3–34.

义下产生的腐朽价值观的警醒,社会主义主张在新的社会生产方式和政治制度基础上形成更好的生活方式和价值观,人们拥有更高的道德水平和人生境界,最终表现为人的自由全面发展。在市场经济条件下,由商品交易和资本逻辑所控制的拜物教又滋生起来,各种陈腐的价值观念再次泛滥甚至主导了社会生活。建设社会主义必然需要克服落后陈腐观念,在新生活基础上培育新型价值观并培育新人。坚持社会主义原则需要培育和实践新型价值观,培育社会主义新公民。

马克思说:"人类始终只提出自己能够解决的任务,因为只要仔细考察就可以发现,任务本身,只有在解决它的物质条件已经存在或者至少是在生成过程中的时候,才会产生。"[1]在历经20世纪的社会主义革命与建设之后,探索社会主义是中国复兴的内在要求,中国复兴也为社会主义探索提供了条件与动力。一个判断是,中国复兴中的社会主义探索将走出一条人类文明发展的新道路,这必将具有鲜明的中国性又带有普世性,既体现出社会历史发展的普遍规律又包含了中国独特的创造。总之,这必将是一个新的生产和生活方式的创造。

第四节 社会试验的方法论原则及其历史条件

进行社会试验需要认识和遵循历史发展的客观规律,坚持正确的方法论原则,这是保证试验成功的必要前提。

---

[1] 《马克思恩格斯文集》第 2 卷,人民出版社 2009 年版,第 592 页。

一 社会试验的方法论

一是从事实和发展的立场认识社会主义的本质。社会主义不是可以从头脑中想象出来的先验命题，也并非自然而然存在的某种独立于人之外的客观存在。它既体现出人类社会发展特别是现代资本主义主导下的人类文明发展的客观逻辑，也表现为人自觉参与创造历史的能动性。所以，它是在人们超越现实的实践探索行动中展现出来的。作为一场宏阔的社会试验，在探索社会主义中实现中国复兴是一个创造性的历史活动，实现这一目标需要遵循历史发展的基本规律和辩证法，在立足实践中升华理论，在坚守原则基础上改革创新。社会主义试验不从原则出发又坚持社会主义原则、在实践与试错中不断寻找和见证社会主义本质。社会主义是在批判和超越资本主义的过程中产生的，是符合历史进步潮流、体现了社会发展方向的"新生事物"。在深刻认识和体察到资本主义与帝国主义无法克服的自我矛盾基础上，中国人选择马克思主义和社会主义，这是近现代中国社会历史发展的客观逻辑。"本"是一事物区别于他事物的根据，探索社会主义不能背离根本。其中，社会主义所蕴含的基本立场、原则、价值如发展生产力、实现更高的公平正义、确立人民民主的原则、实现人的自由全面发展等，构成社会主义的本质内涵。当然，这些原则并非是僵死的教条，它们提供了理解社会主义和实践社会主义的一些理性原则，而人要做的是要将这些原则与现实的实践结合起来，不断验证假设、认识本质、丰富内涵。因为，社会主义本身并非是某种既定的、已存的、定型的制度与理论，相反，它恰恰是在批判现实资本主义中生发出来、不断被人们所认识和探索、在实践中不断证明和发展自身的过程。

二是在实践创新中发展创新社会主义新形态。21世纪中国复兴中的社会主义试验是立足实践在试验中探索新道路的过程。从社会试验的角度来认识，当代中国必然需要经历一场深刻的变革。21世纪中国复兴中的社会主义试验的核心是通过改革实现创新。社会主义是人类批判现实、超越历史的创造性试验活动，它不是一蹴而就或一成不变的而是在探索、试错、改革、创新中逐步走向成熟的过程，改革则是社会主义克服自身僵化的观念与体制束缚而保持活力的必要途径。改革是"中国道路"的核心经验。面对社会主义事业面临的核心难题，改革仍然是基本路径。比如社会主义如何与市场相结合的问题。市场经济制度的创立推动了资本主义经济的发展，资本主义经济的发展反过来提出了政治民主的要求，二者的互动推动了现代资产阶级革命的兴起。在现实中存在一种"制度教条主义"或制度崇拜。一种是将历史遗留下的制度神圣化，"祖宗之法不可变"；另一种是将西方制度神圣化，将之视为绝对合理的。二者都表现出独断论的僵化思维。马克思认为，在生产力这一活跃因素推动下，一个社会的经济与政治制度也处于变革之中。制度具有很强的惯性和保守性，一旦形成就会为了维护某种利益、为某种观念所束缚而成为保守力量。所以，制度崇拜将某种制度变为教条，其背后常常是在维护某种既得利益。当下中国处于快速发展和社会转型的关键时期，各种复杂矛盾都交织在一起，而制度的变革与创新是其中的核心问题。社会主义是新制度的探索与创新的过程，改革则是变革不适应生产力发展的经济与政治体制进而构建合理的新制度体系。正是由于推进了经济体制的全面改革，社会主义市场经济体制得以被认可并逐步建立起来，由此塑造了社会经济运行的新体制机制并极大地解放了生产力。改革不只是从广度上在社会生活的各个方面推进改革，更重要的是从深度和力度上触及深层次的根本、全面和长远的问题，这就要把握问题的症结与本质。因此，这不再是如以往一样停留于经济体制的单方面改革，也不局限于经济发展这单一产出，而是着眼于社会系统整体，直面社会主义建设中的核心难题直至触动实质性的权力和利益格局。

三是立足中国文化传统发展社会主义新模式。从文化层面看，社会主义与中国文化有着高度契合。中国文化对于大同理想的追求与社会主义相通。中国文化推崇平等的观念切合社会主义的价值观。中国推崇社会本位、社会合作、反对极端个人主义的传统与社会主义的集体主义精神相一致。资本主义基于个体主义之上强调个人权利、自由竞争、个人奋斗等，而社会主义强调集体利益、社会合作、共同奋斗等。从长远来看，后者更与人类社会群体生活的悠久传统相一致，也与人类超越个人私欲而生发出的伦理道德相一致。从长远看，资本主义基于私有制和市场竞争之上而提高了效率，但也带来人与人、人与社会、人与自然的对抗与紧张，社会主义则旨在克服这些弊病。如此看来，作为有着厚重文明传统的中国来说，减少甚至克服资本主义的局限以探索社会主义有着长远的文化意义。

在实践探索基础上，人们自然会深化对社会主义的认识，这集中表现于社会主义理论的创新与发展中。对社会主义的经典理论予以重新认识，克服传统教条主义的观念束缚，在新的实践基础上构建社会主义新理论，这既是实践对认识的客观要求，也是实践发展的必然结果。

二 历史条件与可能方向

中国复兴中的社会主义试验既是社会历史的客观演进历程，又是人们自觉追求和创造历史的能动活动，其中也面临客观规律或"历史命运"与人的主体能动性的关系问题，它直接塑造了这一社会试验的可能前景。

社会历史的发展是一个"自然历史过程"，人不能任意改变历史的规律，但是通过这种认识可以"减轻分娩的痛苦"。社会主义的思想与行动体现出一种超越现实追求理想的主体能动性，而马克思、恩格斯开创的"科学社会主义"则强调了将这种主体性置于对人类社会历史发展规律特别是现代资本主义社会演变的科学认识之上，由此人超越现实的主体能动性也才有了可靠的基础，社会主义由此从乌托邦变成了科学理论。那么，如何撬动这一创造历史的社会试验、在试验中激发社会的集体创造力？这是一个社会变革的系统工程，需要寻求"第一推动力"。从历史与现实看，国家发挥着决定性作用，是领导推动改革创新的核心主体。中国道路的一条根本经验是"强国家"动员各种资源以实现社会稳定与发展。对于有着十几亿人口的大国和有着漫长中央集权传统的国家来说，强大的国家对于实现复兴是必不可少的。中国的复兴与改革发展又是亿万民众、社会各界、各种主体共同参与创造的结果，激发各个群体、各种组织的想象力与创造力是中国复兴的基础。中国的试验需要社会各界达成共识、上下一致形成合力。过去中国的独立、解放与发展都是在动员亿万民众基础上实现的，21世纪中国的复兴与社会主义试验同样需要继续坚持这一根本原则，释放集体创造力，激发社会各种力量、每个公民参与试验与创造，由此形成的轰轰烈烈的社会试验必将是改变历史的切实行动。

从历史大势看，21世纪中国复兴需要积聚和释放巨大的创造力，而社会主义恰恰意味着将人从制度、文化等各种压迫中解放出来，这一社会试验的宗旨与成功标准也恰恰在于能够释放、培育和发展整个社会的集体创造力，从而最终创造出新文明。改革开放释放了人们追求财富的欲望与潜能，生产力得以充分发展，这同时进一步提出了新的历史任务与变革主题，同时也为此变革试验提供了物质条件。涂尔干在研究大学兴起历史时发现，11世纪的欧洲涌动一种思想的欢腾，在积累下多余的物质能量之后，人们能够投身创造的行动。"就文明而言，当各个共同体中积聚起一种活力，一心想要找到一个出口，找到某种消耗自己的手段，与此同时却又不存在任何非解决不可的迫切之事，能够理直气壮地吸纳这种活力，恰恰要到这样的时候，会出现一个文明富有创造性的年代。"[1] 21世纪的中国恰恰具备了进行文明创造的有利条件，经济发展积累下足够的剩余能量，庞大的经济体足以保持较长时间的繁荣，人们不必为衣食而忧而可以游刃有余地去思考和解决一些长期的深层次的大问题。

试验有成功也有失败，中国复兴与社会主义的试验同样并非是先有定论的命题，而必然存在各种可能性。由于社会本身的复杂性以及历史主体的局限性，中国社会主义道路的新探索深层次难题，这使得能否走出一条新路存在众多不确定性。环境压力与挑战是一种动力。随着国内外局势的变化，中国面临新的国际国内形势包括各种偶然事件的发生都可能成为激发变

---

[1] [法]涂尔干：《教育思想的演进》，李康译，商务印书馆2016年版，第103页。

革创新的因素。从时间点上看，历史充满了偶然性与不确定性而使得历史难以预测。从社会结构看，中国在经济发展中积累下严重的利益分化，形成了强大的既得利益集团，由此导致社会各阶层之间难以形成共识，这构成改革的阻力。从理论上说，人们对社会主义的认识、对中国社会发展与变迁规律的认识还很不够。与发展了几百年的资本主义比较，社会主义是一个新事物，实践的挫折说明人类对这一社会理想的探索还存在认识上的盲区。受到传统观念和体制的束缚，中国的探索也面临不确定性。一个需要高度重视的风险是偏离社会主义的方向而滑向权贵资本主义或官僚资本主义的道路。在过去政府主导下的发展模式下，国家权力与资本的结合是主要动力，这在有效推动经济发展的同时也带来了权力与资本结盟而形成权贵资本主义的现实基础。依附于权力的资本获得垄断利润而攫取了巨额财富，权力与资本的深度结盟业已构成强大力量。由此也可推断，中国复兴与社会主义的探索必然要经历较长时间，需要几代人坚持不懈的努力，任何试图"一夜之间进入共产主义"的乌托邦都必然会栽跟头。历史的启示是，以渐进式改革的社会试验中创造新知探索新路，避免陷入被动转型的境地，适时推进社会结构与国家治理的重大转型，最终走出一条新型道路。

  坚持社会主义不能仅靠喊口号，而要深刻认识历史发展大势与演进逻辑，以创造历史的智慧探索中国道路。比较来说，人们对中国复兴的信心更高一些，越来越少的人怀疑这一历史方向。从各种因素看，社会主义对于中国复兴十分关键。中国能否在世界社会主义运动的低谷中应对挑战并走出一条不同于西方的社会主义新路？历史发展充满了各种可能性和偶然性，认识其背后的必然性与条件则是历史主体发挥能动性的途径。

在中国，社会主义不仅是一种经济制度或者思想主张，还是一种社会理想和精神追求。在这面旗帜下，几代中国人前赴后继流血牺牲，在革命与现代化建设中执着探索，在走过了很多弯路之后打开了新的天地。社会主义汇聚了民众的共同理想，体现了社会发展的客观趋势，具有历史的必然性与合理性。它不仅是一种历史传承，也是有效支持中国繁荣与稳定的制度选择；它也不仅是一个政治口号与历史传统，更是中国社会历史发展的客观要求。基于各种有利条件，中国走出一条社会主义新道路的创新空间十分广阔。今天，实现中国复兴需要在这一历史与现实条件下展开并追求这一理想。复兴的中国不应是资本或权贵肆意妄为的世界，也不应是尔虞我诈、唯利是图的社会，而应是超越资本和权贵的新型社会，是实现更高水平的物质繁荣、社会和谐、精神富足并充分实现人的自由全面发展的新社会。不论对中国还是世界，这种探索都不仅是一种理想，也是体现社会发展方向的创新试验。

第五节　历史关口社会主义的新突破

中国社会历史的发展处于新的历史关口，实现中国复兴需要直面新问题、确立新秩序、建构新理论，在解决核心问题上取得实质性进展。这是新阶段历史演进的客观趋势，也是中国社会主义事业的内在要求。这是在新的时空条件下对社会主义进行再认识，这既是一种"新回归"，即回归社会主义的本义，形成对社会主义的理想、价值和道路的再理解和再确认；又是一种"新探索"，即以思想和制度创新探索社会主义新道路，从而将社会主义推向新境界。借此，中国不仅在解决自身问题中实现中华文明的复兴，而且为 21 世纪人类文明的发展作出独创性的贡献。

一　对更好生活的追求

随着中国经济步入中等收入阶段，在社会主流阶层实现"小康"生活的基础上，公众的普遍诉求也发生了显著变化，追求"更好"生活成为普遍诉求。对"更好"生活的追求是人民的期望，也是国家发展的目标。追求更好生活是一种主观的社会心态和文化传统，许多人对人生这样理解：生活的目的是更好地生活。一方面，人生总是不完满、有缺陷、会犯错的，然而时间不可逆，所以人们便把希望寄托于未来尤其是后代，正如传统中国人通过读书考取功名以出人头地、光宗耀祖。另一方面，随着进化论的流行，社会不断进步和发展成为一种普遍的观念，相信并追求更好的生活成为对发展的一种期许。因为有着漫长的短缺经济下物质匮乏的记忆，所以当人们卷入发展进程中后，市场经济永不停息的自我运动机制也将人卷入对"更好"生活无休止的追求中。

人们对更好生活品质的需求是一种普遍的客观事实，能否回应这种需求成为对执政者的重大考验，满足这种变化的公众需求正是巩固执政基础的根本要求。避免陷入困局需要正视和回应民众"更好"生活的诉求。科兹与威尔在研究苏联体制的终结时发现，20 世纪七八十年代，随着经济的持续发展，受到良好教育的苏联城市居民的生活已达到中等水平，他们的要求更加复杂，期望更高的生活水平，如：更多更好的住房、食品等消费品，更多的独立性与自主性等。然而，自上而下、高度集权、陈旧僵化的传统体制已无力提供快速的经济增长、满足对更高生活水平的要求。苏联领导者启动了改革议程，但最终导致体制的瓦解。[①]

变化了的"更好"诉求是客观的社会事实。在迈入中等收入阶段、一些地方迈入高收入阶段之后，人们开始追问：到底什么样的生活是值得追求的？虽然 GDP 总量、基础设施建设等蒸蒸日上，但是居于人口大多数的普通民众的幸福感并不必然随之提升。在摆脱贫困实现小康的过程中，人们的需求可以通过经济增长来满足，公众可以接受一定程度的低工资、假冒伪劣、污染、腐败、不公平等，这也支持了传统的发展模式。当步入了小康生活之后并逐渐习惯于一种新的生活方式时，传统发展模式和社会管理模式则越来越难以适应变化了的诉求。如今，人们渴望更好的住房、医疗、教育；要求有安全的食品、药品、社会环境；需要充分的就业和更高的收入。市场经济和现代技术的发展在给人们带来更多便利的同时也带来更大的无处不在的风险。随着就业、住房、教育、医疗等都推向市场，人们对于金钱的依赖越来越显著，由此带来的不确定性、风险性就越高，人们也就愈加觉得不安全。因此，更好的生活要求提高安全保障以抵制市场化带来的不断增加的各种风险。同时，人们越来越不能接受以牺牲环境为代价的增长模式，环境意识逐步觉醒、环境需求不断提升，开始对污染说"不"，显示了民众环境意识和环境维权能力的增强。然而快速工业化等推动的污染仍然在加剧，严重的雾霾覆盖的范围越来越广。快速工业化和城市化带来几亿人口的移民，土地资源的稀缺条件下，如

[①] [美]大卫·科兹、[美]弗雷德·威尔：《来自上层的革命——苏联体制的终结》，曹荣湘、孟鸣歧等译，中国人民大学出版社 2008 年版，第 36—57 页。

何让新一代农民工和在城市里长大的农民工子女融入城市，不因为失地而失去生活保障，这是新阶段面临的重大问题。物质生活的富足对精神生活提出了更高的要求，而如何安顿灵魂、寻求精神的依托则成为普遍问题。一个集中表现是，伴随着财富向精英群体的集中和社会机会的不公平，社会分化愈加显著，对公平的需求越来越强烈。上述变化首先以个体的主观欲求表现出来，当成为一种普遍现象时，它们便形成一种客观的、强大的"物质力量"。可以看到，如今改革发展的初始条件发生了重大变化，这不仅包括民众有追求更高生活的需求，更包括背后所发生的社会生产方式、经济结构、社会结构、文化价值观等的深刻变化。

在总结实践经验的基础上，中国走出了传统社会主义的误区并开辟了一条新道路。随着经济与社会结构的变化，转型期的各种社会矛盾凸显出来，中国也面临诸多深层次的问题。尤其是，这些问题越来越带有结构性和方向性，在现实的体制与格局下难以得到根本解决，修修补补或遮遮掩掩都只能积累更大的矛盾。这些问题没有现成的答案，它们构成一个未知世界，而既有的理论不足以解释和解决这些问题。"中国特色社会主义"成了总括一切的概念，然而在一些关键问题上也容易模糊不清、含糊其词。有人认为中国实际上走的是"国家资本主义"；有人认为"中国模式"已经成熟并具有普世意义，有人认为中国不可能走出一条不同西方的新道路。凡此种种说明，中国特色社会主义并非是自明、完备的体系，而是依然存在众多没有解决的大问题，在实践和理论上都面临重大挑战，迫切需要在核心问题上正本清源。解决时代问题不能只在原有框架下徘徊，而必须有跳出既有框架的束缚，以新的理念和行动推进社会主义的新突破，这便是时代提出的重大历史命题。

二 新历史关口发展社会主义的客观要求

清醒认识新时代的焦点问题才能将中国社会主义推向新阶段。从问题导向看，当今中国形成了新的问题视域和关注焦点。除了发展、稳定、开放等主题之外，改革、法治、转型、文明复兴等成为新的关注焦点，一种新的问题视域正在形成。同时，人们观察问题的视角也在变化，这表现为将眼前问题与中长期问题结合起来。着眼于更长远的国家和民族复兴大业，这是新阶段所亟需的一种历史视野。将关注焦点从具体、眼前、维护小集团利益的狭隘视野中走出来，以民族大义和国家复兴大业为根本，这样才能赢得民心、顺应大势、引领历史发展。问题视域和观察视角的变化也意味着在新的历史时空和平台上展开创造历史的活动，这便将思想与行动带入一个新的世界之中。

在解决核心问题上取得实质性进展，通过探索新道路、解决新问题，才能将中国社会主义推入新境界。这要求在关键问题上迈出实质性步伐、获得突破性的进展，不仅在"量"上有新指标、新成就，更要在"质"上确立新秩序、构建新框架。具体说来包括：一是推动经济创新转型，实现传统工业化的升级再造，将依靠投资、出口为主导的经济发展模式转向以创新为导向、以知识经济为龙头的模式，实现在经济新常态下的平稳转型。经济发展关系政治合法性基础和社会的稳定，如今不可持续的发展模式逐渐走到尽头，推动创新转型成为迫切要求。受制于传统体制尤其是权力结构的制约，市场经济的发展与国家创新体系的建构受阻，破解难题还需要通过全面深化改革来推动经济转型。改革旨在保持经济持续平稳增长，提升经济发展质量。二是化解社会矛盾、凸显公平正义，敢于触碰既得利益集团，通过再分配遏制贫富分化加剧的态势，在提高效率的同时增大公平正义的力度，完善各种公共服务体系，重新定义教育、医疗、就业、住房等行业的公共服务属性，抵制市场和资本的渗透与支配。三是破解腐败的体制性根源，探索新型社会主义民主政治，包括鼓励社会自治、实现政府与社会的共同治理。四是重构文化价值体系。在发展市场经济和融入全球化过程中，传统价值观受到剧烈冲击，整个社会出现价值观的颠倒与迷失，由此也带来社会的"失范"。重构文化价值观需要吸收传统文化和世界文明的一切积极因素，克服传统文化和资本主义的消极因素，进而在新的社会生活条件下培育新价值体系。这些重大问题上的实质性和阶段性突破将把中国特色社会主义推向一个新境界，中国的复兴进程将在新平台上迈出坚实的一步。

　　发展社会主义需要推动制度创新以确立新秩序、构建新框架。当代中国的发展面临结构性和体制性的束缚，尤其是传统的权力架构存在制约创新的系统机制，权力渗透到市场不仅催生体制性腐败，而且导致市场的畸形。完善社会主义市场经济、推进依法治国、发展社会主义民主等都需要全面深化改革、推动制度创新。制度创新的关键是在法治与民主的理念下重构权力架构，增强对权力的制衡、约束、监督，建立法治国家，从而为国家的长治久安奠定制度基础。从世界社会主义运动的经验教训看，许多国家因为没有解决这一问题而走向了失败。对于中国来说，能否走出一条人类文明发展的新道路，能否避免一些国家的覆辙而开创社会主义的新生，关键在于能否在制度层面有实质性的突破，这就要顺应世界文明发展潮流、适应中国现实国情、在新的实践中推动制度创新，进而建立中国特色社会主义治理体系。

发展社会主义需要在实践基础上推进理论创新，通过提出新范式、建构新理论。理论是行动的先导，新发展意味着超越传统的理论范式并代之以新的思想框架。美国学者库恩提出了科学革命的理论模型，认为理论是对事实的逻辑自洽的解释；当一种理论不能解决新出现的事实时，危机就发生了；人们通过建构新理论解释新事实，由此实现了科学的革命。社会主义是在不断扬弃以往理论的基础上发展出来的，对社会主义本质的认识、对计划经济的克服、对中国发展阶段的认识等等都包含了思想上的突破，由此才构建了新理论、推动了新变革。通过在实践中解决新问题进而在理论上实现新发展，这便是理论创新和科学革命的过程。理论创新是对实践经验的总结与升华，一个直接表现是提出新范式。在中国发展的新关口，既有理论的一些局限性逐步显现出来，现实中的种种问题说明它们与变化了的实践之间存在矛盾，也表现出某种意义上的危机。这时，理论突破和创新便被提上日程，这既是推进新发展的条件，也是实现新发展的标志。中国社会主义新突破意味着在关系整体的重大理论问题上有实质性突破，以新视角、新方法构建新的理论范式，进而形成中国新话语体系。

发展社会主义需要在继承中求发展、以发展促继承，在辩证否定中实现中国社会主义阶段性的质的飞跃。中国的改革发展取得的最重要的成果之一是走出了新道路、建构了新理论、完善了新制度。从国际社会的比较来看，中国的发展和进步是大国治理的一个典范，赢得了世界的认可；从中国历史的比较来看，当今中国持续的稳定与繁荣也堪称盛世，展现出国家强盛与民族复兴的勃勃生机。这说明，中国的社会主义有着强大生命力，它是从社会历史和文化实际中走出来的道路，有着强大的历史合理性与必然性。坚定不移地走这条道路是历史的选择、人民的选择，决不能半途而废。同时，中国的社会主义依然处于探索过程中，尤其是在一些根本问题上尚有待突破。所以，一方面，要对现有的道路、制度与理论抱有信心，这是过去经验的总结，也是走向未来的基础；另一方面，必须认识到现实的局限和问题所在，现实中的道路、制度和理论都是不完备、有缺陷、需要继续完善和发展的。如果它们都是完备和没有瑕疵的，社会就不会有这么尖锐的矛盾，改革就成为不必要。如果不是掩耳盗铃或自欺欺人，就必须承认现实中的这些矛盾和问题，也就要承认社会主义需要新突破。

三　推动社会主义新突破

中国的社会主义道路是在亿万民众的创造实践中探索出来的，实践证明了其合理性。那么，为什么还需要新突破，其理论与现实依据是什么？实现这一新突破存在哪些有利条件？

从认识层面看，新突破既是一种主观的认识和理性的自觉，更是中国发展新阶段的客观趋势。社会的发展是一种"自然历史进程"，其中各种变量如经济技术的进步、社会结构的演变、生活方式的变化等都是"客观物质力量"，各种要素相互作用推动了社会的变迁。在此过程中，各种利益与观念的冲突等爆发出来形成了转型期的复杂矛盾。这些矛盾是在改革发展过程中出现的，也需要通过改革发展来解决。所以，新突破的提出作为人的主观认识是对历史发展客观趋势的把握。从时代特征看，当今中国的经济社会结构、利益格局、文化价值观念都发生了深刻变化。随着教育的普及、信息的畅通，人们的政治认同出现了多元化趋势，参与公共事务的热情和能力通过互联网的普及而空前提高，对执政的公平、透明、廉洁、法治有了更高要求，而传统的社会管理与统治模式也存在结构性的不适应。显然，社会生活的各种约束条件都发生了深刻的结构性变革。比如，人们已经强烈感受到互联网对经济、政治和社会生活的渗透与改变，它已内化于人们的生活方式中成为不可缺少的一部分。互联网中内含了平等、自由、民主、多元等现代价值，渐趋改变了社会系统的结构。这时，管理者如果不顺应潮流改变治理理念，而依然我行我素、甚至动辄以"断网"方式进行社会控制，其后果必然适得其反。因此，必须适应时代变化的新特征而进行治理变革。这些都说明，中国的发展已步入新关口、跨入新阶段。

从发展规律看，基于对时代特征的认识，社会主义本身需要在自我变革中实现新突破。社会主义是极具挑战性和创新性的事业，必然会经历曲折而漫长的过程。在对资本主义的分析和批判中，马克思主义揭示了其内在矛盾并指出了变革现实的道路。在20世纪，世界各地都进行了社会主义的试验，发达资本主义国家也在社会主义影响下不断增强了国家干预、完善了福利制度、扩大了公民权利等。社会主义展现了人类克服现实局限、建设更合理更美好社会的诉求。在世界社会主义运动遭遇挫折的背景下，中国的社会主义展现出蓬勃生机。社会主义是中华民族在复兴道路上的选择，这是一种前无古人的试验，走弯路、犯错误、遇挫折都是必然的。事实证明，社会主义正是在实践中探索出来的，同样，新阶段也需要继续发展和完善社会主义，最终走出人类文明发展的一条新道路，在中华文明复兴中展现新气象。从发展的眼光看待现实，就要克服僵化凝固的思维定式，坚持正确道路绝不意味着抱残守缺、封闭僵化，事实上，社会主义的道路、制度和理论都还需要继续完善、发展和创新。在现实中一些人打着社会主义旗号却将它变成了僵化凝滞的教条，对任何新思想、新探索都扣上大帽子。值得警惕的是，其背后常常是为了维护小集团的既得利益。坚持社会主义道路就要旗帜鲜明地反对教条主义，敢于触碰最尖锐的利益冲突，从社会主义事业和民族复兴的最高利益出发寻求问题解决之道。无疑，这需要在实践、制度、理论上有新的突破。

　　从实践经验看，中国的社会主义道路是在坚持实事求是、反对本本主义中走出来的，坚持实事求是就要求推动中国社会主义新突破。什么时候坚持实事求是，社会主义事业就顺利发展；什么时候背离了这一原则，社会主义事业就会遭遇挫折。能否坚持实事求是是真假马克思主义的试金石，做到这一点既需要政治勇气也需要科学精神。对于当下中国来说，坚持实事求是意味着直面现实问题与挑战，适应变化了的形势，积极探索新道路、发展新理论。毛泽东破除本本主义、教条主义才走出了一条中国革命的成功道路，邓小平冲破"两个凡是"以及长时期形成的教条主义的束缚，在改革试验中走出了社会主义建设的新道路。事实说明，在总结经验、改革开放中发现问题、纠正错误、破除樊篱、开拓创新，这是探索社会主义的基本经验。坚持走这一条道路就要敢于直面问题、解放思想、突破自我、超越现实，在创新探索中开辟新境界，这也是是否坚持"道路自信"和"制度自信"的试金石。正因为有自信，所以人才能敢于面对问题、承认不足、勇于突破并不断完善和发展自身，这是自信的真正表现。否则，如果人不敢面对现实问题、对问题和弊病讳疾忌医，把自己打扮成完美无缺的体系，这反而是虚弱和不自信的表现。真正的唯物主义者是无所畏惧的，包括不畏惧发现和面对自身的问题。坚持实事求是就是坚持唯物主义的立场，在直面和解决问题的过程中发展自身，从而展现和夯实基于科学理性之上的自信。

在历史转折阶段，推动中国特色社会主义新发展面临各种阻力。一方面，业已形成并不断强化的既得利益结构是直接阻力。中国的发展是在政府主导、资本带动下实现的，一个直接后果是形成了庞大的利益集团。这种利益结构是在既有的发展模式与体制下形成的，展现了传统体制与发展模式中不合理的一面，也包含了资本积累过程中的各种"原罪"。变革既有的体制、秩序与利益格局必然对既得利益构成冲击，而现实的物质利益是一种客观的物质存在，这是人的主观意志或道德教化所不能左右的力量，因此，反抗与抵制是必然的。其中，官员阶层既是改革的推动者又是改革的对象，在涉及切身利益时也难免会抵制改革。面对错综复杂的权力与利益网络，推动社会主义新突破必然要求冲击甚至打破这种权力与利益格局，由此遇到的不是个体或小团体的反对而是一个庞大阶层的阻力，这必将引发尖锐的冲突。另一方面，新突破也遇到各种观念的阻力，各种"左"的右的观点争论不休。阻碍改革与创新的观念仍十分强大，在许多方面掌握了话语权，而这背后常常交织着既得利益，这使得思想领域十分混乱和复杂。深化改革需要在克服各种僵化思想的束缚中实现百家争鸣、"开放思想市场"从而激发理论创新。

面对强大的现实阻力，推动中国社会主义新突破也存在诸多有利条件，有着创造历史的广阔空间。其一，经济发展依然有很大的成长空间，保持较长时间的持续增长是完全可能的。在经济新常态下，改革可以释放生产力，分配调节可以扩大国内市场，这些都为经济持续繁荣创造了条件。即便经济出现明显下滑，改革开放以来积累下的生产力和国民财富也足以提供较大的回旋余地。其二，国家依然掌握丰厚的经济政治资源，拥有强大的社会动员能力，足以应付各种不测事件、处理各种社会矛盾。其三，在民生持续改善的背景下，底层民众对于党和政府有着高度认同，其价值取向更注重个人现实生活。这些都增强了社会结构的稳定性，从而为改革发展提供了宽松的社会环境。从总体上看，中国依然处于历史上最好的时期，面临创造历史的难得机遇。当然，如果对时代问题麻木不仁、对时代责任不予担当，最终会错失良机而滑入被动境地。

四　社会主义的反思与超越

推动中国社会主义新突破是当代中国面临的重大命题，这既是一个理论和学术问题，更是一个实践和政治问题。那么，如何实现这一新突破、如何借此将社会主义事业推向新境界？

新突破的实质是对社会主义的再认识。社会主义是人类探索理想社会的宏大试验，需要在实践中试错、纠偏和发展，人们对社会主义的认识也随着实践而不断更新和深化。同样，在中国探索社会主义、实现古老文明的复兴也需要在实践中摸索和完善。实现中国复兴依然需要回答"走什么路、举什么旗"的问题，这就要追根溯源探求社会主义的本质。社会主义的本质是克服阶级压迫和两极分化，将人从各种社会制度与文化的压迫中解放出来，发展生产力、实现公平正义、让人民当家作主。如果过分强调"中国特色"而舍弃了"社会主义"，则会失去事物的本质内涵；如果走上权贵资本主义或官僚资本主义道路，则背离了社会主义。

　　总结历史教训和实践经验，发展中国的社会主义需要将社会主义的公平正义与市场经济的效率至上结合起来，在发展中实现共享、以共享推动发展。两极分化并非社会主义的本义，也非改革的初衷。发展市场经济促进了经济发展也带来严重的贫富分化，这时必须从源头上反思：改革与发展的目的是什么，社会主义的本质规定是什么？公平和正义是社会主义社会的核心价值，这既是社会主义不同于资本主义的本质特征之一，又是经济社会持续健康发展的要求。既保持经济发展又避免两极分化，不仅需要从分配领域进行调节，更要从所有制关系、资源分配的权力关系等源头上作出合理的制度安排。发展中国的社会主义需要顺应世界文明发展潮流，凸显中国文明的价值与优势，立足中国实际探索新文明道路。近代以来，西方文明作为一种现代文明体系展现出强大的力量，伴随着资本主义扩张和全球化进程而涌向世界各地，也构成对中华文明最强烈的冲击。在艰难抗争中，中国学习西方、融入世界并最终选择了社会主义。在东方社会和文化基础上建设社会主义、在不可阻挡的全球化浪潮中挺立中国文化的精神品格，需要以包容开放的胸怀对待传统、对待他者、对待新生活。发展社会主义需要坚持中国性、立足中国实际、走中国道路，避免陷入一切唯西方马首是瞻、照搬西方发展道路的窠臼；另一方面又要坚持世界性、顺应世界文明发展潮流、坚持社会主义的普遍原则，克服武断地以特殊性排斥普遍性的形而上学思维，在融入世界中彰显中国的个性。发展社会主义还需要将继承性与创新性结合起来，在思想创新与制度创新中探索出社会主义的新道路。中国的社会主义建设是在从过去承继下来的各种政治、社会和文化遗产中进行的，这其中既有不利的需要改进的方面，也有积极的需要坚持的方面。历史经验告诉我们：要深刻认识中国国情，从实际出发而非从想象出发；中国的繁荣、稳定和发展来之不易需要珍惜；同时，还要从历史发展的角度推进改革创新，在创造性探索中解决面对的问题，最终让社会主义展现出蓬勃生机。推动中国社会主义新突破，关键是要在继承中求创新，在思想创新、制度创新中探索出社会主义的新道路。发展社会主义需要遏制社会分化与对立，在凝聚社会共识中形成改革发展的合力。新中国的立国之本是"人民国家"，如果人民不能当家作主，国家权力成为谋求小集团利益的工具，国家的性质也就发生蜕变从而背离了社会主义的宗旨。社会主义坚持人民是国家的主人也是历史发展的主体。从目的上说，社会主义建设的目的是为增进全体民众的福祉，实现每个人的自由全面发展。从手段上说，人民又是发展和建设的主体。通过提升人的素质、释放人的潜能推动知识经济的发展和创业创新的成功，这是经济创新转型的根本途径；推动社会自治、构建现代社会治理体系，更需要民众的广泛参与。因此，坚持人民性原则是社会主义的本质要求，也是发展社会主义的根本方向。这些原则本身并非是新的，但对解决当下中国问题来说是一种新的要素，将这些原则落实到具体的制度、政策与生活中，还需要进行创新性的实践探索。

除了发展经济、增加收入之外，这一目标体系还包括提高治理水平、提升社会道德水准、增强文化软实力等。面对当下盘根错节的复杂矛盾，改革是推动经济发展、维护社会稳定、实现国家长治久安、完善和巩固社会主义制度的根本出路。改革的实质是调整和完善社会主义制度,将制度创新成果化为法律、在法治框架内推动改革是改革成功的保障。腐败弱化了民众的政治认同,铲除腐败的根基需要深化政治体制改革、创新社会治理方式、发展社会主义民主。当今中国历史发展的大势是发展社会主义,因为它顺应了中国社会进步与人类文明发展的方向,表达了亿万民众的根本利益诉求。推进中国社会主义的新突破需要在认识上保持清醒头脑,避免盲目自负,在不断学习中开拓事业发展新局面。社会主义是一个"必然王国",需要不断摸索、学习、深化认识。脱离实际的"假大空"的宣传会让人看不清真相而走向自满和自负,最终引导社会主义走向歧途。因此,我们必须保持理性的谦逊,认识到在已有认识和复杂多变的事实之间存在巨大的鸿沟,从而在不断探索和学习中发现新知、解决问题。在新阶段推动中国社会主义的发展还只是刚刚"破题",解决众多难题还需要一步步去探索。这就要跳出就事论事、被动应付的局面,遵循理论创新规律,在批判继承的基础上勇于突破陈规。实践上的突破与理论上的创新是相互印证和支持的两面,理论创新是实践突破的思想动力,实践创新是理论创新的源头活水,二者统一于中国社会主义的探索中。中国通过改革开放实现了国家富强与人民富裕,同时也积累下各种问题与矛盾。新突破意味着在破解各种现实难题中缓解社会矛盾,在巩固政治合法性的同时维系社会秩序,在继续增强国力的同时参与世界秩序的重建,也为更进一步的改革与转型赢得时间并创造相应的社会文化条件。如果能顺利实现这种新发展,中国的社会主义将步入一个新境界,在新的平台和基础上开始新的进程,这将为中华民族复兴奠定坚实基础。

从世界文明发展角度看,中国的社会主义探索在 21 世纪人类文明发展格局中必然居于重要位置。如能探索出一条社会主义的新道路，中国不仅可以解决自己的问题、实现中华民族的复兴，而且可以为人类探索理想社会作出贡献。中国特色社会主义新发展意味着中国向世界贡献的不只是廉价商品，还包含了更有价值的新道路、新制度、新文明，这是 21 世纪世界对中国的最大期待，也是中国复兴的本质内涵。当中国不再以"第几大经济体""奢侈品消费国""军事强国"而是以制度、思想、文化、价值观的魅力赢得世人的尊重和信服时，我们才可以自豪地说：中国以一种崭新的文明和独创性的贡献融入世界大家庭中来。

第四章

以共享理解和发展社会主义

　　社会主义作为对资本主义的超越,其本质要求是实现更高水准的共享。从现实看,资本对社会的渗透、权力对资源的垄断以及在此基础上形成的"独占"价值观构成了阻碍共享的系统机制。实现共享需要在机会与财富共享中实现持续发展和转型升级,在权力共享中推动公民参与并奠定社会稳定之基,在价值观共享中构筑社会团结之魂,在知识共享中确立机会平等的起点。培育共享机制是制度创新的过程,精英阶层与大众需要充分认识彼此利益相关的事实,在互动合作中走出"囚徒困境"、创造共享价值,民主则是建立社会共享机制的关键环节。

第一节 共享的时代要求

　　在进入中等收入阶段之后,中国在向发达国家迈进的同时也出现了贫富两极分化、地区与城乡差距拉大、利益结构固化、社会凝聚力下降等问题。如何在弥合社会裂隙中凝聚改革共识、在推动变革中重建社会认同?"共享"便是一个解决问题的思路。

经济发展、技术变革和全球化进程深刻改变了中国的社会结构与价值观念,如今,众多初始条件发生了重大改变,认识这些变化是制定改革战略的前提。一个变化是,社会主流阶层已实现初步小康,追求"共享"成为普遍诉求。之前人们不满于财富的"寡"而急于摆脱贫困,因而接受了低工资、高污染、不公平等换来生活水平的提高;在走过了短缺经济时代之后,"不均"越来越成为社会矛盾的焦点。在利益分化之上社会的分化日益显著、冲突不断加剧,传统的价值观念和意义世界受到剧烈冲击,人们也就越来越难以共享意义与价值,社会与文化认同出现裂隙。这种分化和对立首先以个体的主观感受表现出来,但是一旦成为普遍的社会心理则会形成客观的"物质力量"。实现更高水平的发展、巩固社会团结的基础需要"共享",这成为新阶段深化改革的一个着力点。

共享在世界各地都被视为一种美德,在当代发展运动中,共享也从一种美德升华为一种发展理念。在实践中人们认识到,发展需要更具包容性,包容性增长(inclusive growth)的理念被广泛接受。在互联网等信息技术的支持下,分享经济(sharing economy)通过市场机制让闲置的资源等得以共享,既实现了物尽其用又增加了收益,其中就包含了共享的价值观。在总结发展经验的过程中,中国也形成了"共享式发展"的理念,即坚持发展为了人民、发展依靠人民、发展成果由人民共享。共享式发展意味着克服排他性的发展模式,通过开放市场及社会职位、普及教育等使更多的人参与发展;它还包含基于权力共享之上的政治发展、基于人与自然共享之上的可持续发展以及共享价值观之上的文化发展等。共享是在特定生产方式之上形成的分配方式及相应的价值观,因此,认识和实现共享需要从经济社会结构入手考察人们的观念。可以看到,共享既是一种价值观又是一种发展理念,共享式发展不仅是一种价值立场更体现了社会发展的某种趋势。

计划经济时代,在公有制、按劳分配以及集体主义基础上,共享成为流行的价值观;在市场经济条件下,社会经济结构发生深刻变革,共享的观念逐渐被"私享""独占""个人至上"等观念所取代。在发展新阶段,跨越"中等收入陷阱"、实现可持续发展都需要推动发展转型,共享则是一个核心理念。从工具理性角度看,共享是化解转型期的复杂矛盾特别是贫富两极分化的直接要求。中国在快速发展中积累下巨额财富,这既增强了国力又提高了民众的生活水平。但是,财富的分配却存在严重的不平等。北京大学中国社会科学调查中心的调查显示,2012年我国家庭净财产的基尼系数为0.73。将家庭财产从低到高排序,排名在50%以下的家庭的财产总量占全国财产总量的7.3%,排名在顶端10%的家庭占比61.9%,排名在顶端1%的家庭占比34.6%。[①]虽然存在统计上的局限,但这一结果大致反映了当下的实际。由于个人的天资、家庭、机会等存在差异,市场竞争必然带来分化。中国的两极分化更与转型期的体制缺陷等紧密关联,比如机会的不平等、教育的不公平等从起点上形成了显著差距。财富两极分化不仅带来国内市场需求的不足以及社会矛盾的激化,也加大了滑入"中等收入陷阱"的可能性,共享便成为化解矛盾的客观要求。同时,在持续高速发展了几十年后中国经济要避免发展"失速"就需要推进转型并寻找新的发展动力。由于出口与投资的下滑,扩大内需成为拉动

[①] 谢宇等:《中国民生发展报告(2014)》,北京大学出版社2014年版,第30页。

增长的现实出路。在高收入群体以奢侈品消费为主的条件下，扩大内需必须提振中低收入阶层的支付能力，以共享理念提高其收入水平则是前提。尤其是，人的创造力的释放是创业与创新的源泉，推动创业创新需要调动亿万民众的积极性与创造性，共享则是实现这一目的的有利条件。以共享理念推动教育公平，在普及教育的基础上培育和挖掘人的创造力，这是创新转型的根本支撑。知识与信息的共享也是推动创新的有利甚至必要条件，比如网络发展带来的共享将开辟新型的创业创新模式。这就要求继续扩大开放，推动全国乃至全球知识与信息的共享。

从价值理性角度看，共享是社会主义的本质要求，体现了社会主义制度的价值立场与正义性，因而也是巩固执政合法性的基础。空想社会主义的基本主张是在财产共有、共同劳动的基础上实现共享。如德萨米所提出的，在财产公有的基础上，人们"本着自己的能力、知识、需要和特长参加共同劳动，并同时按照自己的全部需要来享用共同的产品，享受共同的快乐。"[1]科学社会主义克服了空想社会主义的局限，在对社会发展规律的认识之上揭示了实现社会公平正义的新途径。公平正义是社会主义的核心价值，人们在共同拥有生产资料的基础上共同劳动、共享发展成果是社会主义的本质内涵。中国坚持走社会主义道路，因而必然要求由人民共享一切发展成果。在革命年代，"打土豪、分田地"赢得了底层民众的支持；在发展时期，改革开放发展经济惠及了民众。在发展新阶段，利益分化导致形成了富人阶层。要坚守为人民服务的根本宗旨、维护人

---

[1] [法]泰·德萨米：《公有法典》，黄建华、姜亚洲译，商务印书馆1985年版，第17页。

民群众的利益,就必须坚决遏制两极分化的态势,以推动共享式发展来巩固执政合法性、确立社会主义制度的正义性基础。总之,作为一种手段,共享是化解社会矛盾、推动发展转型、巩固执政合法性的客观要求;作为一种目的,共享体现出社会主义的本质特征与价值原则。

共享作为一种分配方式是社会生产方式的一部分,作为一种价值观则是一种美德,"分享苹果"的故事一直被颂扬。在远古氏族社会和传统乡土社会,共享都是一个普遍的生活方式和价值观念。滕尼斯区分了"共同体"与"社会"的不同,其中之一是:"共同体的生活是相互的占有和享受,是占有和享受共同的财产。"①"共享"在"共同体"中是通行的理念和规则,人们不仅共享食物、共同生产而且共享价值观和感情;基于血缘之上的家庭等都基于共享之上而形成凝聚力。从共同体进入"社会"之后,商品交换构筑了新的社会关系,在这里"人人为己,人人都处于同一切其他人的紧张状况之中。"②其中的规则是:"谁拥有和享受的东西,他的拥有和享受就排斥所有其他的人;实际上没有什么共同的东西。"③从此,"共享"的制度和理念被"独占""剥夺""竞争"所取代。在中国,"老吾老以及人之老,幼吾幼以及人之幼"的理想体现了共享的价值观。家族内的共享是分配资源的规则,社会本位的价值观塑造了个人服从和服务于群体利益的总体倾向。不过从现实看,维护权力统治和等级秩序仍是社会生活的本质,如君臣、父子、夫妇之

---

① [德]斐迪南·滕尼斯:《共同体与社会》,林荣远译,商务印书馆1999年版,第76页。
② 同上书,第95页。
③ 同上书,第96页。

间的等级关系只是维护拥有权力的一方的利益。总之，自从进入以私有制、国家等为标志的"文明社会"之后，社会关系更多的是冰冷甚至残酷的占有、剥夺，两极分化、权力垄断、等级森严等成为普遍现象。基于人追求自我利益的自私本能形成了"人不为己天诛地灭"的价值观，而现代社会的分裂与对抗更使"分享"成为乌托邦。从现实主义立场看，逐利仍是人的普遍本性，在激烈的竞争中对资源与权力的争夺成为社会生活的主题。

通常意义上，"共享"是关于如何分配财富的问题；从社会生活的过程看，财富共享与知识、权力、价值观的共享有着内在的关联。权力和财富等一切有价值的东西具有稀缺性、排他性等特点，在冷酷的现实利益冲突面前，"共享"是否只是理想主义的道德期盼？当今中国正面临严重的贫富分化以及价值观的迷失。作为应对挑战的一种选择，共享成为推进发展转型的新理念。可是，市场经济遵循的是"人人追逐自我利益最大化"的法则。由此不断强化的是"私有"与"独享"的价值观，恰如一些商家打出的招牌——"私享会"，毫无遮拦地展示了这种价值立场。在此现实条件下，共享何以可能？如何理解"共享"？回答这些问题需要探讨共享与发展的客观逻辑。

第二节　共享的阻力

回答"共享何以可能"可以从反面考察：为何不能共享？在现代社会生活中，资本、权力与观念这三个关键变量塑造了社会的基本结构，因而可以从这三个方面进行分析。

首先，资本、市场对社会的渗透构筑了现代社会运行的机制，其基本逻辑是竞争、独占而非共享。人类进入文明社会后出现分化，随着生产的发展和阶级的出现，在经济上占统治地位的阶级通过对被统治阶级剩余劳动的占有和剥夺而攫取财富，又通过相应的政治制度来维系和巩固这种秩序。亚当·斯密揭示出，资本主义基于市场分工之上形成了竞争机制，在提高生产效率的同时也加剧了财富的分化。马克思从阶级对立的角度揭示了现代资本主义社会中资本榨取工人剩余劳动的剥夺机制。波兰尼提出，人类的经济从来都不是孤立的而是"嵌入"社会之中的，现代经济出现了一次转折，市场以其强大的力量力图"脱嵌"，斩断了传统社会人与自然、人与人的关系而将劳动力、土地、货币等都变成商品，由此形成"市场社会"。①在现代市场经济的强大驱动下，人的私欲、占有欲、支配欲得到空前的释放，市场的竞争法则渗透和改造了社会关系，人与人成为竞争的对立面。当代中国经济改革以发展市场经济为目标，各种资本得以快速壮大并深刻塑造了社会的结构及其运行方式。在推动经济发展的同时，市场经济对社会的渗透与支配作用不断凸显。随着财富的向少数精英群体的集中和机会的不公平，社会分化不断加深，利益冲突日渐加重，尤其是"特殊利益集团"与大众之间形成的财富、权力与机会的鸿沟不断扩大，共享也就遇到巨大阻力。

其次，政治权力对资源的垄断抑制了社会的创造力。统治者借助于国家权力维系经济上对剩余劳动的占有，强化了阶级对立和贫富分化。美国学者阿西莫格鲁与鲁宾逊提出，制度是

---

① [英]卡尔·波兰尼：《大转型：我们时代的政治与经济起源》，冯钢、刘阳译，浙江人民出版社2007年版，第49—66页。

导致国家繁荣或贫困、成功或失败的基本原因,他们提出存在两种不同的制度:包容性制度(inclusive institution)与攫取性制度(extractive institution)。包容性制度通过保持财产权、开放个人成长与发展的机会、激发人的创业冲动使"创造性破坏"得以可能并导致创新的勃发,由此推动了经济的繁荣和社会的进步。攫取性制度建立在精英阶层对其他阶层财富的榨取之上,他们通过垄断权力和资源等维护了统治精英的利益,但却抑制了社会的创业冲动,"创造性破坏"被遏制,创新也就难以出现,由此导致经济的凋敝乃至国家的失败。其中,经济制度与政治制度紧密相连,包容性或攫取性的经济制度都依赖于相应的政治制度的保护与巩固,政治制度则反过来强化了相应的经济制度,由此形成一种正向的反馈循环。[①]他们还认为,中国经济的快速发展正是向包容性经济制度转型的结果,但是由于政治上依然停留于传统的攫取性制度,因此其经济发展是不可持续的。虽然这种推论并没有充分考虑中国的特殊性,但也警示人们要看到中国经济发展存在的现实问题和潜在风险。近年来人们认识到,精英阶层通过对资源的垄断而占有大量财富,机会的不平等加剧了社会财富的分化,尤其限制了私人资本、社会组织和个人的发展,最终抑制了社会的创新能力。当下中国导致分配不公、贫富分化的原因根源于分配背后的体制,暴富阶层的出现得益于利用经济发展中的各种体制性缺陷,由此形成的利益格局形成了一种制度化的惯性力量。

最后,在上述经济与政治制度的支配下形成的价值观强化

[①] Daron Acemoglu and James Robinson, *Why Nations Fail: the Origins of Power, Prosperity, and Poverty*, NewYork: Crown Publisher, 2012.

了对立与分化而非共享的观念。马克思认为，社会意识是社会存在在人的头脑中的再现，观念扎根于社会生产方式之中。私有、独占等观念并非从来就有的，而是随着私有制的产生和阶级分化而出现的，权力观念也随着国家的出现与政治权力的膨胀而不断强化。现代社会，资本和权力更是紧密结合在一起支配了社会生活从而具有了超人的魔力，对于金钱与权力的崇拜也成为一种主导价值观，共享的价值观也便淡出了。从现实看，市场经济的发展冲击和瓦解了传统价值观体系，商品社会的交换法则与权力支配一切的现实逻辑则塑造了金钱至上与权力至上的价值观，追求和占有更多财富和权力成为实现个人价值的终极标准。对个人价值的肯定推动了人的自我实现和发展，这是对传统片面忽视个体价值的社会本位的一种纠正，有着积极的解放意义；但是，片面强调个人利益甚至将之与他人及社会的发展对立起来，则会带来个人与他人、个人与社会新的紧张。通过资本、权力与观念的分析可以看到，资本的肆虐、权力的滥用、价值观的混乱等形成了一种系统机制，形成了分化、独占而非共享的社会机制。市场竞争的法则是激发占有而非鼓励共享，人的本性使其不会主动出让已经到手的财富与权力。

第三节　以共享理解社会主义

不能共享源于多重因素，让共享成为可能就需要从系统层面进行探讨。资本主义制度具有"攫取"的特征，让所有人而非只有精英阶层拥有发展的机则是社会主义超越资本主义的方向。"什么是社会主义"是一个开放性的问题，实现更高程度的、更具实质意义的公平与正义是社会主义合理性与正当性的基础，作为一种批判性的思想和行动，社会主义便以"共享"为核心价值和本质特征。从起点上说，让社会共同拥有生产资料，让人人共享受教育、工作和发展的机会，这是社会主义的经济基础；从过程上来说，让人们共同参与经济、社会特别是政治生活，这是社会主义民主的体现；从结果上说，让人们共享繁荣和进步带来的福祉，实现每个人的自由全面发展，则是社会主义的宗旨所要求。鉴于存在上述阻碍共享的几个因素，社会主义要实现共享就需要在这个方面作出探索。

首先，节制资本，在机会与财富共享中实现持续发展和转型升级。如何既保持效率又实现共享是社会主义实践中遇到的难题。中国通过市场经济改革推动了经济发展。财富的涌现为人的发展提供了更多机会，也为更高层次的共享创造了条件。邓小平认为，社会主义的本质是解放和发展生产力，消灭剥削，消除两极分化，实现共同富裕。这意味着一方面要提高效率、发展生产；另一方面要坚持公平、实现共享，这其中既有冲突的一面也有相互支持的一面。经济的繁荣来自于民众创造力的培育与释放，共享不应理解为平均主义，而应理解为以更好的机制推动更高水平上的竞争与创新。同时，共享也可以带来更高水平的繁荣，公平会推动效率、过度不公平则会降低效率是经济发展的规律。亚洲开发银行提出了共享式增长（inclusive growth）的概念。阿里、庄巨忠将共享式增长界定为机会平等的增长，既强调通过经济增长创造就业及其他发展机会，又强调发展机会的平等。[①]全球化时代实现共同发展、共同繁荣的理念

[①] 林毅夫、庄巨忠、汤敏、林暾：《以共享式增长促进社会和谐》，中国计划出版社2007年版，第34页。

越来越成为现实的要求,共享式增长成为国际社会新的发展观念,追求共同繁荣、共享发展得到国际社会的普遍认同。与之相对的是排他性增长(exclusive growth),一部分群体、阶层被边缘化,这表现为在教育、就业、政治参与等各个方面失去平等发展的机会与能力。推动共享式增长、创造共享价值是社会主义要坚持的原则,这要求转变发展模式,节制资本,避免资本对社会生活的过度渗透和支配带来的两极分化,在平衡社会各种利益中实现共享。社会的团结不仅建立在物质交换基础上,更要超越市场的逐利法则而彰显美德的力量;同时,推动共享也可以弥市场经济的缺陷、促进市场经济更好地发展。

其次,约束权力,在权力共享中推动公民参与并奠定社会稳定之基。社会生活为政治所左右,政治的核心是权力及其分配和运作。在非民主社会中,权力被少数统治阶层所垄断并为其阶级利益服务。现代政治文明发展的一个趋势是让社会各个阶层分享权力、共同参与政治,民主也成为推动社会进步的强大动力。民主是社会主义的本质要求,如何让人民拥有、参与并行使政治权力是社会主义民主建设的关键问题,一个核心思想则是让民众共享权力。李普塞特主张以权力共享来面对社会与政治的分裂,提出了协合民主(consociational democracy)的思想。诺丽斯研究了促进民主巩固的制度后发现,那些能够引导在不同族群和意识形态对手中分享政治权力的制度被证明最能促进民主的实践,对于正处于民主化进程中的国家而言最适宜采用权力共享机制(power-sharing mechanism)。[1]共享意味着

---

[1] Pippa Norris, *Driving Democracy: Do Power-Sharing Institutions Work?*, Cambridge University Press, 2008.

打破垄断、消除压迫,在政治决策过程向多重群体开放,各种利益群体都能够参与决策和实施,在参与中寻求共识、增进共同利益。"共同治理"(co-governance)便是一个具体体现,这是国际社会治理的新潮流,也是民主实践的新探索。治理的一个关键环节是决策,共同治理具体体现于开放与包容的决策。经合组织等致力于推动各国治理创新,一个方向是决策向公众开放,在积极地参与行动中确立决策的多主体地位,这便是民主治理。权力的共享意味着赋权(empowerment)于人民,赋权也成为民主政治发展的基本内容。从国际社会治理与发展的经验看,通过政府与社会其他组织等共享权力、激发民众参与合作治理,成为民主发展的新形态,如巴西榆港市的参与式预算,印度 Kerala 的去中心的发展计划行动等。怀特等将此总结为"赋权的参与式治理"(empowered participant governance)。[1]通过开放权力、让民众参与决策过程,在审议与协商中求得共识,在合作中形成解决问题的途径,这种参与式民主治理的理念与做法取得了积极的成效。权力共享可以通过决策环节的共同参与而平衡各方利益,最大限度地实现民众的利益,从而在机会和财富等分配的关键环节上促进和保障共享。同时,权力共享不仅可以激发社会的创造力,更可以增进社会团结,因为它确立了人与人之间的平等与主体身份,提供了个人参与公共事务的机会和空间,使孤立的个体走出自我狭隘的世界而融入公共生活中,进而确立和强化对群体的认同。从长远看,权力共享可以在化解社会冲突中奠定社会稳定的基础,因为社会的秩序

---

[1] Archon Fung and Erik Olin Wright, "Deepening Democracy: Innovations in Empowered Participatory Governance", *Politics & Society*, 29 (1), 2001: 5–41.

与稳定需要公平，不公则是导致千百年来社会冲突和动荡的一个根源。社会稳定与秩序的基础不是暴力、剥夺，社会成员之间的平等、公平、共同发展才是更牢固的基础，共享便是实现社会稳定的最好支撑。对于中国来说，首要的是约束和限制权力，避免权力的滥用和异化导致的对公共利益的侵蚀，这是实现共享的直接途径。

再次，重构价值，在价值观共享中构筑社会团结之魂。社会团结不仅依赖于社会利益的均衡，更取决于人内心的文化与价值认同，让人们团结起来、增强"我们"认同感的基础是共享价值。文化的本质是共享价值与意义，人类在文化的创造、传播、交流中分享共同的意义、价值、目标，进而形成集体认同与集体行动，维系了共同体的存续与发展。因此，共享构成文化的本质性规定，是维系共同体存在的精神与心灵纽带。威廉斯在探讨文化艺术的创造时认为，文化的本质包含了共享，他写道："人类共同体的发展是通过发现共同意义以及共同的沟通手段而实现的。在某个活动范围之上，大脑所创造的那些模式和那些被共同体所具体化了的模式在持续不断地互动。个人的创造性描述是创造了惯例和制度的总体过程的一部分，正因为如此，共同体所珍视的意义才能被分享并发挥作用。这就是文化的现代定义的真实意义所在，它强调的是共享的过程。"[①]价值观不像财富或权力可以分割、独占，它的基本存在方式就是在群体中被"共享"，不会因共享而引发冲突而是在共享中变得更有凝聚力。追求归属感是人的基本需求，价值观向人们提供

[①] [英]雷蒙德·威廉斯：《漫长的革命》，倪伟译，上海人民出版社2013年版，第47—48页。

了评判标准和行动规范，人们在共享价值观中找到了精神的归属。例如，人们在胜利的狂欢中共享"国家的荣誉"，共享强化了人的认同和安全感从而增强了社会凝聚力。在全球化时代，人类共享生命家园成为普遍诉求，这也是对阶级、国家、种族、文化冲突的一种克服。今天，中国在经济发展基础上需要重塑文化价值观，在共享价值观形成政治和文化认同。

最后，创新知识，在知识共享中确立机会平等的起点。机会的不平等是导致贫富分化、社会冲突的根源之一，共享机会是促进社会公平的现实途径。①其中，共享知识、保障每个人的受教育机会，是从起点上确立共享的基础。同时，这也是推动知识经济发展和创新的动力，因为创新既是个人的行为也是在集体互动合作的产物，集体学习与合作是创新的关键要素。知识、信息、思想的共享可以促进创新主体之间的互动，让人们走出封闭而进入开放的系统中，在相互学习的互动中促成创新。共享也是一个"动词"，是在互动中交换思想、共同经验的过程，是创造新知、创造性解决问题的途径。在共享知识中形成了集体共同接纳、认可和拥有的知识、规范、准则、价值，这不仅塑造了一个集体或共同体的知识水平和行动能力，而且培育了共享的价值观和规范。让一切知识资源向所有人开放，让每一种思想都能自由生长，让每一种声音都能得以传递，在共享知识与思想中可以激发灵感、减少隔阂与误解、形成共同发展的生动局面。信息技术的快速发展尤其是互联网的普及极大地改变了知识的传播方式，对教育、社会、经济和政治产生了

---

① 中国面临的一个突出问题是国有资产的产权制度安排。从理论上说，每个公民都是国有企业的股东，有权利共享其中的收益。但是，如何保值增值并让全体国民共同受益而非成为少数利益集团的钱袋子，还需要深化改革。

革命性的变革，一个最突出的影响是知识、信息、资源的共享成为现实。图书、知识、教育曾经被垄断为少数人拥有，如今，知识和信息的共享通过互联网成为可能，教育与知识的普及成为趋势，这必将成为推动社会进步的强劲动力。

社会主义不仅是一种经济制度、政治生活，也是一种生活方式、价值观念，重新认识和建构共享也是建设新型社会主义的过程。面对分裂的社会、被瓦解的共同体，需要重新收拾人心、在培育新的文化与政治认同中构筑中华民族的精神家园。

第四节 辩证理解共享的本质

共享的主体是谁，谁来共享改革发展的成果？从原则上说，共享式发展主张人民共建共享。"人民"是一个抽象的概念，如果泛泛地谈"人民"而实际上维护少数人的利益，则会将"人民"架空而让共享化为泡影。马克思认为，人不是抽象的存在物而是具体的社会关系的承担者，人在社会生产中结成各种关系并展现出人的本质。因此，实现以人为中心、人人共享的发展还需要具体分析。

共享立足于每个个体公民的发展与自我实现，旨在让每个人都能最大限度地在共享国家发展中实现个人价值。国家发展的目标包括富国强兵，对于曾遭遇殖民掠夺的国家来说，提升国家能力、增强国家实力是实现所有人利益的前提。另一方面，国家的发展最终落脚于保护和实现每个人的利益与价值。现代社会变迁的一个方向是从社会本位转向个体本位，尊重和实现个人的权利、尊严、自由既是个人奋斗的目标也是社会发展的目的。改革开放以来，中国也在发生这种转变。共享式发展意味着让每个人都有自我实现的机会，这是实现人民共享的具体体现。共享表现为社会各个阶层之间在共享中化解矛盾、促进和谐。在社会主义初级阶段，人们仍然受制于社会分工等约束而存在巨大差异，而市场经济的竞争机制也使人们处于不同的社会阶层之中。当今中国，既不能回到计划经济时代主张消灭阶级差别，也不能任由市场竞争带来的两极分化加剧社会的分裂甚至对抗。这时，平衡社会矛盾、化解社会冲突便需要坚持共享原则，促成各个社会阶层之间的和解与相互包容，其基础则是通过共享式发展壮大中产阶层、构筑稳健的社会结构。其中，在财富与权力体系中处于弱势的群体常常缺少改变自己命运的能力与机会，应予以特别照顾，实现全民脱贫便是实现公平正义最直接也是最有效的体现。共享是所有民族、各区域人民的共享。作为一个多民族的国家，中国的发展是五十六个民族共同的追求。由于历史、地理、文化等的差异，中国的发展很不均衡，东部沿海地区的发展明显快于中西部地区。中西部地区又是少数民族聚居区，地区差距与民族差距交织在一起，这些差距在技术革新与对外开放的格局下呈加剧趋势。在多种因素的影响下，边疆地区也出现了不稳定因素，国家统一与民族团结受到挑战。从物质层面上说，发展不平衡导致区域和民族差距拉大，一些群体在发展中被边缘化；从文化层面看，大一统的政治认同受到冲击，而传统的民族宗教认同被强化。当人们既不能共享发展成果又不能共享文化价值观时，这些裂隙便可能诱发各种矛盾与冲突。因此，实现各地区协调发展、让各个民族共享发展成果既是维护国家稳定的需要，更是中华民族复兴的必然要求。共享还包含全世界华人在参与中华民族复兴大业中共享荣耀。全球华人同根同祖血脉相连，实现中华民族伟大复兴是炎黄子孙的共同利益与期望。国家统一关涉中华民族核心利益，实现民族复兴必须跨越意识形态等鸿沟，避免走上以武力解决矛盾的道路。推动共享式发展要在经济社会发展的基础上实现中华文化的复兴，通过中国文化的创造性转型与创新性发展确立中华民族新的可以共享的精神信仰与文化认同。共享也包括与世界各国共享中国发展的机会。中国复兴的本质不是成为新的世界霸权，作为古老文明的复兴，它将为世界贡献更多的新思想、新文化、新制度。如今世界各国处于休戚相关的命运共同体之中，面临诸如全球变暖、反恐、发展等共同问题，尤其需要克服以往各种不合时宜的观念与制度，在共享发展与进步中实现各自利益。中国的崛起不会走西方霸权的老路而会与世界各国共享发展成果。

可见，对共享主体的定义中包含了一种的发展理念及价值观，即发展需要更具包容性、开放性、多元性。通过扩大发展主体、开放发展视域、促进合作互动，共享式发展让每个人、每个阶层、每个民族、每个华人乃至世界友人都参与进来，增进主体之间的共识、认同、合作并减少摩擦、对立、冲突，从而最大限度地调动发展与创新的动力。新阶段中国的发展不仅是要全面建成小康社会，更是要推进发展模式的转型与发展理念的转变，进而探索出一条新型发展道路。

从理论回到现实，共享与发展便呈现出复杂的矛盾。现代社会呈现高度的复杂性与多元化，各种不同甚至对立的利益与观念相互交织。作为一种价值观和发展理念，共享不能在乌托邦世界中实现而需要在现实的社会历史条件下展开。从现实看，人们追求各种不同的价值，各种价值之间又常常存在冲突，这便使共享在现实中呈现的复杂状态。首先，共享面临效率与公平的矛盾。发展的直接目的是通过提高效率来创造更高的生产力。实践证明，市场是配置资源的有效手段，自由竞争是提高效率的直接途径。在总结资本主义发展经验的基础上，亚当·斯密等主张鼓励市场自由竞争、保护私有产权从而促进社会财富的涌现。与此同时，市场的竞争与资本的扩张也带来一系列负面效应。马克思发现，资本对劳动的压榨导致财富的两极分化和人的普遍异化，资本对自然的侵占则导致自然环境的破坏。卡尔·波兰尼提出，缺少约束的市场竞争带来对社会的伤害，由此也引发了对社会的保护运动，如欧文等进行的社会改革试验等。①中国的发展建立在市场取向的改革之上，通过引入市场机制激活了各种生产要素进而提高了效率。在全民逐利的狂热运动中，市场与资本的破坏力很快显现出来，其中一个表现便是严重的分配不公。作为对资本主义内在局限的批判与超越，社会主义的思想和运动蓬勃兴起，其基本主张便是平等与共享。可是，社会主义主张的共享不应该是平均主义，它既需要促进社会公平又要创造更高的效率，这也是推进共享式发展面对的一对尖锐矛盾。其次，共享也面临公德与私利的矛盾。共享意味着克服个人利益而促进他人利益。在保护私有财产制度、鼓励市场竞争的机制下，人们追逐自我利益构成社会行动的基本动机，个人利益至上成为流行价值观。唯物史观认为社会物质利益构成社会结构的基础，市场经济建立在承认并保护人的个人利益之上，也不断强化了社会的利益分化。面对这样一种客观的物质力量，实现共享必然遇到强大阻力。从个体角度看，

---

① ［英］卡尔·波兰尼：《大转型：我们时代的政治与经济起源》，冯钢、刘阳译，浙江人民出版社2007年版，第112—114页。

共享可能如同"割肉"一般疼痛直至引发直接的抵抗。这时就要追问：共享首先是对个人的要求还是对社会、国家的要求？从事实看，社会与国家担负着更大的责任，这是实现共享的根本条件和保障。共享固然离不开人们的道德自觉，但是在现实条件下人的"自私本性"仍是一个客观事实，对此不能视而不见。因此，共享更是一种"公德"，主要体现为社会、国家的美德，借由国家和社会的制度安排来实现共享是更为现实的选择。

在此格局下，认识和推进共享式发展，需要在现实的物质条件下辩证地认识和处理这些矛盾。首先，推进共享需要坚持发展第一，在发展中解决矛盾。生产力的发展是社会进步的条件与动力。经济效率与共享存在矛盾，共享应该是在生产发展之上的共享，发展是促进共享、提高共享水平的条件，而生产的不发展则常导致更大的社会不公。对于有着十几亿人口的中国来说，发展是解决各种矛盾的积极方略。所以，利用和调动一切因素促进经济持续健康发展仍是中国发展的基本立场。比如，中国发展研究基金会提出，中国未来社会福利体系应坚持"全民共享"的和"发展型"的特征，"全民共享"是指惠及13亿中国国民特别是广大的农村居民；"发展型"是指推动人的全面发展，通过教育扩展、健康促进、就业援助等把传统的补偿型福利模式转变为一种与经济发展相互促进的福利模式。[①]这一理念正确反映了共享与发展的辩证逻辑，符合中国的发展实际。其次，发展既是一种客观的合规律性的历史运动，也是人们追求美好生活的合目的性活动，因而既需要遵循科学原则也需要

---

① 中国发展研究基金会：《中国发展报告2008/09：对我国构建全民共享的发展型社会福利体系》，中国发展出版社2009年版，第1—2页。

坚持正确的价值立场。公平、正义、共享便是发展的价值取向。中国的发展是在政府主导下的社会运动，受到发展理念的直接支配，明确共享的发展理念具有很强的方向标意义。因为"共享"凸显了公平正义的价值观，而且跟"共产"有内在关联，人们不禁会问：将共享列入发展理念是否在"向左转"？对此需要辩证认识。在经济发展新阶段，中国的改革发展需要跳出"左"右之争，在务实原则下求得多方平衡。一方面发展经济不动摇，这就要发挥市场作用，鼓励竞争与创新；另一方面避免两极分化，这就要以共享理念扩大公平正义。这里既有科学又有艺术，需要把握好尺度，用"弹钢琴"的方法平衡好各种关系。最后，实现共享是一个辩证的历史的过程，需要在协调各方利益及各种要素中实现动态的平衡。人们在既定的社会历史条件下活动，共享也是一个客观的历史进程，共享的范围、水平、深度等都需要伴随着经济社会的发展而不断拓展。今天，中国依然处于"社会主义初级阶段"，生产力发展水平依然有限。因此，不应该期望共享在短时间内让所有人享有高水平的福利，更不能把共享引向主张"均贫富"的民粹主义道路上去。共享表现为一种理想、理念、价值，而理想与现实、理论与实践、价值与事实之间总是存在张力与矛盾。从事实出发，人们只能在具体的经济社会条件下实现有限度的共享。作为一种道德理想与体现分配正义的发展理念，共享带有抽象性和思辨性。现实生活具体而多样，转型期的社会利益结构十分复杂，阶层、城乡、地域等差别很大，共享还需要结合这些现实条件予以落实。

第五节　培育社会共享机制

"共享"不只是关于公平分配的价值选择问题，也是社会运行方式的问题。现实社会的原则是竞争、分化、对立，让共享从道德召唤化为现实的逻辑实现"共享"，需要克服资本主义、传统社会主义和人性的局限，从社会运行的系统再造中构筑"共享"的机制。

培育共享机制是制度创新过程。共享从直观上首先表现为结果上的财富共享，但它不只是收入分配问题。社会系统的运行与变迁遵循内在的规律，实现共享需要认识社会的运行逻辑，揭示社会共享的内在运行机理。事实证明，以劫富济贫的民粹主义路线和破坏法制的"打黑"方式实现共享只能是南辕北辙；同样，仅仅靠道德宣传和小恩小惠也不足以达到目的。从根本上还需要在认识和尊重规律的基础上建立社会共享机制。如常修泽提出"包容性体制创新论"，认为包容性发展"是一个以共建共享为本质要求的现代发展体系"。[①]共享既是目标与结果也是手段与过程。从"治标"层面上，共享意味着调节社会收入分配制度、降低贫富分化程度、使民众尤其是底层民众也能"共享改革发展成果"，避免两极分化带来的社会不满和冲突从而维护社会稳定与合法性基础；从"治本"层面上，建立社会共享机制意味着寻找和克服将社会发展引向封闭、僵化、失去活力、缺乏创新的"攫取性制度"，进而建构开放、富有活力和激发创

[①] 常修泽：《包容性体制创新论——关于中国改革、两岸整合和新普世文明的理论探讨》，《上海大学学报》（社会科学版）2012 年第 5 期。

新的"包容性制度"。建构社会共享机制、推动包容性增长、建设包容性制度既是应对尖锐社会矛盾的策略,更是探索国家长治久安与持续发展的制度选择,还是在尊重社会发展规律基础上践行社会主义的道义原则。建设共享机制需要培育和唤起人心性中拥有的"共享"等美德,更需要在认识社会运行规律的基础上构建合理的制度与机制,这是彰显人性共享美德的基础所在,在此基础上形成的共享价值观则会进一步巩固相应的制度与机制。建设社会共享机制要求从确立政治与经济制度的合理性视角反思现实,从社会主义制度建构的原点出发,以共享作为制度合理性的基本依据,通过制度创新来超越人性的局限而实现共享。

问题在于,面对业已形成的利益格局尤其是强大的利益集团,改革收入分配体制、建立共享机制必然面对各种阻力,那么,从哪里寻找变革的动力?贫富分化导致社会冲突加剧,这构成一种现实的压力。巩固执政基础需要直面民众诉求并逐步打破对权力的垄断,让一切机会更多地向社会与民众开放,在合作博弈中寻求共同利益谋求共识。显然,追求社会的稳定和秩序是所有阶层共同的需求和根本利益所在,追求这一根本利益是谋求共识的基础。社会各个阶层存在利益的冲突也存在共同的利益,最大的共同利益是"在一条船上",从长远和根本利益上看"一荣俱荣,一损俱损"。尤其是,当社会分化达到一定阈值、社会冲突突破系统稳定的临界点时,社会将陷入实质性的"断裂"而导致衰退、动荡和失序,所有阶层的利益都会受到威胁,这便是零和博弈的结局。事实上,中国社会的分化与冲突已经接近于临界点,孕育着某种程度的危机。这时,精英阶层与大众需要充分认识彼此利益相关的事实,寻找加剧分化、在共享中实现稳定与繁荣的新道路。社会成员之间的平等、公平、共同发展而非暴力、剥夺则是更具合理性的基础,共享则可以推动更高水平的稳定与和谐,分享快乐、幸福、美善等社会发展的终极价值。

基于对共同利益的认识之上,一个共识是社会各界在互动合作中避免零和博弈、走出囚徒困境、创造共享价值。明确企业的社会责任是国际社会经济发展的一个方向,其目标是实现企业与社会的价值共享。波特等提出了"创造共享价值"(creating shared value)的思想。企业为了追逐利润而常常不带来污染、破坏资源、伤害消费者等负外部性,强调企业的"社会责任"成为一种伦理约束。波特等认为,这种外在的约束并不能根本解决问题,从价值原则思考,创造共享价值则是一个新思路。共享价值不是"分享"企业创造出来的价值,后者是一种再分配手段;它是面对社会需求追求扩大经济与社会总价值,在增强企业竞争力的同时改善企业所在社区的经济社会环境,因此,创造共享价值聚焦在找出社会与经济进步之间的关系并扩展这种关系。价值共享的原则同样适用于政府和非营利组织,以最小成本求得最大效果。[①]从创造共享价值这一视角出发,寻找增进公共福祉、促进社会和谐发展要求避免零和博弈而追求共赢、实现共享。从企业与社会的关系扩展到整个发展过程,在各个阶层、各个国家、各个地域、各个不同主体之间通过创造共享价值来实现共享是一个新思维。政府、社会、企业、公民之间等都存在矛盾,在现代市场制度和权力体系下得以强化。

---

① Michael E. Porter and Mark R. Kramer, "Creating Shared Value", *Harvard Business Review*, 2011, 89 (1/2): 62–77.

化解矛盾、避免冲突需要从起点上寻求新的解决路径，从"分蛋糕"到"做大蛋糕"是一个思路的转变，创造更大的价值是积极的策略。从消极意义上寻找和克服那些妨碍社会行动主体之间的合作与创新的阻力，通过降低社会交易成本而增进社会价值，这也是实现共享的有效途径。

从更长远的眼光看，民主是建立社会共享机制的关键选择。从手段上说，民主可以激发公民作为共同体平等成员的主体意识，通过公民参与养成并维护某种共享的价值。"正如无数政治体系的研究者所观察到的，民主制度设想并不断完善一种公民的共享感觉，即一种共同传承感，一种有价值的生活方式和一种共同命运。评价各种民主制度安排的标准之一，是它们有助于促进这种共同体感觉的程度。"[1]从目的上看，理想的共同体是民主的共同体，民主构成其核心理念、精神和制度基础；它是"人民的""为了人民的""人民自己参与建构"的共同体；它秉持民主的理念和精神，在民众的自我创造中发展和完善。在这里，共享与民主有着本质性的关联，民主本质上要求共享权力、共享机会、共享财富，同时民主通过对权力和资本的约束而从制度上克服社会分化的结构性因素，从而为共享提供了制度保障。

社会利益分化是一种客观的物质力量，共享遇到人性的羁绊以及利益的阻挠。实现共享式发展既不能仅仅依靠道德教化也要防止走上暴力革命的道路。在转型时期，如何通过社会改革来实现共享？

---

[1] ［美］马奇、［挪］奥尔森：《重新发现制度 政治的组织基础》，张伟译，生活·读书·新知三联书店2011年版，第128页。

在理论层面，推动共享式发展需要正本清源，在"劳动创造价值"的基本理论之上重构社会主义生产关系的正义基础。马克思肯定了劳动在人类社会发展中的基础性作用，也揭示了资本支配劳动的机制及其带来的劳动异化。他提出："只要社会还没有围绕着劳动这个太阳旋转，它就绝不可能达到均衡。"[1]作为对资本主义弊病的超越，社会主义需要克服资本对劳动的支配，树立劳动在社会生活中的核心地位，从而确立其正义性与合理性的基础，按劳分配便具有天然的正当性。在中国发展的过程中，资本与权力是推动发展的强大动力，劳动的地位被弱化而资本的地位被强化，尤其是权力与资本的结合形成一种支配性力量。结果，财富的高度集中常常是资本与权力的产物而非劳动的产物，这其中不仅包含资本的原罪、权力的腐败，还包括对劳动的赤裸裸的剥夺。法国学者皮凯蒂研究了当今世界的不平等现象，发现导致不平等的原因在于资本在收入分配中占据主导地位，由于资本占有的差距不断加大，当今世界的不平等加剧了。[2]坚持社会主义就需要确立劳动在生产和分配中的基础性地位，劳动应得到合理的回报，不劳而获、投机取巧等应受到约束。在国家发展的基本理念与价值上，走社会主义道路就要坚持劳动创造价值的立场，克服资本主义及市场经济固有的利益至上、资本至上、消费至上的模式，在改革中探索社会主义经济发展的新模式与新道路，实现人与自然、人与人、人与社会的共享与和谐发展。

在制度层面，通过深化改革建立实现共享的制度体系是根

---

[1] 《马克思恩格斯全集》（第18卷），人民出版社1964年版，第627页。
[2] ［法］托马斯·皮凯蒂：《二十一世纪资本论》，巴曙松等译，中信出版社2014年版，第345—367页。

本出路。在相互冲突的利益格局下达成集体共识十分困难，而依靠个人道德自律来推行共享更是遇到人性弱点的羁绊。经济社会结构的变迁是客观物质力量的演化过程，共享需要从变革制度入手改造社会经济结构，通过建立具有强制性、普遍性和稳定性的制度体系来实现公平与共享。推动共享式发展从根本上需要深化改革，构建以共享为价值导向的制度体系，包括深化收入分配体制改革、推动教育公平、完善全民福利制度等等。全面深化改革必须坚持共享为基本价值立场，以此作为改革的出发点和检验改革成败的标准。比如，在坚持多种所有制形式并存的条件下巩固公有制主体地位、发挥国有经济主导地位，这种所有权的共有是实现全民共享的经济基础与制度保障。巩固全民共享的制度基础需要深化国有企业改革，在遵循市场规律基础上建立国有资产保值增值的有效机制，在提高效率的同时保证国有经济对实现共享发展的基础性作用。面对权力与资源的垄断体制，改革需要建立更具包容性的制度安排，保护产权、开放市场机会从而激发创新。从现实中看，权力存在被异化和扭曲的可能，推动共享式发展必须从政治上考察导致社会分化的体制根源，克服既得利益集团的阻挠，坚定地站在人民国家的政治立场推动改革。全面深化改革意味着从社会系统整体入手，发展社会主义民主、建设社会主义法治国家、构建现代国家治理体系，这是实现共享式发展的制度基础。推行共享式发展需要政府发挥关键作用，通过政府积极作为来克服市场竞争带来的分化，站在公平正义立场促进社会共享。一方面，政府需要进一步开放市场、下放权力、让市场在资源配置中发挥决定性作用，以此促进经济发展。另一方面，政府又必须承担规范市场、平衡利益、促进公平的职能，站在公共利益的立场上增进整个社会的福祉。共享主要体现为国家与社会的公德，"人民政府"的合法性与正义性基于对人民利益的维护之上。因此，政府必须旗帜鲜明地高举共享旗帜、坚持共享的发展理念，在推动发展的一切决策落实共享理念。

在道德层面，社会各个阶层达成利益均衡与集体共识，进而让共享成为主流的价值观。中国人口众多，人均资源匮乏，推广共享价值观是现实的需要。传统中国社会在共同的价值观和宗法社会结构之上确立了稳定的文明秩序，社会本位、集体至上是主流价值观。随着市场经济的发展，个人利益得到了强化，社会也陷入激烈的竞争甚至对抗中。国家和社会整体利益决定着个人利益，要达成利益均衡是实现所有人利益的条件，坚持共享理念、通过促进共同利益来实现个人利益是需要达成的一个集体共识。一个社会的团结与稳定不仅依靠暴力统治，还需要在共享价值观基础上培育社会认同的文化基础。在经历了长期的动荡与变革之后，中国的转型与发展面临的一个核心任务是在经济发展基础上培育新型价值观体系与文化意义世界。实现共享也需要提升人们的道德水平。中国人历来鄙视"为富不仁"，而共享扎根于传统文化的道德理想中，发掘并光大共享价值观有着深厚的文化基础。共享也是社会主义的本质要求，因而也应成为社会主义的核心价值观之一。在经济发展基础上，人们的基本物质需求得以满足，整个社会可以有更多的资源来实现共享，人们也可以在共享中体会仁爱与友善的和谐氛围。

提及"共享"，许多人的第一反应是"不可能"。面对市场经济的竞争法则、人的逐利本性以及社会利益结构的分化，共享是否只是一种带有乌托邦色彩的道德理想？这一疑问确实有着现实的依据。然而，人类的发展与进步恰恰是通过思想与行动来超越现实、实现理想的过程。通过以上探讨我们认识到，共享既是一种美德也是一种发展理念，以共享理解发展是经济社会发展转型的客观规律使然，更是建设社会主义的本质要求。在物质层面，有十几亿人口的中国人均资源极其紧张，共享是有效化解社会矛盾、增进公共福祉的途径；在精神层面，发展还意味着构筑中华民族新的共有精神家园，其核心则是培育共享的文化价值观。可见，共享有着现实的经济与文化基础，它必将成为中国发展新阶段的一个主题词。以共享的理念与价值观引领发展、深化改革，进而在社会结构的变革中培育集体共识与公共美德，共享的观念就会从"不可能"变为"可能"，这也正是中国发展迈上新台阶的生动过程。

第 五 章

以改革创新奠定中国复兴的经济基础

经济发展是社会进步的基础，也是推动人类文明发展的根本动力。在漫长的前现代社会，中国一直以先进的技术和生产力水平走在世界的前列。近代以来，中国以西方为榜样致力于实现现代化，如今已成为世界第二大经济体。实现中国复兴需要奠定坚实的物质基础，这就需要继续推动经济技术的变革，尤其是以改革推动经济发展的创新转型。

第一节 以科技创新推动经济发展转型

在实现了国家独立与民族解放的基础上，中国在探索社会主义的旗帜下开展了大规模的现代化运动，初步奠定了工业化的基础。1978年以后，改革开放让中国融入全球化进程并发展了生产力，千百年来仁人志士所梦想的摆脱贫困与愚昧的理想正在成为现实。正反两方面的事实告诉人们，社会主义的本质要求是创造出超过资本主义的生产力，坚持发展不动摇是实现中国复兴的基本条件，这已成为一个基本共识。

中国在进入发展新阶段的同时也面临众多系统性结构性的问题，经济发展的质量还不够高，尤其是向创新经济的转型困难重重，必须直面深层次矛盾才能实现经济起飞后的稳步发展。这既是一种对事实的观察和理性的认知，也是民众的期望和历史的要求。从英国工业革命开始，人类对物质资源的消耗以加速度增长，有限的资源与无限的发展之间的矛盾趋于尖锐。中国过去的发展仍走了这一条"老路"，结果造成了严重的生态破坏和环境污染，脆弱的生态和有限的资源已无法承受如此大规模的开发。中国总体上仍处于国际分工体系的末端，以廉价劳动力和牺牲环境为代价成为世界加工厂，在获得就业机会和创造 GDP 增长的同时承受着国际垄断资本对劳动力的剥削和对资源环境的透支。另外，强势政府主导下中国经济发展孕育了深层的结构性矛盾，各种利益之间的冲突加剧，经济增长与社会发展不足的矛盾尖锐，社会贫富分化加剧已超过国际警戒线。人们普遍认识到，传统发展模式已难以为继，推动中国经济迈上新台阶必须转变发展方式，根本出路则是向"创新经济"转型，提高自主创新能力以增强核心竞争力，依靠科技创新等在内的全面创新实现发展模式的转型。科学技术作为"倍加的生产力"是推动发展的关键力量，依靠科技进步推动发展转型成为现代经济发展的普遍经验。科学技术改变了人类从自然中获取物质资料的方式，改变了财富创造的模式和路径。发达国家之所以持续占据优势，最重要的竞争力来自对核心技术的掌握。当今世界的竞争不再只是资源的竞争，更是科学技术等核心竞争力的较量。这自然需要通过人力资源的培育和管理创新、体制创新、知识创新来寻找经济发展的新引擎。

推动经济发展的创新转型以建设创新型国家成为中国经济发展新阶段面临的最主要挑战。中国经济面临的困难不是暂时和偶然的，而可能会持续较长时间，因为这是几十年发展积累的矛盾的结果。

简要说来，创新是破解发展难题的根本出路，是关系国家发展全局的枢纽，也是实现发展战略目标的关键。中国已从低收入国家迈入中等收入国家，工业化基本完成，城市化快速推进，公众需求、经济结构、利益格局等发生了深刻变化。从中等收入阶段迈向高收入阶段需要重大的战略转型，创新则是这一转型的本质与核心。创新转型意味着超越以往的发展模式，通过创新来引领和驱动经济与社会的发展，为经济持续发展寻求新的动力引擎。一方面，创新转型是发展新阶段的客观形势所迫，解决发展中的问题和矛盾要求克服传统模式的惯性进而培育发展新动力；另一方面，创新转型是破除瓶颈、化解矛盾的上策，也是提升发展质量、推动发展进入新阶段的重大契机。实现古老文明的复兴本质上需要推陈出新，在新的实践探索中锻造新思想、构建新制度、培育新文化、塑造新公民。面对新的任务与挑战，只有勇于开拓、善于创新才能走出一条新路。

科学和技术是推动人类文明进步的重要力量。在近代西方，科学革命引发了技术革命，这被笼统称为"科技革命"。在20世纪中叶以来，新科技革命爆发并绵延至今，极大改变了人类生活的面貌。科学是人类在认识世界的过程中形成的知识体系，标志着人类对自然与社会的认识的扩展和深化。科学革命是指人类认识的基本思想、方式与方法、规范与标准等相对过去发生重大的变革。自然科学摆脱神学的统治而构建出相对独立的科学体系是一次科学革命,实证科学方法论的确立则是近代科学革命的标志。直到今天,在自然科学领域仍然坚持以可证实、可复现的原则与标准来检验科学的正确性与可信性。在文艺复兴、地理大发现、宗教改革的驱动下,近代西方出现了第一次科学革命。哥白尼提出日心说颠覆了传统的世界观,牛顿确立了现代实验科学的方法和理论,科学理性成为引导社会进步的明灯。科学革命是思想启蒙的表现和动力,由此奠定了西方现代文明的知识根基。技术革命是人类在改造自然的过程中形成的工艺、技术、方法等的改进与变革,标志着人类改造自然的能力的提升。以蒸汽机的发明应用为标志的第一次技术革命、以电气化为标志的第二次技术革命和以信息技术为主导的第三次技术革命,通常被称为三次技术革命。技术革命改变了人类利用和改造自然进行物质资料生产的方式,也改变了人们的衣食住行等生活方式。所谓"现代化"正是在技术革命推动下实现工业化、城市化、市场化、全球化等。

如今科学技术继续呈现加速度发展的趋势,多学科的交叉融合等积累了创新爆发的新能量,引起了世界范围的高度关注。美国兰德公司对全球技术革命及其影响进行了研究,发表了《2020年的全球技术革命》。该报告认为,科学技术的发展革新还在以加速度进行,而多学科的交叉与多种技术的融合更是势不可当,这对于世界经济和社会的发展继续产生重大影响。中国科学院发布的研究报告认为,自20世纪下半叶以来,未能出现可以与相对论等相提并论的理论突破或重大发现,"科学的沉寂"已达六十余年,科学技术知识体系的内在矛盾凸显出来。报告推断,当今世界科技正处于革命性变革的前夜,在21世纪上半叶出现新的科技革命的可能性较大。[①]从当今世界科学技术与社会发展的总体态势看，知识爆炸性增长、技术革新一日千里、全球经济持续发展以及科学技术的交叉碰撞等，都在积累着创新与变革的能量，孕育着新科技革命的无穷动力。不论是在科学领域还是在技术领域，"原创性突破"和"群体跃进"都成为一种无法阻挡的趋势。准确认识世界科技革命的新趋势，抓住机遇推动国家科学技术的发展，这是实现国家复兴的基本战略。

与以往发生的科技革命比较，"二战"以后的"新科技革命"既有科学革命和技术革命的一般特征，也出现了一些以往所没有的新特征。新科技革命的一个典型特征是科学、技术与生产相互渗透，科学技术革命与生产力发展之间的关系更加密切。科学发现为技术创新提供了理论基础，科学知识向技术转化的速度加快。技术创新则为科学研究提出问题和试验条件，科学研究越来越离不开技术的支持。大学、科研机构、企业等密切合作形成了科学研究与技术创新的有机互动。教育特别是高等教育的发展是推动科学技术创新变革的重要机制。面对社会上的科学技术创新的迫切需要，大学特别是研究型大学不仅致力于培养人才，而且自身成为知识与技术创新的孵化器。现代科技革命不只是在实验室里进行的，也是在资本主义的生产机制下运行的。一方面，科学推动了技术创新并被大规模地运用到生产生活中，直接提高了生产效率；另一方面，生产的发展也为更大规模的科学研究与技术创新提供了物质手段。随着科学技术在经济发展中的地位日趋重要，世界经济的发展模式

---

① 中国科学院：《科技革命与中国现代化》，科学出版社2009年版，第10页。

发生重大转变，传统发展模式依靠资源开发和盘剥廉价劳动力，这造成对自然资源的透支和生态环境的破坏。在资源枯竭压力加大、环境需求上升的背景下，依靠科学技术进步、发展知识经济成为世界发展的主要方向。可以说，科学技术的创新成为企业生存的生命线，也是一个国家竞争制胜的法宝。

科学技术分工细致、门类繁多，各种学科之间的交叉融合产生了数千门新学科，人类的知识和信息总量以几何级数增长，这是新科技革命的又一特征。每一个简单现象背后都有着深刻的原因，科学的发展总是由浅入深，新的科学理论总是在革命性的立场上兼容了对同一现象的浅层次的解释。每一项技术背后都有着深刻的科学认识，人类通过创造用技术实现了应用的目的。在分支学科大量增加的同时，科学技术的综合性、系统性、交叉性日益突出，这是解决复杂性问题的客观需要，也是新科学技术发展的整体态势。结果，知识与技术的增长具有加速发展的内在趋势，这种几何级的增长使现代社会生活呈现出涌现的特征，人们形象地称之为"爆炸"。人类生活的各个领域已经明显地显示出这种趋势，科学技术、思想文化、产品与服务等都显示出涌现的特征。

在世界经济一体化的进程中，随着经济全球化发展与文化的全球化融合，科学技术的发展也充分体现出全球化的趋势，这是新科技革命的又一特征。随着经济合作的动态变化，科学技术在全球范围内动态扩散和发展，以商业竞争模式出现的科学技术竞争日趋激烈。如今，世界任何一个角落的问题都会被全世界不同地域的研究者关注，除了政治、军事等涉密的人为原因以外，全世界的科学研究可以通过网络平台进行交流、沟通、分工与合作。科学技术垄断自然不会消失，但科学技术的垄断期限却呈现明显的下降趋势。信息的共享与扁平化的合作促进了科学技术的传播，其横向扩散速度较以往明显提高，这是过去的科学技术研究所没有的新特征。新科技革命同时也加剧了世界各国的科技竞争，构建国家创新系统成为世界各国竞相努力的目标。科学革命与技术革命的爆发可以理解为传统理论或方法的革命性变革，这种变革的根源和机制来自于传统理论与新的事实发生了矛盾。在各种条件具备时，带有"质变"性质的科学技术革命发生了。科学技术革命的发生不是单个因素作用比如科学家在实验室进行研究的结果，而更多地取决于整个知识和技术生产与应用的系统。从科学研究的团队到大学、研究机构的整体氛围，从产学研的结合程度到科研体制等等，都构成一个知识生产的复杂系统，如果该系统有利于推动创新，则构成"国家创新系统"。在这一系统中，各个要素主体的互动、合作及知识的共享等是促成创新的有利条件。这一系统的构建依赖于从企业到地方政府、从教育到国家体制等各个方面的参与。从发达国家经验看，国家创新系统的建立是推动科学技术创新的系统机制。

"新科技革命"是人类科学知识增长与进化中的新飞跃，是人类认识世界和改造世界的积极成果，标志着人类向自由迈进的新成就。新科技革命极大地推动了社会生产力的发展，深刻改变了社会生产关系，也塑造了全新的生活方式与价值观念。科技革命标志着现代社会生产力发展质的飞跃，科学转变为直接的生产力是发展生产的因素之一。科技革命使社会产业结构、劳动结构、教育和智力开发发生深刻变革。尽管科技革命也存在负面效应，但对不同的社会制度下科技革命的具体作用应该具体分析。总体而言，科技革命大大推进了社会进步。自动化大大降低了工人的劳动强度，同时也提高了对劳动者素质和技能的要求，脑力劳动更加重要。机械化、自动化、信息化、智能化使社会生产和生活以更"智慧"的面貌出现，体力劳动被机械化、自动化解放，常规的管理与控制智能化，整个生产与消费进入智慧时代。这是一个到目前为止人们还不能认识清楚、无法勾画出来的时代。在崭新的时代，生产者与消费者、资本与生产资料、成本与利润的分配都将发生革命性的变革。只要想想目前网络上出现的前所未有的商业与消费模式，人们对这个尚且无法预料的新时代的面貌即可略见一斑。

科学技术是推动生产力发展的关键因素。"二战"后全球经济显著增长，GDP 总量持续增加。科技革命通过不断的发明创造改进生产工艺、改变生产流程、提高生产效率，从而创造出更高的生产力。同时，科技发明也不断创造了新的产品和市场需求，在更新换代与增加新产品、新服务、新的消费体验中开拓了新市场，这也是推动经济增长的重要动力。所以，科学技术越来越成为"倍加的生产力"，成为推动现代经济发展的关键因素。以中国为例，2007 年至 2012 年科技进步在经济发展中的贡献率已达到 52.2%。新科技革命带来世界经济结构的深刻变革，催生了新产业、新业态。经过工业化之后，在科学技术进步和生产力发展的基础上，人们的基本物质需求得到充分满足，普遍的基本生活资料的匮乏已经结束，于是对于精神文化的需求日渐增加并成为更普遍的需求。结果，第一、第二产业比重下降，第三产业比重增加甚至在发达国家成为主导产业。其中，金融、信息等服务业成为发达国家的支柱产业，文化创意产业的发展异军突起。各种新兴产业蓬勃兴起不断开拓了新的市场，快速增加了社会财富与服务。2013 年，德国政府在《德国高技术战略2020》中提出了一项国家发展战略即"工业4.0",旨在在以往机械化、电气化、自动化基础上进一步发展"绿色的""智能化"的生产模式。这是在充分认识和利用现代科技革命最新技术的基础上整合传统的物理技术和信息技术而提出的战略构想,展现出新一代工业革命的方向,有人称之为"第四次工业革命"。近年来,物联网、3D打印、大数据、智慧城市等已经从理论和概念转入实用技术的应用,由此带来对整个传统生产方式乃至生活方式的颠覆性变革,其影响尚未可知。科技革命催生了新经济——信息经济、知识经济、创新经济。不像传统产业依赖自然资源以及对劳动力的剥夺之上,这些新型产业更多地依赖知识、技术、文化、教育,尤其以知识与技术的创新为基础。所以,它不再主张拼资本、资源、劳动力,而是拼知识、技术、人才。知识密集型的商品、服务等的产出不断增大,逐渐超过了传统的劳动力和资源密集型的产出的比例,知识成为创造价值的最重要的因素。借助于知识产权制度的普及完善,知识的创新可以带来丰厚的收益,市场竞争越来越取决于知识的竞争,世界步入"知识经济"时代。如美国未来学家约翰·奈斯比特在《大趋势——改变我们生活的十个新趋向》一书中认为的,知识生产力已经成为生产力、竞争力和经济成就的关键因素。知识已成为最重要的工业,这个工业向经济提供生产所需要的中心资源。[①]此时,知识特别是知识与技术的创新成为市场竞争的决定性因素。由此带来的后果是,市场竞争对劳动者素质提出了更高的要求,那些接受过良好教育、拥有

---

① [美]约翰·奈斯比特:《大趋势——改变我们生活的十个新趋向》,中国社会科学出版社1984年版,第14页。

较高专业化技能的人群可以获得更高收益。

新科技革命通过创新改变了生产方式，人们的工作方式、劳动环境、劳动强度等发生了重大改变。随着机器人的使用、自动化程度的提升等，以往利用大量劳动力才能完成的流程越来越转为机器自动完成，这大大降低了对劳动力数量的需求，同时也改善了劳动者的工作条件。一个趋势是，人工智能技术正成为最新的科学技术前沿，比如无人驾驶也已开始应用并可能普及。人工智能发展的直接后果是机器代替人工，大量从事简单劳动的工人将面临失业的压力。与此同时，人们的工作方式也发生了重大变化，特别是"互联网+"的发展改变了传统的产业与创业模式，越来越多的工作可以在灵活自由的时间与空间中完成，家庭、咖啡馆、火车上等处处都成为办公地点，同时也是休息娱乐的地方。新科技革命还给生产力的发展带来更多的蝴蝶效应与黑天鹅效应。蝴蝶效应是指一个微小的刺激可能在预料不到的领域引发大的波动。新科技革命，尤其是以信息技术为代表的新科技的发展，使得某个基础科学理论的发现与发展可能引发社会实践领域的巨大变革，而且这种变革的方向与强度都是事先无法预测的。黑天鹅效应指小概率事件的发生及其重要性。新科技革命赋予了生产力更多方向不定的小概率事件的可能性，这些小概率事件一旦发生就快速发展，以至于以新的模式改变了社会生活的面貌。这是因为新科技革命的综合性、交叉性、扁平性等特征使得概念的创新呈现涌现的特征，而概念创新在信息与知识及合作的现代平台上能够被无限的尝试、探索和实践，最终可能性得以变为现实。

从长远的历史眼光看，新科技革命推动了人类的发展，扩展了人的自由，增强了人类掌握自己命运的能力。科技革命在发展生产力的基础上大幅提高了人们生活水平，将人从"物质匮乏"中获得解放，在短短时间里解决了一直困扰人类的基本生活资料短缺的问题，人类由此进入"商品过剩时代"。以粮食为例，"民以食为天"，在漫长的农业社会，农业是国民经济的基础，而粮食产量的限制使得食物长期困扰着人类。在科技进步的支持下，世界粮食生产快速增长，从总体上解决了人类的粮食需求。在经济发展基础上，医疗卫生、教育、文化等得到发展死亡率下降，人均寿命延长，义务教育普及，两性平等得以拓展。联合国开发计划署推动了全球人类发展项目，致力于"以人为中心"的发展，科技则是最重要的手段之一。新科技革命的一个主要方向是生物技术、基因工程等，技术突破将会攻克癌症等重大疾病，延长人的寿命并提高其生活质量，医疗、健康产业将成为新兴的支柱性产业。新科技革命通过克服人对自然和社会的依赖使人获得更大的自由。在马克思看来，自由时间的增加正是人获得解放与自由的重要体现。科学技术的发展恰恰提供了这种可能，通过发展生产力使人摆脱了物质匮乏之虞，进而获得更多过的可以自由支配的时间去休假、学习、娱乐，这正是人的自由与解放的体现。科学技术作为现代文化体系中的基础，它们的进步切实推进了人类的自由。从根本上说，实现人的自由解放既要借助科学技术进步，同时又要超越科学技术而付诸社会制度的改造与人的自我变革。在资本主义的运行模式下，强大的技术成为一种新的统治力量，人为技术所统治和支配而进一步可能沦为其奴隶，这构成对人的自由与福祉的威胁。马克思主义从人类自由与解放的整体出发，分析和批判了资本主义条件下现代技术对人的控制，进而提出了变革与解放的诉求。这样，人通过掌握技术变革现实从而寻找到解放的途径，技术也成为促进人的自由与解放的积极因素。

第二节　构建国家创新系统

创新是现代经济社会发展的引擎，推动以科学技术创新为标志的全面创新既是经济发展转型升级的客观要求，也是实现中国复兴的必由之路。创新是全面创新，这意味着推动理论创新、制度创新、科技创新、文化创新等各方面的创新。以往人们常常将创新局限于技术创新，随着认识的深化，人们愈加认识到理论、制度、文化等全面创新的重要性。理论是行动的先导，在总结实践经验基础上推动思想和理论的创新是首要因素。当代中国的发展与转型极其复杂，迫切需要通过理论创新深化认识以增强决策的科学性。在转型时期，制度创新具有特殊的意义，改革的实质就是在变革不合时宜的体制机制中进行制度创新。从更宽泛的意义上说，中国的复兴本质上是一种文化复兴，这不仅要回归传统并实现传统文化的创造性转换，更要在新的生活实践中实现中国文化的创新性发展。创新还需要通过构建有利于创新的社会系统机制来激发创新。仅凭一腔热情或一声令下并不能自动实现创新。创新需要认识和遵循规律，实现合规律性与合目的性的统一。世界各国的经验证明，创新常常不只是单个主体的偶然行为，它更是社会系统的有效产出，而基于平等、合作、互动、共享等之上的社会系统有利于激发创新。基于这些认识，世界各国致力于建构国家创新系统。

推动全面创新意味着发挥国家的能动作用，尤其是构建国家创新系统。强烈的创新愿望、浓厚的创新氛围、宽松的创新环境是创新的条件，在这种条件下，各种新思想、新技术、新管理模式才不断被创造出来。创新型国家是一种目标和理念，旨在通过对创新的价值和意义的认同，培育整个国家的鼓励创新的氛围和机制，最终提升整个国家的创新能力。国家作为人类政治生活的主体，通过拥有和行使政治权力维系社会的秩序。随着现代社会生活日趋复杂，尤其是从凯恩斯主义在西方盛行以来，资本主义国家的权力呈现不断扩大的趋势，其统治和管理的职能在不断强化，对社会生活的干预也越来越多。社会主义国家更是突出强调了国家的作用，"集中力量办大事"揭示出社会主义国家拥有的巨大动员能力。同时，现代社会的系统性、复杂性、风险性的增强客观上要求国家作为主体参与到重大的经济、技术和社会发展的事业中来。因此，"大政府""强国家"的态势成为客观事实。在传统社会里，创新大都是个体行为，而在现代社会国家则发挥了关键作用，国家直接成为创新活动的组织者参与者。国家权力的运作方式和边界直接影响着整个社会的创新能力的培育与发挥。构建国家创新的关键是推动制度创新。制度的作用在于引导、激发、规范和制约人们的思想和行为。体制机制是一种结构性的力量，对于整个社会的创新能力的培育和提升有直接作用，具体表现为对创新热情的激发、对知识产权的保护等等。中国政府掌握着强大的资源和社会动员能力，在推动技术创新上也曾经取得了辉煌的成就，同时也存在体制机制的不适应，还需要通过体制机制的创新为创新的涌现提供宽松的环境和法治保障。

　　创新要求通过激发亿万民众的创造力来培育创新转型的动力源泉。人是发展与创新的主体，人的创造潜能的释放是创新的源泉。创新转型要求将人从一般劳动力转变为有丰富创造力的主体，通过培育、挖掘和实现人的创造潜能而推动发展。今天人们拥有了前所未有的创造机会,亿万民众创造力的勃发正是驱动中国复兴的最大动力。实施创新发展战略是关系国家发展全局的关键,创新转型也必将构成一场深刻的变革。这要求全社会深入认识这一变革的重大意义,自觉以创新为导向,在构建国家创新系统中最大限度释放创造活力,最终实现国家发展的创新转型。以教育改革锻造创新人才,为创新转型提供智力与人才支持,这是释放创新潜能的长远之计。创新是人的创造力的物化结果,创新转型根本上依靠劳动力素质的提高和创造力的释放。转变发展方式不仅要调整人口政策来保持稳定的劳动力大军,更根本的是要提高劳动者素质,激发全社会每个群体、每个组织、每个人的创造力,从而形成万众创新的生动局面。实现这一转型对教育的改革发展提出了迫切要求。构建学习型社会和创新性国家,培育新一代富有创新意识和创造能力的高素质人才,必须深化教育体制改革,最终将发展方式转向依靠提高劳动者素质和创新驱动的道路上来。

创新的主体包括各种企业、研究机构和其他组织等,最终要落脚到社会成员身上。能否让创新精神勃发并转化为社会行动,需要社会整个"场"的培育。只有社会宽容探索、允许失败、鼓励冒险、保护创新,才能为每个人的探索创新行为提供最重要的环境。现代社会主体日益多样化,政府难以再大包大揽,创新需要发挥企业、民间组织和公民自身的主体性,建设创新型国家的主题内在地包含了建设"创新型社会"的内容。从狭义上理解,社会是区别于国家这一强大主体的另外一种力量,它强调的是社会自身的主体性和自觉性,各种社会主体有能力和意愿参与到社会生活中实现自己的功能和目标,最终推动整个社会的进步。创新型社会意味着整个社会存在不断创新的动机、机制和结果，在社会交往与互动中推动创新。从小岗村的包干到户到深圳的特区建设、从企业改制到建设服务型政府、从计划经济到市场经济，中国的改革正是在整个社会探索和创新的基础上走过来的。人民群众中蕴藏着创造的热情和潜质，只要提供必要的土壤和水分，就会涌现出无尽的智慧。同时，中国社会依然处于转型的过程之中，还存在着深厚的传统社会的痕迹，因而也保留着强大的保守力量，创新常常受到各种压制和阻挠。创新的前提是对既有的知识、思想、体制等予以反思与怀疑，冲突与斗争也就不可避免，进步的力量与落后的力量在碰撞中塑造了社会变迁的景观。

推动创新还需要培养以创新为指向的现代文化精神。市场经济的发育和资本主义的兴起产生了竞争的压力和追求利润最大化的驱动，由此衍生了现代社会的创新机制。经济学家熊彼特提出经济发展中的"创新"理论，解释了现代经济发展的创新动力，从而揭示了资本主义自我更新和创造的机制。为了争取超额利润，企业家不断将新的生产要素和生产方法重新组合引入生产体系，从而引发了创新。创新是一个破坏的过程，它不仅打破既有的市场均衡而且也打破了既有的经济结构，由此导致"创造性破坏"。熊彼特提出，以创新和冒险精神为特征的企业家精神是现代经济发展的关键。企业家是企业家精神的化身，企业家精神是企业家的精神特质，它进而演化成为一个社会普遍的精神状态、价值理念和行为方式。一个社会和文化是否能够催生企业家精神直接影响着经济的发展。中国的发展便是通过引入市场机制激发了企业家精神，从而引发了各方面的创新变革。企业家精神能否在中国文化中寻找到可以嫁接的基因，传统文化是否具有与西方企业家精神相融通的可能？中国文化的"入世苦行"的价值系统是它不断走向新生的内在力量，在一定条件下会成为向现代转型的积极力量。市场改革提供了新的机遇，一群敢于挑战和冲破传统体制与观念的人推动了创新。传统文化不是一个过去的文本，而是传承于当代人基因中的活的精神生命，它在现代市场经济中可以焕发出新的生机。中国人的勤俭、精密计算、诚信等都是积极的社会资本，同时还需要培育冒险精神和创新精神。在全球化的进程中，世界市场、国际资本的流动、跨国公司都在将世界引向"同质化"，中国深度卷入这一浪潮之中，通过出口带动战略和发展外向型经济获得了广阔的舞台。尤其是在东部沿海地区，人们没有满足现状而是积极向外拓展，改革催生了置之死地而后生的生存紧迫感，一种忧患意识和自强不息的生命意志推动着人们走上了创业的道路。市场取向的改革确立了新的激励机制，人们的创业热情受到鼓励，追求效率、敢于冒险的企业家精神的培育和成长成为推动经济发展的重要因素。

第三节 以改革推动创新转型

创新转型遭遇到传统发展模式的惯性阻力，也面临复杂的观念与利益的冲突。推动创新转型需要以改革克服阻碍创新的体制机制，这是释放创新潜能的途径。推动创新不妨从反面思考什么阻碍了创新。研究表明，现实中存在一种系统性的阻碍创新的体制、机制与文化，各个要素相互掣肘常常妨碍甚至窒息了创新。因此，推动国家发展的创新转型就必须深化改革，进而构建有利于激发社会创造力的新体制机制。其中，政府与市场、政府与社会的关系最为关键。构建国家创新系统，关键是要探索构建现代国家治理体系，通过转变政府职能、提高政府效能来激发市场活力和社会创造力。

改革是关系中国命运的关键选择，是推动发展的根本动力。在内外交困形成的压力机制下，在追求国家繁荣和民族复兴的强大动力驱使下，中国人锐意进取不断摸索适合自己国情的发展道路。20世纪上半叶主要是以激进革命来推动变革，近几十年则是以改革来推动社会进步。事实上，改革不仅解决了几千年困扰人们的温饱问题，更从社会关系、经济结构和文化形态上塑造了前所未有的新生活。改革也是探索社会主义新道路的路径。国际社会主义运动的经验说明，人类探索新的社会制度和生活方式还需要在改革创新中摸索，改革是社会主义制度的自我完善和发展。不坚持改革，社会主义就会在僵化中失去活力。改革发展的历程也是各种观念、体制与利益相互碰撞和交锋的过程，坚持改革与反对改革的声音从来共同存在。在国内外局势发生较大变化的时候，是否坚持改革的立场十分关键。从字面上看没有人反对改革，每个人都坚持改革是中国的必由之路。问题在于，是"真改革"还是"假改革"，是坚持改革向前进还是借改革的名义往后退，是坚持改革所推崇的创新精神还是故步自封抱残守缺？这些根本立场上存在的分歧直接关系到改革的方向和前途。

中国改革选择了市场取向的道路，建立社会主义市场经济成为基本目标。这不仅是对传统计划经济的超越，而且是对千百年来中国小农经济的超越。这不仅要改革计划经济体制，而且要改造千百年来形成的生产和生活方式，甚至要改造人们头脑中的种种落后观念以培育适应市场经济的社会资本和文化资本，因此矛盾和冲突就不可避免。正因为如此，市场经济改革也不会一帆风顺更不会一蹴而就。21世纪以来，改革遭遇到深层次的矛盾和障碍。改革是一个利益再调整的过程，在过去的改革实践中形成了复杂的利益结构，形成了各种部门利益、地区利益、阶层利益、行业利益等等。当然，这种格局的形成有其合理性的一面，这是改革的结果。问题是，在推动新的改革进程时这种利益格局又成为新的阻力。要触动这种利益格局，最大的障碍来自于改革者本身，这形成了一种内在的矛盾。

从政治领域来说，推动政府管理体制改革遭遇巨大的阻力，如何约束权力、监督权力是保证决策的民主与科学的关键。建设法治国家同样需要深化政治体制改革。因为背负着五千年沉重的历史，社会和文化的基因还深深扎根于民族心理的深层，在整个社会生活中还普遍存在着传统社会的种种痕迹，它们经过制度化过程已成为一种强大的力量。在对权力的约束和监督不到位的情况下，权力滥用就会导致腐败。这不仅造成了社会分配的不公平，而且会破坏市场经济和法治社会的运行规则。当权力高于法律和市场规则的时候，对权力的顶礼膜拜会使之成为社会资源流动的枢纽，最终会腐蚀整个社会。改革开放以来现代化的成就主要表现在物质的丰裕以及市场经济体制改革、法治建设等方面的推进。如今经济改革已经触及体制的深层，如不进行政治体制和文化教育体制等各个层面的改革，经济体制改革也很难深入下去。

从社会和文化体制上来说，要推动体制建设，以良好的体制机制来保证社会的公平正义。文化教育事业的繁荣和发展遇到的最大障碍不是资金问题而是体制和机制问题，种种落后的甚至陈腐的体制机制使教育文化事业难以迈开更大步伐。阻碍改革发展的基本障碍仍然是盘踞于人们头脑中的观念，陈旧的、僵化的、保守的思想观念从来都是与新鲜的、生动的、前卫的思想相互对立，在交锋中此消彼长、进而影响历史的进程。今天的中国处于历史上又一个大变革年代，各种观念的冲突也是空前激烈。应该看到，这种冲突本身也是进步的表现，因为它使多样性的思想的形成与存在成为可能，"百花齐放""百家争鸣"正是思想创造的前提。如果从戊戌变法开始算起，中国的社会变革已经经历了一个多世纪。可是，在经历了这样曲折的历程之后，一些基本的社会结构和观念体系依然停留在过去，甚至于许多方面又从新文化运动时代的一些前卫思想中向后倒退了。在思想观念、权力结构、社会运行方式上，中国还深深生活在传统之中，而这也恰恰是阻碍发展和变迁的深层动因之一。没有理由想当然地认为历史会自动实现一种目标。以改革推动思想解放，营造有利于激发创新的社会环境和文化氛围，这是释放创新潜能的必要条件。创新是通过新的思想和办法来解决问题，这就需要直面现实问题而非回避矛盾，还需要勇于突破既有的观念与体制等的束缚。要在全社会继续营造创新的氛围和机制，鼓励冒险、允许失败、崇尚创造，如此才能走上创新之路。解放思想无止境，改革创新首先要求思想上大胆探索。中国改革和发展的最大推动力量是思想的解放，过去的发展也是思想解放的历史。因此，在挑战自我中推动新的思想解放是解决发展面对的课题、实现历史性突破的一个条件。要实现一次历史性的跨越，需要在思想启蒙中寻找新的方向与动力。改革创新首先是思想观念上勇于突破传统，鼓励大胆创新。这就要创造更好的自由探讨的氛围，鼓励民众更多地参与改革发展。从现实和历史的比较看，整个社会呈现出前所未有的宽容和自由，各行各业的人们都在自己的领域内进行着探索和创造，尤其是在技术、管理等层面中国人的创新才能得到了充分的施展。另外，各种各样的教条主义还制约着创新能力的提升。改革初期整个社会迸发出改革进取的精神，今天人们是否失去了改革的锐气而变得狭隘和保守了？坚持改革必须继续思想解放，打破阻挠改革的思想和体制障碍。

总体说来，中国的改革还仍然处于攻坚阶段的前夜，改革不是一般的修修补补，而是在社会和文化转型的大背景下对有着五千年历史的社会结构和文化观念予以改造，在世界历史上也是一次重大变革。所以，改革是中国社会的系统性再造，也是一个民族的涅槃重生。及至今天，改革的事业还远未结束而依然有漫长的道路要走。

推动改革创新的一个关键条件是增强决策的科学性，这就要深刻认识现代社会发展的规律。人类社会的发展遵循着某种客观规律；人虽然不能改变规律，但是可以认识并顺应这种规律以实现自己的目的。人类社会是一个自组织系统，在漫长的演化中形成稳定的结构并衍生出各种功能；同时它又处于变动之中，不断与外界环境进行物质、能量和信息的交换，呈现出系统性特征。首先，人类社会的整体性特征凸显出来。任何一个部分都与大系统相互关联，人类不仅越来越共享技术、知识和财富，而且遭遇众多共同的问题。工业化改变了传统社会自给自足的经济结构，基于分工之上的市场经济将人们紧紧连接在一起。城市化的推进拉近了人们的距离，也将各种复杂的功能集中在了狭小的空间。其次，人类社会系统在关联性增强的同时呈现新的结构特征。传统社会的稳定结构不断被打破，技术进步推动了经济结构的提升。公民社会的发展使民间力量不断增强，公民参与公共事务的能力不断提高，社会结构在迅速变化中不断呈现新的形态。最后，由于各种不同的利益、观念存在某种程度的不可通约性，系统之间、系统内部的矛盾和斗争也空前尖锐，呈现出更强的动态平衡性。虽然各种因素相互制约可以维系某种程度上的平衡，但是这种平衡常常很脆弱，一旦出现重大干扰事件，系统就可能走向失衡，在变动中保持平衡成为社会发展的基本态势。基于上述认识，系统论被提出并引发了科学乃至世界观的革命，一种全新的图景就展现在人们面前。面对社会这一复杂的巨系统，发展需要综合考虑国际与国内、经济与社会、人与自然等等各种因素的交互作用，从系统整体出发去思考和决策。作为系统观念的一种延伸，复杂性理论的提出也提供了理解当今世界的新视角。系统与环境、系统内部的关系是流动的、变化的，它在与环境的交流与适应中不断涌现新的特征。这就是复杂性的表现。现代社会处处充满了新的可能性，许多是人所不能完全把握的，这种复杂性特征也考验着人类的智慧。从复杂性理论看待社会，人类社会的历史就不是线性而更多是非线性的。从社会发展的现实看，任何一个看似简单的事件背后都可能有着复杂的矛盾关联，哪一个处理不好都可能引发社会冲突。现代社会也是风险社会。德国社会学家贝克提出的风险社会理论认为，当代社会发展到了一个全新的时代，由于社会经济、技术和文化的高度整合，导致社会面临高度风险。这表现为核武器的发展和扩散等政治风险；表现为全球环境破坏、气候变暖等生态危机，如此等等。人类社会系统的演变充满了不确定性，这种不确定性对社会系统的存在和发展构成巨大挑战。发展并不是沿着一条确定好了的路线前进的过程，而是社会系统自觉适应环境变化、应对挑战而采取的自觉行动，因此充满了风险性。

伴随着现代社会生活的复杂化，决策越来越需要建立在科学理性的基础之上，而决策失误带来的负面效应和沉重代价则常常难以估量。面对现代社会极其复杂的社会问题，作出正确的决策不是轻而易举的事情。科学决策必须从实际出发，以科学的方法获得真实的事实材料并对决策及其后果进行可行性研究，在科学评估的基础上进行决策。现实中大量决策是根据经验和常识作出的，其中不乏主观主义的因素。另一方面，决策部门缺少对科学研究和科学决策的重视，决策常常只是领导人自身主观意志的体现。如果决策者比较公正、有见识、有魄力，可能为一个地方和部门的发展带来全新气象；相反则会导致发展的迟滞甚至是倒退。每个时代人们的知识和能力都是有限的，对于发展规律的认识和大势的把握永远存在未知的方面，因此不能要求决策绝对正确，而只能要求在现有的能力范围内尽可能地避免犯大错误，但是应该避免那些可以避免的错误。克服这种矛盾需要通过合理的制度设计以实现民主决策和科学决策。

推动改革创新的一个途径是鼓励地方实践创新，发挥地方探索创新的积极性。群众不仅有着强烈的改革发展的热情和冲动，而且有着丰富的智慧和能力。只要相信群众、放手群众自己去干，就有着不竭的改革动力和发展思路，社会的物质和精神财富就会源源不断地涌现出来。中国改革的成功恰恰在于激发了亿万民众的创造力和想象力，对于这一经验应予以充分肯定。问题是，今天的改革动力不足的一个原因是对地方和群众的原创性重视不够，束缚了地方和群众创新的手脚。在一些地方，干群关系疏远甚至出现了对立，不相信群众、不敢放手群众自我创造。中国的改革是社会主义体制的自我完善和发展，它没有采取疾风暴雨式的革命斗争，而是用渐变和改良的方式，因而避免了较大的社会动荡。问题是，如果社会矛盾积累过多过重时，改革不是主动的有秩序有组织地进行，而是以一种非理性的方式展开，改革付出的代价将十分巨大。因此，要寻找未来中国改革发展的动力必须真正放手群众、放权于地方，鼓励地方和群众大胆探索、勇于创新。

第六章

以民主治理奠定中国复兴的政治基础

近代以来中国在革命中推翻了君主制并建立了共和制，实现了从小农经济到商品经济、从传统宗法社会向现代"契约社会"的转变，整个社会系统发生剧烈变革。面对社会系统的复杂矛盾，中国复兴的一个基本内容是构建现代国家治理体系。立足社会主义的基本立场，在治理创新中探索适应中国国情的社会主义民主则是其中的核心任务。

第一节 中国复兴的关键是构建现代国家治理体系

中国文明复兴的关键是在经济发展与社会转型基础上构筑现代国家治理体系，这就需要引入新的因素以重建现代国家与社会结构。从历史上看，国家及其权力是人类社会生活的关键力量，政治现代化的核心则是国家权力合法性问题。中国在历史上是一个高度政治化的社会，中央集权的政治体制形成了大一统的社会结构,权力支配了社会生活的主要资源并塑造了社会的基本运行机制。近代以来,中国在不断的政治革命中瓦解了延续两千年的专制制度,在重塑权力架构中探索现代治理体系。但是,如何有效地约束和限制权力以避免权力的异化,这既是社会主义运动史上一直没有解决的难题,也是当代中国面临的焦点问题。从现实看,政治改革滞后于经济社会的发展渐趋成为经济创新转型、市场经济发展、社会转型与文化发展的直接障碍。转型期的各种矛盾不断积累并释放显示出不同以往的复杂态势,这对治理变革提出了迫切要求。

当今中国经济发展、政治稳定、社会和谐,与历史上的战乱频仍、动荡不宁、民不聊生相比较,当今中国的治理无疑达到了"善治"。十四亿人口能享受稳定、繁荣以及不断增加的自由,在国际范围内也是一个成功范例。治理创新的直接目标是提高生活品质。近年来欧盟推行社会质量(social quality)的理念与行动,以此解决自己面对的问题并保持和提升成员国居民的生活质量。[1]社会质量体现为四个方面:社会经济安全、社会包容性、赋权、社会凝聚力,这既是目标又是行动策略。具体表现为:发展经济、扩大就业、推动产业结构升级、发展教育,为经济安全与共享发展成果提供坚实的物质基础;更多赋权民众与社会参与公共事务,开放公共管理的空间,让民众在参与中共享权力,实现共同治理;推行包容性增长发展路线,让更多人共享改革与发展成果;加强价值观建设,在实现上述目标的基础上增进社会的信任、团结、合作,从而增强社会的凝聚

---

[1] Maesen, Laurent van der (eds.), Social Quality: From Theory to Indicators. Houndmills, Basingstoke, Hampshire; New York: Palgrave Macmillan, 2012.

力。依照"社会质量"理论框架，中国在提升社会质量、推进治理创新的绩效是显著的。所以，要充分珍惜当下中国来之不易的秩序与繁荣，总结和完善其中的合理因素并充分发掘现有秩序下的发展潜力。

与此同时，中国依然面临复杂的矛盾和冲突，解决这些矛盾迫切要求推动治理创新。在经济技术发展的推动下，传统社会管理模式的弊病日渐突出，国家治理面临空前的挑战。在商品社会，金钱至上的法则支配了社会生活，这也必然渗透到权力运行中。在政府主导的发展模式下，政府掌握最主要的土地、资本、矿产等资源，在快速发展和追求政绩的驱动下，缺少约束和制衡的权力全面渗透到发展全过程，腐败就难以避免。随着工业化、城市化、信息化和全球化进程的加速，中国快步向现代社会迈进，同时现代性的成长也愈加展现出其固有的复杂性和风险性。比如天津港发生的危化品仓储爆炸震动了全国，其惨烈的后果与背后复杂的原因都显示出转型期的高风险性。这虽是个案，但肇事企业走向深渊的每一步都体现出转型过程中政府监管与社会治理的脆弱。爆炸向世人昭示了当代发展转型过程中的复杂矛盾与高风险。这也让人认识到，推动治理变革迫在眉睫，必须顺应时代变化、走出"以不变应万变"的僵化与自负，在改革创新中探索现代国家治理体系。应该说，今天的中国比任何时候都更加强大，国家掌握着海量的财富。这也带来一种危险，即人们陶醉于表面的繁荣、稳定失去自我革新的动力和能力。一个国家如果陶醉于自己的成见、利益和权力感中而浑然不觉，就会失去判断力。

探讨"治理"需要从具体的问题语境中寻找合理的出发点。从现实看，改革发展正面临复杂的矛盾和冲突，推动治理创新是解决矛盾、化解冲突、维护社会稳定的迫切要求。随着中国经济发展步入"中等收入阶段",在社会主流阶层实现"小康"生活的基础上,诸多初始条件悄然发生了变化。21世纪以来,虽然GDP总量不断增加,但是居于人口大多数的普遍民众依然背负着沉重的压力。随着经济技术的发展、教育的普及、全球化的推进等,中国社会已从封闭走向开放、从一元走向多元,民众的利益诉求与权利意识不断增强。教育水平的提高激发了人们参与社会和政治生活的愿望,民众要求有更透明、廉洁、高效的治理以及更多的政治参与等等。转型期的复杂矛盾的一个集中表现是,传统的国家统治、社会管理的模式不能适应变化了的社会态势与民众需求,各种矛盾更加突出,社会稳定受到前所未有的压力。从历史上看,中国有着漫长的中央集权的传统,中华人民共和国成立之后推行计划经济更是强化了国家对社会事务的全面支配和管理。改革开放以来,中国在放权与开放中逐步过渡到市场经济体制,但是在政府主导的发展模式下,政府依然拥有支配市场和社会的强大能力。在此基本结构下,整个社会的运行依然延续着传统的"统治—管理"模式。然而,传统的以强势政府主导一切、施行人治而非法治、权力缺少约束等为特征的管理模式越来越不能适应变化了的社会。比如,在互联网迅速普及的时代,以往通过控制主流媒体即可掌握舆论的做法受到挑战,公众的民主参与、思想表达的意识与能力则不断提高。在改革与发展过程中,以往的文化与政治认同被销蚀甚至瓦解,社会秩序受到剧烈冲击,"维稳"成为各级政府面临的首要问题。虽然政府投入了巨资,然而深层次的社会矛盾并没有得到解决,尤其是贫富对立、社会分化等还有加剧的趋势。各种群体性事件显示了传统统治与管理模式的失效，这就要转换思路、寻求解决问题的创新方案。在维护社会稳定的普遍压力下，一些地方政府自觉地进行了创新的探索，在一定程度上缓和了社会矛盾，"治理"成为化解矛盾、巩固执政合法性的应对策略。面对转型期的复杂社会矛盾，治理变革意味着将短期的"维稳"与国家的长治久安结合起来，在治理创新中探索现代国家治理体系。实现中国复兴不仅意味着发展经济、提高民众物质生活水平，还意味着适应社会发展和民众需求的新变化，建设更加透明、公正、廉洁的政府，发展社会主义民主与法治。

对于"管理"与"治理"有不同的看法，概念的差异只是表象，深层的是认识与实践的变化。从国际上看，"治理"（governance）是一种新的理念，它不同于政府（government），也是对以往管理（management）的超越。20世纪七八十年代，西方发达国家面临新出现的种种复杂社会问题，传统管理模式已难以适应，于是出现了"治理"的理念和实践探索。[①]在国际范围内，全球化进程带来复杂的国际事务与国际冲突，在各种国际组织的推动下，全球范围的国际治理也在探索中。治理不同于以往的统治、管理等维护社会秩序的方式，大致说来它包含了如下一些新的理念：其一，治理强调了政府之外的多种社会主体的参与，包括私营部门、社会组织乃至公民都可成为处理公共事务的主体。其二，治理弱化了以往政府为单一中心的结构，代之以多中心的结构，从而可以发挥社会各界的能动性。其三，治理以信任、互惠、合作为理念和价值，在寻求共识中

---

① David Levi-Faur (ed.), *Oxford Handbook of Governance*. Oxford; New York: Oxford University Press, 2012.

谋求共同福祉。①

古代中国曾建立了有效的国家统治与管理的体系并维系了国家统一、社会稳定与文化繁荣。21世纪的中国要走出近代以来的混乱无序，还需要在新的基础和平台上建立完善现代国家治理体系。显然，这不能简单地照搬西方的一些治理经验，更要在直面和解决自己的问题中推动治理创新。改革的目标是建立国家治理体系以实现国家治理能力现代化，这就要直面当代中国面临的现实问题，把维护社会稳定的眼前任务和完善现代国家制度结合起来，探索出一条立足中国实际、符合世界文明潮流、彰显中国特色的国家治理道路。简单说来，这是探索中国式治理的过程。中国有着独特的社会文化结构，包括从近代以来的复杂变迁所形成的新历史遗产，同时也有着自己独特的问题语境，治理变革与制度创新也显得十分艰难。1992年邓小平提出："恐怕再有三十年的时间，我们才会在各方面形成一整套更加成熟、更加定型的制度。"②现在看来，这个过程可能还会更加漫长。

探索中国式治理意味着在吸纳世界政治文明发展的同时挖掘本土资源进而探索新的治理模式。一方面，吸纳世界文明的优秀成果，顺应世界发展潮流，借鉴世界各国治理中的成功经验，同时在参与全球治理中贡献自己的力量。治理不仅是一种技术、方法，更是一种理念、制度，它是扎根于民主制度土壤之中的创新探索。对于正处于转型期的中国来说，不能只学习治理的技术和方法，更要着眼于制度建设这一根本。另一方面，

---

① David Levi-Faur (ed.), *Oxford Handbook of Governance*. Oxford; New York: Oxford University Press, 2012.

② 《邓小平文选》第3卷，人民出版社1993年版，第372页。

探索中国式治理还要挖掘传统中国的社会资本和文化资本，从中汲取参与现代社会治理的积极因素。中国传统社会的乡村治理十分有效，至今在一些地方保留着，体现了千百年来中国人对宇宙、社会和人生的理解和生存智慧。中国远早于欧洲建立了高效的官僚制度体系，维护了两千余年中国社会的秩序。中华人民共和国建立了人民当家作主的国家制度，工人参与管理、乡村自治等积累了民主参与的经验，同样是可供借鉴的经验。

第二节 中国社会主义治理体系的原则

从中国复兴的历史进程看，治理体系的建构与整个国家的发展转型紧密相连，因而也需要从国家变迁的系统层面予以认识。当代中国的主题是发展社会主义，这在基本面上规定了治理创新的方向与任务。立足当下中国的实际以及改革发展的实践经验可以看出，构建现代国家治理体系的主题和方向是建设"中国社会主义治理体系"。

坚持"人民性"原则，通过培育多元治理主体来改变系统结构，这是中国现代国家治理体系的主体构成。结构是一种约束性力量，它塑造和影响了社会主体的行为方式。作为一种约束性力量，社会结构具有强大的惯性和约束力。传统社会结构的典型特征是政治权力居于社会生活的核心，政府制定规则、分配资源、维持秩序，由此形成单主体、单中心、垂直型、支配性的结构。如今社会结构日趋复杂而社会利益日渐分化，以政府为单一主体的治理结构越来越难以适应变化了的现实。面对复杂的系统结构，改变它并引发创新需要引入新变量以冲击原有系统，在改造传统社会主体中培育新型主体。各种主体在平等、自主、互动、合作中促进了知识与信息的交流、散布、应用，在消解高度集中统一的传统结构基础上形成多主体、多中心、扁平化的权力结构，政府、企业、社会等确立了新型关系，强化了市场和社会的主体性和创造性，进而达成善治与发展的目标。传统结构的改变反过来重塑了主体，表现为政府的改革、企业的再造、社会组织的发育以及个体公民的成长，引发了传统社会主体的自我重塑。新型主体的形成与新型社会结构的建立存在相互强化的机制，由此形成一种变革的动力，让社会自治组织以及市民成为治理主体，调动社会各界参与治理的热情，也在凝聚共识、相互妥协中化解了矛盾。随着市场、社会力量的增强，政府权力便可能受到约束并达成政府与市场、社会的合作，一种有利于创新的社会系统机制得以形成，这反过来也推动了治理创新。简单说来，社会变迁是主体的生成、演化和再造的过程，政府创新、社会组织的发展、企业再造等都体现了主体的适应性和创造性。社会结构的变迁首先表现为主体之外的"结构"如制度、文化等的变化，同时，人又是能动的行动主体，具有变革社会的能力。因此，通过主体的再造冲击原有结构进而改变系统，又通过新的社会结构塑造主体的思想和行为，可以形成一种良性的互动。

事实证明，社会公共事务关系民众切身利益，公众也有足够的热情和智慧解决好自己的问题。因此，治理主体不仅包括政府还包括各种社会组织以及公民，社会各方的治理热情一旦被调动起来就可以汇成建设美好家园的合力，"相信群众、依靠群众、从群众中来、到群众中去"的群众路线同样是推进社会治理的有效途径。探索社会主义治理体系意味着让人民群众成为真正的治理主体，在培育新型治理结构中激发各方的主体能动性。如今，推动"大众创业，万众创新"成为新时期经济发展的新战略，创业和创新都不仅与经济和技术相关，也与政府及社会治理相关。经验表明，主体之间的平等、合作、互动、共享可以在优化和重塑系统结构培育社会创新系统，在互动、沟通、参与中释放集体创造力。推动创业和创新内在地要求优化社会治理结构、改革政府管理体制、创造有利于激发创新的社会环境和运行机制，借此培育有利于创新的社会资本与文化资本，从而积累和激荡出创新的能量。其中，坚持人民主体地位、发挥人民创造能力是推动创新的基本途径。

坚持"规则导向"原则，推行依法治国、建设现代法治国家，这是现代国家治理体系的基本方式。将创新的成功经验通过市场制度、法律法规等予以制度化是治理创新的又一关键环节。中国的治理是在剧烈转型和变革的背景下展开的，而制度建设和创新是其深层命题。发达国家在比较稳定的法治体系下进行治理探索，因而是在不触动根本体制的情形下进行改进和试验。与之不同，中国有着漫长的人治传统，推行依法治国、建设法治国家还需要进行长时期的制度建设。法治是得到普遍认同的人类文明的积极成果，也是国家治理的基本理念。探索中国的社会主义治理体系的关键是推行依法治国，这是治理创新的核心要义。从历史上看，从人治走向法治是社会进步的大势所趋。随着法治观念日益普及，通过法治实现国家治理的现代化、保护公民权利、增进公众福祉已成为社会的共识。然而，中国社会有着强大的历史惯性，传统政治体制、文化、社会心理、公民素养等都与法治存在结构性的不适，制度的变迁与社会文化生活方式的变革需要经历长期的移植、适应、创造的过程。

坚持"共享性"原则，建立社会共享机制以培育社会认同基础，这是中国现代国家治理体系的价值目标。面对尖锐的社会利益冲突，治理创新首先需要克服市场经济的局限，在平等基础上确立政府、企业、社会和公民的新关系，旨在寻求一种合作、共享、共赢的目标和机制，通过培育社会共享机制弥合社会裂隙，形成合作而非对抗的机制、在共享中实现共赢。社会主义的本质内涵是发展生产力、消灭贫困，进而实现公平正义、消除两极分化，社会的"善治"正是建立在这两个基础之上，社会主义的合理性与感召力也在于此。中国秉持社会主义的基本价值观，将共享作为社会治理的目标和实现社会善治的手段，这样才能体现社会主义的本质。改革发展中出现的最大矛盾之一是贫富分化，这也成为当下社会治理的最大问题。治理创新需要构建社会共享机制。由于机会的不平等是导致贫富分化与社会冲突的根源之一，因此共享发展机会、促进机会平等是促进社会公平的现实途径。同时，一切治理都不仅依靠暴力或者平衡利益的方式，还需要在培育共同的价值观中建立社会认同。面对社会分化基础上的价值观乱象，治理创新需要重构价值体系。秩序需要靠法律等制度的约束，法治则是现代国家秩序的基础，但是法治建立在人内心的认可与自觉遵循之上，其运行需要道德和信仰的支持，人们对特定价值观的认可、接纳和遵循是维护秩序的深层力量。传统中国的社会秩序建立在儒家伦理之上，"礼治""德治"加上法律维护了社会的稳定。如今市场经济冲击甚至瓦解了传统道德体系，培育新的价值观体系也成为新秩序的核心。社会主义治理体系的核心是通过构筑新型价值观来培育社会认同、促进社会团结，通过价值观建设增强社会凝聚力，进而增强现代公民意识和公民能力。共享知识、财富、权力、价值观则可以促进主体之间的信任与合作，减少社会的对立与冲突，在对个体价值尊重之上的新型主体形成新的自我认同和集体认同，这正是实现社会良序的坚实保障。

坚持"中国性"和"世界性"相统一原则，立足中国的历史与现实，在新的生活实践中探索新模式，这是中国现代国家治理体系的基本定位。中国有着独特的社会文化结构和问题语境，治理需要凸显"中国性"。治理创新需要充分发掘中国传统社会文化资源进而在现代生活中创造出治理的新方式。同时，充分借鉴和吸收世界各国成功的治理经验是治理创新的一条捷径。中国正处于转型期，治理创新需要与深层的制度与文化建设的整体结合起来。同时，在融入全球化和参与国际治理的过程中，中国也要参与制定新规则、探索新模式。总之，治理创新需要立足中国的社会现实与历史文化，借鉴世界文明潮流，探索中国社会主义治理的新道路。

"中国社会主义治理体系"是一种理论模型，又是对改革发展的实践经验的总结，其合理性建立在中国社会与历史的客观进程之上，体现了社会变迁的内在要求与客观趋势，包含了治理创新所应遵循的原则以及要完成的任务。因此，这一模型不是主观想象的结果，而是从经验事实中归纳出的结论。

第三节　以民主治理发展社会主义民主

建构中国国家治理体系需要直面现实问题，把维护社会稳定的眼前任务和完善现代国家制度结合起来，探索出一条立足中国实际、符合世界文明潮流、彰显中国特色的国家治理道路。其中，民主是治理的本质内核，民主治理也成为治理的基本形式，构建现代中国的国家治理体系也是发展社会主义民主的过程。学习民主与法治的理念并改造传统文化是新文化运动以来社会进步的方向。建构现代中国的治理体系的本质内容是建构社会主义民主，能否在此问题上有实质性突破将在很大程度上决定着社会主义中国的命运。

从治理的实践看，治理与民主有着极其密切的关系。成功的治理常常是民主治理（democratic governance），它体现了民主的平等、参与、审议等精神。基于民主理念之上，民主治理成为当今民主创新的集中体现，也是民主发展的一大潮流。治理与民主有着复杂的关联。民主未必能导致善治（good governance），比如一些国家虽然建立了民主选举制度，然而却依然存在腐败严重、经济凋敝、政治动荡而沦为"失败国家"。同样，治理的成功也未必能导致民主，不过它却是走向民主的积极因素。治理体现了现代民主政治的基本理念，因而是民主发展的有效途径。民主治理是一种积极的民主探索试验，广泛的社会参与可以提升决策透明度、增强决策的民主化、扩大社会的共识，进而在培育公民的民主意识和民主习惯中完善民主制度。发达国家在比较稳定的民主制度下进行治理探索，所以不会触动社会的基本体制。与之不同，中国还需要建构更加成熟的民主制度，尤其是在没有民主传统的社会基础上探索社会主义民主。中国选择了走社会主义道路，如何探索社会主义的治理模式与道路，还没有成功的模式可以借套用。马克思在总结巴黎公社经验时高度肯定了公社的民主做法。他总结认为，新生的无产阶级政权同样要防止权力异化为人民的对立面，因此需要约束和制衡权力，一个路径是让工人广泛参与社会管理，防止出现新的官僚集团。"公社体制会把靠社会供养而又阻碍社会自由发展的国家这个寄生赘瘤迄今所夺去的一切力量,归还给社会机体。仅此一举就会把法国的复兴推动起来。"①在一定意义上说,这种更彻底的民主与是治理的理念是高度一致的。中国式治理需要解决的中心问题恰恰是完善和发展社会主义民主制度,民主治理也将是推动中国复兴的强大动力。

一个合理的逻辑是,社会主义民主制度需要并且可以在民主治理的实践中不断完善发展,以民主治理为标志的民主创新则是发展社会主义民主的有效途径。从经验看,中国一些地方进行的治理创新就包含了民主的精神,民主治理是推动民主发展的现实路径。当代中国的政治发展源于革命年代、又深受传统政治文化的影响,在改革发展中又深受资本的影响。推动政治转型与发展、立足中国社会生活的实际建设社会主义民主是中国复兴的关键枢纽。民主既是近代以来社会运动的核心主题,也是当代人类文明的核心价值。在社会主义运动历程中人们认识到,民主是社会主义的生命,没有民主就没有社会主义。同时,在有着深厚专制文化传统的非西方世界探索新型民主也是一个历史性难题。

马克思对资本主义社会的民主总体上给予了否定,认为这不过是资产阶级的内部民主,对于工人阶级而言没有民主可言。政治解放是法国大革命的主题,是现代性的推动力量之一,这也是马克思关注的问题。国家制度、统治者的权力同人民相异化,它们站在人民的对立面成为压迫人民的工具。在启蒙运动之前,权力的统治赤裸裸地表现自己的立场和利益;启蒙思想家提出了人民主权理论,但资本主义国家仍然只是资产阶级进

---

① 《马克思恩格斯选集》第3卷,人民出版社2012年版,第101页。

行统治的工具，因而也成为人民的对立面。政治解放就要让这种被异化的权力回归本身，在"旧社会的解体"中瓦解国家权力的根基。基于对资本主义国家的权力合法性的揭露和批判之上，马克思提出资产阶级国家不过是资产阶级维护自己利益的总代理，所以被剥夺、被压迫的阶级才需要打碎这一国家机器。马克思不是从空洞的想象出发谈论民主，其民主思想根植于人类社会共同体的建构这一总体思想之上。马克思主张历史的发展将走向这样一种形态，人与人在平等和自由的基础之上共同管理公共事务，这是一种新型共同体，既不同于资产阶级国家也不同于原始公社。这是在消灭了阶级以及阶级对立之上的人与人共同参与的管理模式，因而是真正的民主。在他看来，现代国家政权及其民主制度的局限性不是量的而是质的，克服其局限性的方法是重建共同体，这个共同体不再采取国家的形式，而是以一种新型的社会关系实现人民对共同事务的管理。由于"民主"的概念和理念内在包含了各种局限，马克思也就不轻易使用它来描述自己的思想。民主的前提条件、理论预设仍然是存在历史的局限性，马克思则试图超越这种民主而构筑一种新型民主模式。恩格斯在马克思去世之后写道："马克思和我从1845年起就持有这样的观点：未来无产阶级革命的最终结果之一，将是叫作国家的政治组织逐渐消亡。这个组织的主要目的从来就是依靠武装力量保证享有特权的少数人对劳动者多数的经济压迫。随着这个享有特权的少数的消失，用来进行压迫的武装力量、国家政权的必要性也就消失。但是，我们同时又始终持这样的观点：为了达到未来社会革命的这一目的以及其他更重要得多的目的，工人阶级首先应当掌握有组织的国家政权并依靠这个政权镇压资本家阶级的反抗和按新的方式组织社会。"[①] 这是在对历史经验的汲取和对无政府主义的批判之上所得出的结论。

社会主义超越资产阶级国家的局限性重建自己的合法性，要求国家回归它的权力合法性来源，成为广大人民利益的代言人。社会主义民主政治要超越资本主义民主而实现人民当家作主。但是，巴黎公社的短暂试验、社会主义国家一个世纪的探索都说明，克服资本主义民主的缺陷、建立全新的社会主义民主绝非容易之事。当资本与权力愈加紧密结合时，资本主义与社会主义的意识形态之争被现实赤裸裸的利益关系所取代。如何让社会主义名至实归、探索出新型民主国家道路，需要在直面现实中寻求突破。权力的合法性取决于两个方面，一个是从知识层面的理性化问题；另一个则是在利益层面的对谁负责的价值取向问题。在对现实的批判基础之上，马克思提出了克服资产阶级民主的局限性的方向，这是从现实中导出的历史逻辑。现代社会依然充满了压迫，当权者对无权者、有产者对无产者、强者对弱者、中心对边缘，都显示出现代社会的重重矛盾。其中，国家权力与个人自由之间的关系是现代政治哲学的核心问题之一。个人自由是现代性的基本立足点，现实中对个人自由的直接威胁来自国家权力。作为一种制度和理念体系，民主建立在保护人的自由和权利之上，因而民主构成自由的保障条件。自由是民主的推动力量和终极归宿，它给予人认识自我和世界的权利，尤其是肯定了人理解和把握自己行为的力量，从而使人从专制制度的压迫下解放出来。发展民主、保护自由以实现

[①] 《马克思恩格斯全集》（第19卷），人民出版社1963年版，第385页。

人的全面发展，这是社会主义的题中应有之义，而如何将这种可能性变为现实则需要在实践中进行探索。

通过民主治理实现人民当家作主，这是现代中国国家治理体系的本质内涵。由于权力的运作与政府的决策十分关键，变革权力运作方式也成为治理创新的切入点。从国际上看，共同治理（co-governance）是国际社会治理的新潮流，一个具体体现是在决策过程中向多主体开放，通过创设公众参与、沟通与协商的平台，各个阶层的声音被传递、各个领域的思想被激发出来，在共享权力中达成社会共识，形成政府与社会的良性互动，在合作治理中解决各种矛盾。可以看出，民主是治理的本质内核，民主治理也成为治理的基本形式。中国式治理需要解决的中心问题是完善和发展社会主义民主，民主治理也将是推动中国复兴的强大动力。一个合理的逻辑是，社会主义民主与法治需要并且可以在民主治理的实践中不断完善发展，民主治理则是发展社会主义民主的有效途径。民主治理体现了民主的平等、参与、审议等精神，也是当今民主创新的集中体现；治理也体现了民主政治的基本理念。通过引入民主，政府、私营部门、社会组织以及公民实现了多方参与、合作治理，传统政府主导一切的格局发生改变，提升了决策透明度，培育了公民理性参与的民主意识，进而在制度化过程中不断渗透民主的理念。这一治理创新体现出民主治理的精神要旨，凸显了立足中国社会文化基础进行民主创新的方向。过去中国以发展经济、提升国家能力为切入点，进而提升了合法性并实现了社会稳定。面对转型与创新的新问题，需要转变发展思路、引入新变量、培育新要素，民主便是一项根本选择。

构建现代中国的治理体系本质上是建设现代民主政治的过

程，中国不仅需要学习西方两千余年的民主政治发展留下的合理遗产，而且要在探索社会主义新型文明的过程中超越资产阶级民主，更要立足中国历史文化传统进行创造性的改造，显然这是一个创新的过程。从本质上说，中国复兴致力于探索一种新的文明，其中的一个关键是超越传统社会的局限而构建现代政治文明。在东方专制文化传统之上建设新型民主，走出历史局限而开辟新型社会主义道路，就要超越西方民主的发展模式而探索新的民主政治发展道路。建设社会主义民主是当代中国政治发展的核心目标，破解权力魔咒、建设中国的社会主义新型民主政治，意味着探索和重构政治文明秩序。治理创新是民主创新的直接体现，在创新中建构现代治理体系是根本途径。从国际上看，治理的实践和理论探讨只有几十年时间，治理的产生和发展本身即是一个不断创新的过程。中国面对独特问题情境、基于本土的社会文化实际、面对日新月异的现代社会生活，治理更是需要不断创新。社会主义民主的探索、发展和完善更是一项前无古人的事业，唯有不断创新才能在中国这块土地上扎根下来。对于有着复杂国情的中国来说，创新不能从书本中寻找而要回归生活实践，这是探索新路的正确途径甚至是不二法门。

改革与治理是同一个过程，以改革探索新的治理模式是构建中国式治理体系的基本路径。以改革推动治理创新，以治理创新深化改革，这是一个过程的两个方面。传统的政府管理和社会管理体制和模式有着强大的惯性，而在已有体制下形成的利益格局更已是盘根错节。推动治理创新必须直面这些现实的强大力量，以改革调整社会利益格局、变革社会运行机制并探索新的治理模式。改革与治理都需要创新，治理创新是民主创新的直接体现，在改革中推动治理创新和民主创新，在创新中建构现代治理体系，这是探索中国现代治理体系的切实路径。中国近代历史的屈辱和现代中国的崛起从两个方面说明，通过强大的国家来动员民众，才能避免内乱与外患并实现国家的现代化。同时，权力具有强大的腐蚀人的本性，人一旦掌握权力就会为权力所左右，而个人的道德自律常常是脆弱的。改革的核心内容是建立合理的权力安排、运行、监督体制，从国家发展的系统层面上推进制度创新。

探索中国式治理要把制度创新与文化价值观建设统一起来。探索中国现代治理体系是一个制度创新的过程。制度是由人来执行的，思想创新和价值认同是推动制度创新的条件。因此，在治理创新的过程中必然包含了文化价值观建设。从深层意义上说，文化价值观是一个社会的基础与核心，儒家思想强调了通过"人文化成""修齐治平"来维护秩序。自从引入西方的民主与法治理念后，制度建设的重要性日益被人们所普遍接受。还应看到，制度如果缺少人内心的思想认同和行动的自觉践行，也容易被扭曲变形。所以，建设中国的民主法治需要与培育相应的文化价值观同步。制度创新与文化价值观建设是不可分割的两面，价值观建设也不能离开制度创新陷入空谈，因为仅仅依靠道德说教是非常无力的。制度具有引导和规范人的行为的强大力量，推动制度建设仍然是中国的当务之急。历史经验说明，传统政治体制、文化、社会心理、公民素养等都与民主政治存在结构性的不适，民主政治在中国扎根需要经历一番长期的移植、适应、创造的过程。

今天，中国的改革、发展与转型面临重要的"机遇窗口"，不仅需要在创新转型中实现经济持续发展，更需要推动政治、社会与文化转型以面对日益复杂和困难的现实问题。突破困局需要引入新变量,改造原有系统结构使之产生新功能。实现人民主体地位、发展社会主义民主与法治、建设现代国家治理体系便是社会发展的客观要求和趋势。治理创新需要回归生活实践进行试验性创新探索,各种创新的细流汇聚成壮阔的历史洪流,便会形成探索中国社会主义治理体系的生动景象。

第七章

培育新中华共同体以奠定中国复兴的社会基础

在向现代社会转型过程中,认同危机引发了传统共同体的解体,建设新中华共同体是 21 世纪中国的重大议题。共同体建立在集体认同之上,从个体自我认同转换到集体认同的关键是共享,人们因共享利益、价值、信仰而结成各种共同体,在共享中建设新中华共同体是中国复兴的本质要求。

第一节 认同危机与"我们"的分裂

人生活于群体世界中,个人的幸福在很大程度上取决于群体的存在方式及其价值观念。追求幸福生活不仅包括"我"的个体的幸福,也包括"我们"的集体的幸福。人们生活在一个"利益共同体"中,"己欲立而立人,己欲达而达人","达人"与"达己"之间存在相互依存的关系,只有"我们"生活得好才有"我"的更好生活。当今中国社会在急剧转型中出现了严重的分化、对立和冲突,结果也消减了经济发展给人带来的幸福，增进民众福祉需要在克服矛盾中增强社会团结。在神州大地，中国人共享一片蓝天，创造了富有魅力的中华文明，也结成了稳固的中华共同体，这一共同体为人们提供了基本的价值、秩序与生命意义。近代以来在西方的冲击下，中华共同体的结构、秩序、价值观等开始瓦解。改革开放之后，市场经济发展和社会转型导致社会阶层的分化日益明显、社会矛盾趋于尖锐并引发了各种冲突。生产方式的变革与社会结构的变迁直接改变了"社会意识"，传统中维系社会秩序与团结的认识、价值与信念体系受到剧烈冲击，社会认同出现了危机。

认同是个体对所属群体的价值、观念与秩序的认可、接纳与遵循，这种社会意识既是社会结构的反映，也是维系结构稳定的条件。"我们"便集中表现了个体的"我"对共同体的认同，是人基于共同利益之上形成的共同的认知、价值与信念。由于扎根于社会利益结构深处的矛盾和冲突常常难以调和，当各方都坚持追求自己和集团的利益最大化而不愿作出妥协、拒不考虑不同于自己的思想观念和价值判断的合理性时，冲突就更可能取代共识，"我"就更容易取代"我们"。过去中国人在谈话时习惯于以"我们"开头而鲜少以"我"为主体表达思想，这是过去社会本位、集体主义主导下形成的思维习惯，"我们单位""我们村""我们国家"等等都凸显了人对"我们"的认同和归属。随着市场对社会的渗透和支配，"我们"不断被瓦解、拆散，其积极意义是消解了过去存在的某种虚假集体对个体价值的剥夺与压制，其消极意义则是在瓦解了"我们"的共同体世界而将个人抛入碎片化的世界中，由此带来社会的分裂与个体的迷失。富人与穷人、城里人与乡下人、当地人与外地人、官员与民众等之间的分化、对立、冲突日渐明显，1949年革命胜利以后形成的较为稳定的社会团结被打破，由此形成实践和观念上的分化："我们"在被撕裂、瓦解，取而代之的是"你们""他们"："你们当官的""你们有钱人""他们外地人""他们农民工"等等。其中，官民之间、贫富之间的矛盾尤其尖锐。社会分化引发了认同的危机与传统共同体的解体，认同的危机使人产生分离感。日益严重的社会分化使少部分人生活得"更好"，多数人却可能不能实现"更好"，最终结果可能是"都不好"。如果社会各界没有强烈意愿寻求共识而放任社会的分化与冲突发展，尤其是精英阶层沉醉于既得利益而无意妥协，如果各方没有足够的智慧和道德勇气在直面现实问题中达成共识，社会矛盾将继续积累并可能以破坏性的方式解决。由于社会各阶层生活在一个休戚相关的利益共同体中，寻求共识、化解冲突符合各方的长远利益。因此，社会各个阶层在矛盾激化到不可收拾之前清醒地面对问题，在对社会形势的认识之上形成寻求共识的自觉意愿，便是需要形成的第一个共识。

危机提出了建设新共同体的要求，其要旨是重构新中华共同体。大多数中国人还在这块土地上、这片天空下生存，构建新中华共同体便是建设中国人共同的新家园，人们从中找到"家"的温馨与安全。新中华共同体是基于传统共同体之上的再造与升华，是传统共同体的涅槃再生，它需要在吸纳传统文化与现代文明的合理因素的基础上构筑新的认同，这包括：基于现代民主政治制度之上的政治认同，基于效率与公平的合理张力之上的社会认同，基于吸纳传统与现代价值之上的文化认同等。培育中华新共同体是中华民族复兴的基本内涵和标志，需要最大限度地凝聚共识，寻求最普遍的共同利益作为基础，构筑起新的政治与文化认同。建构新中华共同体需要认识共同体形成、演化的内在机制和规律，从历史上看，共同体的培育基于认同之上，而共享则是认同的条件和途径。

第二节　共享、认同与共同体

社会学家滕尼斯曾将社会出现之前的人类群居方式称为"共同体"，其存在方式是共享食物、价值观等，之后则被建立在分化与对立之上的"社会"所取代。马克思与恩格斯考察了私有制、国家的起源与演变，从生产力的发展引起的生产方式中的变革中，分析了私有制以及维护统治秩序的国家的出现，也提出了超越现实社会对立与冲突的方向。恩格斯曾提出，社会主义要克服以往的执行阶级统治的国家，取而代之的是一种新型社会组织。"我们建议把'国家'一词全部改成'共同体'[Gemeinwesen]，这是一个很好的古德文词，相当于法文的'公社'。"[1] 今天我们所理解的"共同体"不是回到滕尼斯所说的上古时代的模式，而是在现实条件下建设一个合理、团结、有序、正义的社会。它既包含对传统国家与社会秩序的一种超越诉求，也表达了人根深蒂固的一种心理需求：回归共同体的襁褓中得到心灵与身体的安顿，获得价值的认同、生命意义的安排等。

共同体建立在集体认同之上。人以个体的方式在并竭力追求个人欲求的满足，同时又在群体的分工与合作中生存。群体

---

[1] 《马克思恩格斯选集》第1卷，人民出版社1995年版，第324—325页。

不仅提供了个人所不具备的集体协作产生的更大生产力，也为个体提供了心理与精神的归属。心理学家马斯洛提出，安全感、归属感是人的基本需求，人需要在认同中认识和确立自我，回答"我是谁"的问题。人在社会关系中确立自我及其合理性，只有超越个体融入更大的共同体才能获得生存的条件并找到归属。因而，人在与他者的互动中认识和确认自我，也在融入各种群体中确立自我认同，由此，人便天然地与群体产生了联系，在与其他人的互动中，基于某种共同的利益、语言、信仰等而形成一种集体认同。这样，人从自我认同达至集体认同，也从"我"跨入"我们"，"我们"的本质便是基于集体认同之上而形成的自我认知，是在共享意义的集体体验中形成的集体认同。

个人如何超越个体的界限、接纳不同于自我的他者进而形成对群体的认同？从个体自我认同转换到集体认同存在复杂的社会文化心理机制，其中共享是关键。人们因为群居生活而过着共享的生活，因为共享一些基本的知识、价值、信仰和利益而结成各种共同体，也因为这种共享而产生了共同体意识。基于血缘关系形成的家庭、家族是紧密的共同体，基于共同的语言、风俗、信仰等之上的族群也使人产生相互的认同。尽管存在阶级分化，但是血缘关系形成的共同利益、意识形态所形成的共同信仰、人类天性中对他者的排斥等都使人们形成了各种不同的集体认同，包括文化认同、国家认同、族群认同等等，这构成维系传统社会稳定的基石。随着全球化将人们卷入各种不同社会和文化并存的世界，文化之间的差异甚至冲突更让人产生了追求认同的强烈愿望。在全球化多元文化的碰撞中，对"我是谁""我们是谁"的追问则进一步强化了"我们"意识，如美国政治学家亨廷顿的最后追问。①

在社会分工与阶级分化的基础上,原始部落在共同生产和生活基础上形成的共同体出现解体,基于阶级对立形成有产者与无产者、统治者与被统治者等的现实社会关系,共同体则受到这种现实利益的侵蚀而弱化。其一,私有制的出现和巩固是阶级分化和对立的经济基础。私有制瓦解了共同体时代的共享机制,由此带来了阶级的分化与对抗。其二,政治权力的垄断巩固了阶级分化。在阶级社会,权力掌握在统治阶级手中,统治者与被统治者的对立使其难以形成政治认同。其三,知识的垄断加剧了社会的分化。在传统社会,知识垄断在少数人手里,精英阶层才有机会接受系统教育,拥有知识的不平等加剧了社会的分化。其四,现实生活中的对立和分化反映在人们的观念中,人们也难以共享某种共同的观念。对于自我利益的追逐是"自私的基因"所致,其中也包含了几千年私有制社会所强化的社会文化基因。结果,利益便成为人性的一部分,而触动利益必然遇到人内心深处本能的反抗。

在工业资本主义的推动下,人类社会生产和生活方式发生了深刻变化。马克思、恩格斯曾在《共产党宣言》中描绘这一变迁的历程:一切等级的和固定的东西都烟消云散了,一切神圣的东西都被亵渎了。人们终于不得不用冷静的眼光来看他们的生活地及其相互关系。从历史上看,从近代以来首先在西方社会出现了一次深刻的转变,"我"从共同体中脱离出来,传统共同体也逐步退场、消解。传统社会建立在"社会本位"之上,

---

① Samuel P. Huntington, *Who Are We? The Challenges to America's National Identity*, New York: Simon & Schuster, 2004, p. 256.

个人全面消融在社会、集体之中。西方在向现代社会迈进的过程中，一个变化是向"个人本位"的转变，个体主义成为主导的思想观念，个人与共同体的集体生活日益隔阂疏远，我（I）、前缀"自我（self-）"开始流行起来。同时，资本主义生产方式也强化了个体观念。亚当·斯密提出了"理性人"假设，认为人对自我利益最大化的追逐可以促进共同福祉，这成为市场经济的教义，私有财产观念也得以强化。其中，近代欧洲建立了保护私有财产的制度，这为资本主义和民族国家的发展提供了必不可少的条件。杰里米提出，"私有财产权成为核心的法律工具，使个人与人类集体、也与自然的其他部分相分离。新的私有财产制度将新的时空意识制度化，并使现代的自主和流动性观念成为可能，也使作为个人独立、自我依靠的消极自由观念成为可能。"[1]从"我们"的退场到"我"的登场伴随着启蒙理性、市场经济的发展等，带有某种普遍性和必然性。同时，这种变化在带来个人解放的同时也将人抛入孤独的荒原中，重新发现自我、拯救自我也成为疗治现代文明弊病的要求，这也构成20世纪以来西方思想文化发展的一个主题。对于正在经历转型的中国来说，"我"从共同体中脱离、分化、解放还在快速进行之中，在重新认识和对待每个个体的基础上的重建共同体便成为新命题。

人表现为个体的生命形态，也在群体的分工、合作、竞争中生存，如何界定个人与社群之间的关系是一切社会都要考虑的基本问题。近代以来一个深刻的变化是，从社会本位到个体

---

[1] ［美］杰里米·里夫金：《欧洲梦：21世纪人类发展的新梦想》，杨治宜译，重庆出版社2006年版，第119页。

本位的转变冲击了原有的共同体认同基础，也瓦解了传统的"我们"，如何构筑合理的"我"与"我们"之间的关系成为现代社会的突出问题。自我意识的觉醒是人类精神成长和文明进步的一个标志，对"我是谁"与"我们是谁"的追问相互交织，在不同文化、不同社会及不同发展阶段有着不同的认识和回答。个体主义的盛行带来很多负面效应，一方面，它带来个人与社会的对抗，在凸显个人价值的同时可能会伤害群体利益；另一方面，传统的"我们"世界被打破、个人被抛入残酷竞争的世界相互对立。人们不再共享基本的价值观，这最终消解了社会团结的基础也销蚀了个体的存在意义。人存在的终极意义离不开群体，尤其是共同体向人提供了终极的意义与价值。在市场瓦解了以往存在虚幻性的"我们"之后，重构"我们"便成为现实要求。

在资本走向全球的过程中，中国也被卷入其中并出现认同危机，传统共同体也逐步走向了瓦解。改革开放以来，中国形成了复杂的利益格局。一方面，经济的发展使人们共享了技术进步与物质丰裕带来的福祉，这表现为义务教育的推广、信息技术的普及、交通的便利化等；另一方面，财富的两极分化不断加剧，社会机会的不平等更加明显。权力和资本都具有自我膨胀的强大本能，如果任由资本和权力在现有模式下肆虐，资源将更加紧张，其后果必然导致剧烈冲突。那么，如何克服这些分化与对立以构建新中华共同体？在共享财富、权力与价值观中培育认同便是一个现实路径。

第三节 在共享财富、权力与价值观中培育认同

共享既是传统共同体存在的基本特征和规则，也是构建新共同体的合理途径。法国思想家莫兰提出，提高生命的品质是社会发展追求的一个目标，一个渠道是社会交往。"社会交往包括真诚待人，参与和分享他人——邻居、亲人、来访者——的喜悦、快乐和痛苦。反对颗粒化、失去个性和技术官僚化的斗争本身就是建立和修复社会交往能力的努力。"[①]在交往、互动、共享中，个人找到社会与文化的归属感，也确立了存在的意义。新中华共同体包括政治共同体、经济与社会共同体、文化共同体，这需要建立在政治认同、社会认同与文化认同之上，而培育认同的关键是共享权力、财富、价值观等。

首先，在共享财富中培育新中华共同体的社会认同基础。通过分配正义来共享生产发展的物质成果是培育社会认同的经济基础。不同社会集团基于自己的社会生产和政治生活中的地位而划分为不同阶级，在此基础上形成了各种阶级意识。同一阶级容易形成集体认同，而阶级的分化和对立则相反。传统社会常常建立于严重的阶级对抗之上，社会主义则要消除这种阶级对抗而代之以新型的社会关系，通过分配的正义来共享社会发展成果，避免社会走向两极分化，共享则是其中的基本理念。共享意味着打破少数群体对资源与财富的垄断，在社会各个阶层之间合理公正地分配资源、财富和机会，保持经济效率与社

---

① [法]埃德加·莫兰：《文明的政治》，陈力川译、乐黛云等主编：《跨文化对话》第26辑，生活·读书·新知三联书店2010年版，第133—141页。

会公平的合理张力，实现共享式发展。中国的复兴既是亿万中国人的共同梦想，也是中国人创造新生活的现实行动。这需要让每个人都能实现自己的价值、都有充分发展自己的机会，共享既是目标也是手段。把共享作为一种国家理念和发展战略，贯彻到制度与政策的制定和实施，可以最大限度地凝聚人心进而求解众多复杂难题。快速发展的中国需要解放几代"房奴"，让人们共享发展的同时以更多的时间去从事创造性工作。国家发展需要建立在实业之上，特别是在全社会形成创新的机制和氛围，最终借助于创新实现国家的繁荣。推动改革需要在尊重社会发展规律的基础上秉持共享的价值理念，在合作博弈中确立新的社会秩序与利益格局。共享不能靠"剥夺剥夺者"的革命方式来实现，而是需要各阶层以更高的智慧化解矛盾尤其是从制度层面制定新的规则。由于社会经济与文化的发展都有历史的局限性，在特定的社会历史条件下，共享也是有条件、受限制的。在私有财产制度依然存在的现实条件下，社会主义也无法超越市场经济的基本法则，这从基本制度层面形成对共享的制约。对共享也要有辩证的理解，不能把共享等同于平均主义。平均主义是小农意识，社会主义追求共同富裕，但不能通过"劫富济贫"实现"均贫富"。因此，要树立和传播正确的共享意识，鼓励人们在劳动创造中实现积极的富有建设性的共享。

其次，在共享权力中培育新中华共同体的政治认同基础。人是一种"政治动物"，政治生活是社会生活的核心内容，政治不仅确立了统治秩序，而且决定了社会分配的基本法则。政治的核心则是权力，如何分配和使用权力塑造了政治生活的基本结构。现代政治的基本理念是主权在民，主张人民享有和使用权力。权力共享意味着打破特权阶层对权力的垄断，把权力在社会各个阶层之间分配，实现"权力为人民所有""人民当家作主"的理念，在共享权力中推动民主治理，从而形成新的政治认同的基础。政治认同是人们对政治理念、制度及其绩效的认可与接纳。由人民共享权力即是民主，在民主之上建立政治认同是现代政治文明发展的基本方向。在权力共享中形成政治认同，这是培育新中华政治共同体的基础，新中华政治共同体应该是一个民主共同体。探索和发展新型民主是社会主义的内在要求，其核心是让人民真正拥有权力、共享权力、在政治参与中行使权力、使权力服务于人民的共同福祉而非少数人的利益。梅吉尔提出，在马克思看来，共同体的本质是民主，人类未来联合体是一个民主共同体。[1] 在民主认同的基础构建新型民主政治共同体，这是在新的理念和制度基础上构筑中国人的生活方式和价值观念，因而它也必将是一个新共同体。培育民主的政治认同、建构适合中国的民主制度，是培育新中华共同体的关键所在。由于民主是一种异质性的因素，它的引入必将从根本上改变中国社会的结构。从现实看，权力是利益的保障，现实的政治权力格局十分稳固，中国问题的症结也扎根于现实的权力结构中。尤其是，资本与权力本能地靠拢，知识也不断向它们屈服，由此形成了一种利益共同体，精英群体借此获得最大利益。中国的复兴需要在共享权力基础上培育新的政治认同进而构筑民主共同体，这就需要超越现实中的权力结构，重塑权力的合法性基础，进而通过制度变革约束和分享权力。权力的

---

[1] [美]肯尼斯·梅吉尔：《马克思哲学中的共同体》，《马克思主义与现实》2011年第1期。

本性是自我巩固和扩张，主动分享权力是一种理想的期望，能否共享权力取决于社会各种力量的博弈尤其是社会矛盾激化的程度。当今中国社会各个阶层越来越难以形成共识，精英群体和大众需要以最大的诚意、智慧和德性，避免历史覆辙而探索出一条顺利转型的道路，在共享权力中培育新的政治认同中构筑新型民主共同体。

最后，在共享意义与价值观中培育新中华共同体的文化认同基础。共享意味着打破对知识、思想和话语的垄断与封闭，开放思想、打破隔阂、增进共识，在共享意义与价值观中培育新的文化认同。文化危机表现为不能共享基本的价值观和意义，导致认同的分裂与心理的冲突。文化复兴意味着在重构文化认同中培育新的文化共同体，在共享意义与价值观中人感觉到"我"的存在，而不是感觉被边缘化、被压迫、被抛弃，这种共同体意识正是实现社会有机团结的基础，也是实现个人幸福的社会基础。共享意义与价值观可以打破各民族之间的隔阂，在共同繁荣和发展中形成中华民族的基本认同，进而培育全球华人的集体共识和集体认同。

新中华共同体的建构还包含与周边其他国家的和平相处与共同繁荣，化解区域冲突的风险。从全球范围看，人类已紧密联成一个命运共同体，面临各种关系所有人利益的共同问题，解决这些问题则需要人类的合作与妥协。这时，从"共享"的意义去认识和解决国际社会的种种矛盾，是实现合作共赢、避免零和博弈的途径。这就需要超越狭隘的宗教、种族、性别、肤色、利益等等局限，建构人类新型的共同体。共享环境还意味着实现人与自然和谐发展，人们在同呼吸、共命运中结成哲学意义上"天人合一"的共同体。

第四节　构建新中华共同体的现实基础

共享并非自然而然就能实现的，在现实中更为普遍的不是共享而是它的对立面，由于不能共享而导致社会的分化与对抗。实现共享必须正视现实中的强大阻力，克服阻力并重构文明秩序便是中国复兴所必须解决的问题。以共享构建新中华共同体是否只是一种乌托邦的梦想？其实它有着历史与现实的基础。

以共享构建中华新共同体是化解社会矛盾、巩固执政合法性基础的现实要求。以共享构建新中华共同体，要求直面现实中的阶层差距、地域差距、民族差距，凸显共享理念作为战略思想，在共享财富与权力中培育新的认同，由此形成社会团结的基础。资源有限人口众多的中国面临复杂矛盾，这就需要从制度上消除导致剥夺与强占的根源，在平衡各方利益中实现共享式发展。中国的复兴不仅是国家富强更体现为民众生活得幸福，不是少数人的幸福而是最大多数人的幸福，共享则是内在要求。建立在少数人对资源的垄断之上的发展是不可持续的，这也会阻断中国的复兴之路。从客观规律的角度去认识，中国的复兴也需要在共享中实现均衡发展。以共享构建中华新共同体是化解民族、边疆矛盾，打击分裂势力，维护国家统一的根本举措。总之，巩固执政合法性基础，维护国家统一和社会稳定，需要在共享权力、财富与价值观中培育新的政治认同、社会认同和文化认同，如此才能从根本上化解合法性危机，进而构筑国家长治久安的制度与文化基础。以共享构建中华新共同体是探索社会主义新道路的本质要求。社会主义的本质内涵是公平正义，发展生产力与共同富裕构成社会主义本质不可分割的两面，共享则是直接体现。资本主义虽然带来经济的增长，但也越来越显著地伤害环境、道德、人心，共享作为社会主义的本质特征则是克服资本主义局限的一剂良药。共享是社会主义的本质内涵和终极价值，体现了人类文明的发展方向和社会发展的趋势。对于中国来说，这具有强大的现实合法性基础。以共享构建新中华共同体也是中国社会文化发展的内在要求。中国历史上有着久远的"大一统"的历史传统，天下"一本万殊"，维护国家统一、天下一家的观念根深蒂固。在历史上，中华民族形成了一个"一体多元"的命运共同体。中国的复兴则意味着新共同体的构建，这是新的制度、观念、生产方式等之上的新共同体。"天下为公"是中国人的传统价值观："大道之行也，天下为公，选贤与能，讲信修睦，故人不独亲其亲，不独子其子；使老有所终，壮有所用，幼有所长，矜寡、孤独、废疾者，皆有所养；男有分，女有归。货，恶其弃于地也，不必藏于己。力，恶其不出于身也，不必为己。是故谋闭而不兴，盗窃乱贼而不作。故外户而不闭。是谓大同。"（《礼记·礼运》）天下为"公"而不为"私"，这是宇宙大道流行之法则。"不独亲其亲，不独子其子"，而是像爱自己的亲人一样爱他人，这是共享的理念。对于财货，"恶其弃于地"，"不必藏于己"，比较起资本主义经济条件下的商品过剩、过度消费、贪得无厌，这种自然主义的共享理念是一种绿色生活方式。共享常常被视为一种乌托邦的理想，认为这与人的本性有冲突。但是，这更与生产力的不发达、资本主义的局限、市场经济的弱点等密切相连，伴随着经济与技术的发展，人类可以在满足所有人基本需求的基础上作出更好的制度设计、展现出更高的道德水准，共享便愈加成为可能。同时，共享也是克服人性弱点及资本主义缺陷的一个出路。在资本主义逻辑的支配下，人类在极力追求"自我利益最大化"中永不停歇地奔忙，无休止地占有自然资源，却可能永远不能满足并在不断加剧的人与自然的矛盾中走向崩溃。要避免这种资本逻辑带来的毁灭前景，就需要以更高的智慧和德性寻找人与自然合理的平衡点和新的生活方式。

共同体的形成和巩固建立在集体共识之上，这是维系共同体秩序的基本条件。建立现代社会的共识机制既是转型所需也是现代国家和社会运行的基础。人们都不自觉地以自我为中心并形成了各种牢固的观念，各种相互冲突的观念是共识的首要障碍。在各种不同利益基础上的观念差异之上，追求自我利益、维护个人自尊、坚守个人意见等都是人根深蒂固的天性，各种利益与观念相互冲突的主体如何能达成共识？在各方不能让步的情形下，共识是不可能形成的。达成共识意味着突破观念的樊篱尤其是自我中心的羁绊，然而这必然遭遇人内心深处最强烈的反抗。

从唯物史观立场看，社会利益与权力结构是一种"客观物质力量"，因此利益的博弈与权力的平衡是客观事实，达成共识需要直面这种客观物质力量。显然，仅仅依靠道德自觉和理性商讨是不足以达成共识的，更为根本的是确立合理的利益协调与权力运行机制，创造有利于达成集体共识的制度安排。其中，主体之间的平等是达成共识的有利条件。在森严的等级制度、尖锐的阶级对立等条件下，不平等使主体之间缺少基本的尊重与信任，一方颐指气使、高高在上，这种不平等的地位便可能助长高傲与自负，从而阻碍了共识的形成。因此，经济上的平等和政治上的民主是建立共识机制的有利条件。在现代社会，民主是形成共识的有效制度安排，它在平等主体和思想自由的前提下确立了各种利益主体表达意见、沟通信息、协调利益、达成共识的制度框架。

建立共识机制需要从改变思想观念入手。首先它否定了权威与定论，从起点上确立了一个信念，即答案是未知的而非已定的，人们需要通过商讨妥协等达成一致认识。在专制体制下，掌握权力者自信拥有真知并强加于人，无权者只能俯首听命而没有发表不同意见的机会，商讨、共识也就无从谈起，所谓的共识只不过是当权者的意见或者作为意识形态的统治思想的灌输而已。理性的共识是在启蒙思想指导下对传统威权思想的反叛，它主张人们可以接纳的共识不仅是各种主体自觉认可接纳的观念，而且是经过理性的反思与批判之上形成的观念，而这种多主体之间的交流、碰撞与互动不是利益的妥协或交易，而是在启蒙理性精神下追求真知、发现真理的过程。因此，共识形成的过程本质上是多种主体在碰撞思想中发现真知的过程。当然，从事实看，共识在很多时候只是各方达成意见一致而已，这种意见未必是真理，甚至是有损社会或其他主体的。

同时，道德与信仰是克服人的自私本性的力量，立足中国社会现实、挖掘传统的社会资本与文化资本是构建共识机制的途径。传统社会有着丰富的社会资本，人们之间的信任、互助、合作是维系共同体的基础条件。同时，中国传统文化也为共同体提供了最核心的思想与价值认同基础。当年盘庚迁都引起众人的反对，盘庚说道："若乘舟，汝弗济，臭厥载。尔忱不属，惟胥以沈。不其或稽，自怒曷瘳？汝不谋长以思乃灾，汝诞劝忧。今其有今罔后，汝何生在上？"（《尚书·盘庚中》）安定天下需要变革，变革则需要上下各方同舟共济。不谋长远，不思忧患，则可能有今无后，此种道理千百年来被反复验证。如今中国人也依然乘在一条船上，然而各种利益与观念的对立、冲突、分化使航船的方向不明、动力减损。这时，有的选择"弃船"，举家移民到国外；有的醉生梦死，得过且过；有的利用一切机会攫取权力和财富。对于整个国家和民族而言，又可以作出怎样的集体选择、如何做到同舟共济？人类的集体行为需要相应的知识、能力，同时也基于人的价值观与德性之上，从最终意义上常常取决于人的集体道德和信念。推动中国的转型与文明的再造，既需要知识和理性来指导以照亮盲区的黑暗，也需要培育社会各个阶层的集体德性与共同信念，如此才能从根本上超越各种利益、观念、权力的羁绊，在达成共识和形成基本认同的基础上促成集体行动，最终推动国家的系统转型并创造一种新文明。避免陷入被动转型需要挖掘现实中的能动因素，培育新的积极变量，创造条件形成主动转型的共识和机制，最终掌握历史的主动权。

从历史与经验中学习是人获得知识与智慧的途径，总结历史上的经验教训便有直接的意义。在更多时候，人们是通过武力冲突的方式来解决矛盾，如法国大革命、美国内战等等。美国进行了一次社会试验，即通过商讨达成共识、构建起现代国家的宪政体系。除了具有各种天时地利之外，一个关键因素是从新英格兰地区发育出的新教伦理为基础的民主思想，它催生了新的文化、价值观与集体行动的方式，进而培养了一批政治、商业与文化各个领域的精英。在独立革命以及后来的制宪会议中，这些人物能够摆脱旧欧洲的种种思想和制度羁绊，在新大陆上进行了民主的探索。人们有勇气冲破英国殖民统治者的压迫而求得独立，有着各自不同的利益与观念的制宪会议代表能够经过艰难的商讨最终制定宪法草案，凡此种种在传统社会难以想象的事情的发生,都与该时代人们的思想直接相关。这些先行者们秉持一种新思想,包括从欧洲的文艺复兴和启蒙运动所激荡出下的新思想,在新大陆进行了全新的社会试验,进而奠定了美国文明崛起的基础。

实现21世纪中国复兴、建构中华新文明意味着构建新的中华文明圈,其中一个核心是维护国家统一与稳定,实现各个民族的共同繁荣与发展。中国复兴面临的一大挑战是民族冲突等引发国家分裂的风险。特别是在民主转型过程中,中央权威的流失、民族意识的增强等可能引发国家分裂。中华民族的复兴需要以国家统一为条件,但这应是在新的条件下更高水平更稳定的统一。从秦朝建立中央集权制度以来,大一统的体制维护了国家的统一并为中华文明的兴盛创造了条件。近代以来在西方列强侵略下,国家四分五裂、军阀割据、内乱不断。1949年以后中国重新实现了国家统一,这为实现复兴创造了基本条件。伴随经济的发展,地区发展差距拉大、社会分化严重,边疆地区的民族矛盾凸显出来,以往少有的恐怖暴力事件也出现了。从历史上看,中华民族的主流文化是奉行宽厚仁德、中庸之道而反对暴力冲突。恐暴事件极大地增加了全社会的治理成本,制造了民族矛盾和仇恨,这是阻碍中国复兴的负能量。社会矛盾的重要根源在于收入差距、地区差距、教育水平差距过大,同时,文化之间的隔阂导致无法形成积极的文化认同。物质上的外援会强化一种自卑心理,随着经济差距、文化教育差距的拉大,落后地区的民众愈加觉得被边缘化、成为快速发展中被遗忘的群体。各个民族有着共同的利益,既是利益共同体也是文化共同体,文明的复兴意味着各个民族的共同发展和繁荣。中国的复兴为各个民族的共同繁荣创造了条件,也需要各个民族以新文明的创造为旗帜，坚持"向前看"的原则来破解现有的各种矛盾。应该说，这些矛盾是实现中国复兴必然遇到的问题，而解决问题的过程也是创造新文明的过程，因此需要以一种开放的心态和创新的思路寻求新解。其中，增强文化认同是化解矛盾的基础。这需要在保持文化的个性和多样性的同时培育中华文化的共性和同一性，以个性和多样性激发文化创造力，以共性和同一性凝聚各方力量。同时，既要防止大汉族主义，也要防止极端民族主义，各个民族共同发展、共享成果、共同实现中华文明复兴是历史和现实的要求。

第八章

以思想启蒙奠定中国复兴的文化基础

21世纪中国复兴的核心是文化的复兴,而思想的启蒙则是文化复兴的必要条件。一百年前,新文化运动掀起了一次启蒙浪潮,如今中国走在了文化复兴的前夜,思想启蒙也成为现实的要求。中国文化在轴心时代及近现代发生了两次具有转折意义的变革,历史事实昭示了文化发展与思想启蒙的客观逻辑。面对现代性这一"未完成的方案",21世纪中国文化的复兴依然需要启蒙,这是实现传统文化的创造性转换与创新性发展的关键环节。

第一节 文化与启蒙

中国人曾经创造了灿烂的古代文明,尤以追随仁义礼智信的道德理想而立于世间,这不仅维系了社会的秩序,更在教化人心中挺立起傲然风骨,展示出文明古国的气度与风范。近代以来,在西方文化的参照与列强入侵的背景下,中国文化在冲突中痛苦反思并走向觉醒，借助思想启蒙推动了国家独立、民族解放和经济发展，也伴随社会的进步而走向新生。这期间出现了传统与现代、保守与激进等的激烈交锋，也在一些核心问题上遗留下众多纷争与困惑。改革开放以来，市场经济的发展冲击了传统价值体系，社会结构的裂变与重塑导致价值观的迷失和精神世界的焦灼。实现中国文化的复兴需要化解这些矛盾并构建新的思想文化世界，进而为国家转型提供思想与价值支撑。具体说来，文化复兴要求构建现代社会的知识体系，既包括引入以"科学"为象征的西方知识系统，也包括发展基于传统文化与当代生活之上的"中国话语体系"；文化复兴也意味着制度的变革与创新，建构适应世界文明发展潮流的政治与社会制度框架；当然，文化复兴的灵魂则是培育适应现代社会生活的价值观念与信仰体系。这三个方面共同成为21世纪中国文化复兴的核心命题。

那么，如何激发中国文化固有的创造力并在推动国家的发展转型中实现文化的复兴？启蒙与文化有着最直接的关联。从狭义上说，"启蒙"是发生于近代欧洲的思想及其社会运动，其核心内涵包含了对理性精神、批判思维、个性自由的推崇等。按照康德的理解，启蒙意味着人"有勇气运用自己的理智"，通过对权威的质疑与理性的反思而走出人的不成熟的状态。[①]从广义上说，启蒙是人借助于理性自觉克服"蒙昧无知"的状态从而走向自由自觉的过程。"教育"（education）一词的拉丁语词根（educere）有这样的内涵："带领人走出……之外"，尤其是

---

① ［德］康德：《回答这个问题：什么是启蒙》，《康德全集》第8卷，李秋零译，中国人民大学出版社2013年版，第40页。

带领人走出自己,"使破壳而出"。在汉语世界里,"文化"意味着"以文化人",即通过教化约束人的原始本能,借助文化的传承和思想的照耀引领人走出蒙昧而成为"文化人"。显然,启蒙是教育与文化的核心使命。如门德尔松所认为的,启蒙与文化处于最密切的联系之中,"在启蒙和文化步伐一致地向前迈进的地方,它们一起构成反对腐化的坚强后盾。"①启蒙带来人的觉醒,而"启蒙"与"觉醒"又有所区别:"启蒙"常常包含了一个前提,即先知先觉者对后知后觉者的教导,这显示出教育者与被教育者之间的权力关系;"觉醒"一词则凸显了人的自我教育、自我解放和自我启蒙。人类思想的诞生即是理性追问的产物,这便有了"轴心时代"文明的进步与文化的昌明。不过,受制于人类认识能力的局限特别是在宗教神学和政治意识形态的支配,人类在轴心时代之后步入了长期的思想晦暗中。近代西方首先冲破了这种打破了这种局面,通过近代科学革命、哲学反思以及政治革命掀起了"启蒙运动"。近代西方启蒙思想的一个突出特征是倡导反思与批判的精神,主张一切都需要经过理性的审视,这种启蒙思想通过高扬人的主体性将人从神学、迷信、偏见的支配下解放出来,进而萌生出被称为"现代性"的新思想、新制度、新文化。在这里,启蒙与觉醒既是催生现代西方文化的动力机制,又是现代文化的直接表现。当然,现代性本身也充满了矛盾,对启蒙的反思也成为现代性批判的一个视角,如霍克海默与阿道尔诺所言,"人类为其权力的膨胀付

---

① [德]摩西·门德尔松:《论这个问题:什么是启蒙》,载[美]詹姆斯·施密特编《启蒙运动与现代性——18世纪和20世纪的对话》,徐向东、卢华萍译,上海人民出版社2005年版,第59页。

出了他们在行使权力过程中不断异化的代价。"①在反思现代性矛盾中他们提出了启蒙走向自我反面的"启蒙辩证法"的命题。

如今，中国在经济发展基础上正在寻求文化的复兴，文化的复兴是在国家的转型与发展中实现的，这既是其内在组成部分也是其中一个关键动力。受制于整个国家和社会转型的迟滞，中国文化依然面临众多深层次、结构性、系统性的问题，其中许多是在历史上反复论争的老问题。走出历史的窠臼需要在关键问题上取得实质性突破，而思想的解放与革新则是激发创造力的源头。由于"蒙昧"现象依然存在，通过启蒙冲破思想牢笼，在克服保守与衰败力量中实现创新转型，这是文化复兴的内在要求。那么，如何认识思想启蒙与21世纪中国文化复兴的客观逻辑？回答这一问题还需要从更广阔的历史变迁中去把握。

第二节 历史上的二度启蒙与两次文化突变

从历史上看，中国曾发生过两次具有标志意义的启蒙，这引发了思想的觉醒并促成了中国文化的两次突破，而文化的发展也进一步推动了思想的启蒙与人的觉醒。在社会与文化转型的关键时期，思想启蒙与人的觉醒成为其中的关键机制。

在雅斯贝尔斯所称的轴心时代，中国出现"百家争鸣"的思想景观，由此确立了中国文化的基本架构及其在世界文明体系中的地位，这也是一次思想启蒙与觉醒过程。具体说来，这一时期的启蒙与觉醒表现为如下几个层面。其一，思想自由激

---

① [德]霍克海默、[德]阿道尔诺：《启蒙辩证法：哲学断片》，渠敬东、曹卫东译，上海人民出版社2006年版，第6页。

发了批判意识与反思精神，催生了包括儒家、道家等对宇宙人生终极问题的形而上追问，各种思想在相互激荡和争鸣中出现，也在经邦治国的实践中得以验证与发展，最终确立了后来两千年思想文化发展的基本脉络。其二，教育的平民化推动了知识的普及与人的解放。孔子主张"有教无类"，教育的开放使得社会各阶层尤其是底层社会有了受教育与释放生命潜能的可能性，出身贫寒亦可能"出将入相"施展才华。其三，对人的发现与对生命的肯定提升了人的价值与尊严。孔子"不语怪力乱神"，而相信人可以在人伦日用中彰显生命价值；孟子提出人"皆可为尧舜"，大丈夫"贫贱不能移，威武不能屈"。这些思想都充分肯定了现实世界中人的价值，也为人在当下生活中寻求生命意义找到了出路。其四，通过对人的认识局限性的反思以解开各种迷障，通过对自我的反省深化对人与世界的认识，哲学的形而上批判集中体现了启蒙的精神。所有这些都展现出轴心时代的思想觉醒，人们从几十万年的进化中萌生出一种理性的自觉，在对天与人的追问与回答中实现了一次深度觉醒。

这样，轴心时代的思想启蒙确立了中国文化的基本方向，之后启蒙与文化的互动也呈现错综复杂的交织。汉代罢黜百家、独尊儒术明确了儒学的统治地位，儒学也成为意识形态国家机器的一部分，儒家思想借助权力的支持成为百姓人伦日用的基本规范。及至宋明理学，儒学的发展不仅重构了学理基础，而且对现实生活中的支配作用日趋显著。作为政治统治和社会教化的工具，儒学鲜活的思想、对生命的尊重等积极方面逐渐式微甚至被扼杀，最终走向"以理杀人"的"礼教"。这种压迫也催生了反抗与觉醒并构成了另一条线索，从魏晋时期"越名教任自然"到明清世俗解放运动，都表现出中国文化寻找自由解放的精神指向。这不仅体现于文人的精神自觉，也在底层民众的认识与觉悟中展现出来。不过，中国文化两千年来没有超越轴心时代确立的基本思想范式与价值体系，而且文化的保守性和惯性不断强化这种传统，结果在西方现代文明冲击下失去了方向。荷兰科学史学家科恩在比较希腊文明、伊斯兰文明、中国文明基础上解释了现代西方爆发科学革命的根据，他认为，中国文明由于自身的独立性，在近代以前没有发生重大的文化移植，而文化移植是知识创新的源头之一。[①]在历史上，中国文化与异域文化的交流是频繁的，这从丝绸之路到郑和下西洋都表现出来。总体说来，中国文化以其自身的强大和包容性同化其他文化，包括从印度吸纳佛教而创立中国佛教，都显示出中国文化自身的魅力和自主性。然而，这也限制了它自我突破尤其是创新变革的能力。直到近代遭遇现代性，中国文化才第一次遇到足以威胁其存在的强大异域文化，"文化移植"或文化的冲突得以发生。

在西方现代性的冲击下，中国从近代走上了社会与文化的转型之路。在对传统文化及西方文化的认识与检省中，思想启蒙成为克服文化危机的途径。近代西方世界发生深刻裂变，以工业资本主义为标志的现代文明登场，这种带有扩张性的新文明向一切古老文明发起挑战。在现代性冲击之下，中国文化一步步跌入低谷，失败让国人不得不反思自己的制度和文化，最终通过革命颠覆了延续两千多年的君主制度。在经历了维新变法和辛亥革命之后，中国依然处于深重的民族灾难中，一些思

---

① ［荷］科恩：《世界的重新创造：近代科学是如何产生的》，张卜天译，湖南科学技术出版社2012年版，第33页。

想先行者在西方文化的影响下认识到，传统文化以及它所塑造的国民是阻碍进步的根源，只有从根本上清理传统、启蒙民智、再造国民才能走出灾难，于是有了"新文化运动"的思想启蒙。胡适提出，新思潮的根本意义"只是一种新态度"即"评判的态度"，而尼采的重估一切价值则是"评判的态度的最好解释"。[①]新文化运动提出的问题意识与思想命题延续下来，成为20世纪中国变革的一条或隐或现的主线。虽然它也存在各种时代局限，但是其启蒙的精神依然熠熠生辉。1949年以后，中国实现了国家统一并展开了现代化建设，经济发展、教育普及等带来女性、农民等各个阶层的解放，国民素质得以提升。在反思"文革"以及传统社会主义模式的过程中，中国启动了改革开放并带来了持续几十年的快速发展，其中的"新启蒙"也使人们的思想获得了空前的解放。在启蒙思想引领下，中国人从被动适应到主动创造，中国文化也在革命与现代化进程中反思和批判旧文化、认识学习现代文化并获得了新生。

  历史事实昭示了文化发展与思想启蒙的一个客观逻辑，即思想启蒙构成文化发展的动力引擎，它借助肯定理性的自主性和批判性对现存世界的知识、价值与秩序予以反思，进而在发现问题的基础上破除成见与惯习，从而将看似合理的现实世界打开一个缺口。借助于这样一个突破，人们看到了外面的之前未曾看到的"新世界"。如此，思想的启蒙也便成为一种灵动的因素，它集中体现出人类理性自我批判与自我超越的本质力量，进而成为文化发展的第一推动力。比较而言，文化则既有相对稳定甚至保守的特征，它一旦形成便具有自我保护的本能，人

---

  ① 胡适：《新思潮的意义》，《胡适全集》第1卷，安徽人民出版社2003年版，第692页。

类文化要保持自己的活力就需要通过思想的不断启蒙来避免僵化与衰朽。因此，启蒙不是一次完成了"运动"，也非局限于近代欧洲的事件，它更意味着人类文化发展的内在要求和基本机制。从中国历史上两次大的文化变革看，思想启蒙正是其中的一个根本机制和动力引擎，这里的启蒙和启蒙思想也自然基于中国文化背景而具有其独特的内涵。新文化运动肇始的思想启蒙实现了中国文化的复苏，不论是思想创新性还是思想者的境界都达到了新的高度，为后来的民族解放与国家现代化提供了思想与精神力量；21世纪中国文化的复兴是新文化运动的延续，当然更需要将它开启的思想启蒙推向新的阶段。

第三节　现代性建构中的启蒙逻辑

从中国文明发展的长时段看，21世纪中国处于近代以来开启的向"现代社会"转型的阶段，其中一个主题与方向是实现文化的复兴。彼时，国家分裂、军阀混战、民生凋敝，救亡图存的任务迫在眉睫；此时，国家统一、政治稳定、经济发展、社会进步。中国已走出了近代以来的被动局面，在赢得了独立和繁荣之后有了更大的自主性并展现出文化自信。将新文化运动开启的文化复兴事业推向新阶段需要重建文化认同，启蒙则是一个必要条件和现实路径。

中国文化复兴的基本方向仍然是实现传统文化的现代转型，完成现代性建构的历史进程内在包含了文化的再造和思想的启蒙。以科学和民主为例。思想启蒙是推动制度变革的前提，建立民主和法治是其方向，这就需要通过启蒙来解放思想并寻找变革的路径。科学精神的本质是走出迷信与无知所导致的蒙昧。

如今中国已全面接受了西方的现代科学技术，但科学精神还没有扎根下来成为国民的思想和生活方式，尤其是还没有把科学至上等科学精神化为教育制度、决策体制等。学习西方民主则是历史留下的最大难题之一。建设新型民主政治首先需要在思想中形成对民主的信仰并使之化为日常生活的法则。民主的发育与思想启蒙是同一过程，它包含了政治参与意识的觉醒以及自主人格的培育。从现实看，中国数千年君主专制及其相应的政治文化传统依然嵌于社会结构的深处，民主法治的观念还远未成为国民的信仰。

在现代性建构过程中，传统性与现代性之间的矛盾长期存在，如何发扬传统文化的积极因素并克服其消极因素，进而推动传统文化的创造性转换与创新性发展，这是自我认识、反思与启蒙的过程，是走出历史走向未来的前提。一方面，必须超越近代以来形成的文化自卑与西方中心论范式，认识和挖掘传统文化的现代价值。另一方面，传统文化仍存在落后于时代生活的制度安排与思想观念。比如，数千年的专制文化传统使得盲从、迷信的思想根深蒂固，现代公民的独立、自由与民主意识则十分淡漠。在历史的惯性作用下，这种文化基因深入人们骨髓并塑造了国民的人格。在某种体制性力量作用下，民众的集体无意识会如野草般疯狂成长，最终导致蒙昧的流行。虽然历经新文化运动以来的激进反传统冲击，传统文化依然深深扎根于社会生活的深处、盘踞于人们的头脑之中。不正视这一事实，不对自我进行深刻的审查与批判，就无法走出传统文化和制度的窠臼。所以，中国文化复兴不仅是要让传统的价值与精神回归，同时首先包含了对传统文化进行理性、彻底的反思和批判，清除其中落后而有害的因素，进而升华到新制度和新文化的构建。

与此同时，现代性建构本身也带来新的矛盾，启蒙则是现代性自身发展的内在要求。反思性与批判性构成了现代性自我发展的动力，由此而形成了克服内在矛盾的有效机制。文化价值观与生产方式、交往方式的变迁有着直接关联，市场经济发展、消费主义流行、资本力量肆虐导致人为"物"的力量所蒙蔽，由此形成了新时代的启蒙问题。市场经济发展推动了市民社会的兴起，需要并催生了平等、自由、法治、个性解放等价值与理念，这些构成了现代思想启蒙的经济基础。另一方面，资本主义的生产方式与价值观念也成为新的蒙昧力量。市场、资本与技术作为一种结构性的物质力量支配了现代社会生活的运行逻辑，进而也塑造了人们的价值观念，甚至扭曲真假是非、颠倒善恶美丑。市场的交易法则、金钱至上的观念等渗入社会生活并瓦解了传统价值体系，人们在物欲满足与商品消费中失去了自我反思与社会批判的意志与能力。因此，文化的复兴需要适应现实经济社会结构及其规则，培育成熟与健康的市场经济所需要的价值观。在这里，市场、资本和技术不仅为法律所规制，也需要为道德与文化所引领，其目的是约束和限制资本与市场本性中的弱点与缺陷。中国人从"封建"牢笼中还没有彻底走出来又被卷入资本与市场的统治下，这些新的蒙昧力量构成现代文化发展的新挑战。克服发展市场经济带来的种种负面效应，约束资本对社会文化的侵害，需要在不断启蒙中保持文化的清醒。

可见，与一百年前的新文化运动时期比较，当今中国的新启蒙面临着众多历史遗留的老问题，同时也有全球化与市场经济发展带来的新问题。由于社会结构的稳定性以及文化自身的传承性，这些老问题与新问题又交织在一起。因此，新时代的启蒙需要抓住问题的实质，立足启蒙的精神立场去认识和解决这些问题。文化的复兴意味着思想的创造和精神的解放，这正是启蒙的目的；而启蒙通过解放思想、激发创新来推动社会变革与文化繁荣，它构成文化变迁的内在动力。21世纪的思想启蒙是新文化运动开启的启蒙事业的继续，同时也展现出新的特征。在此条件下，以思想启蒙推动文化复兴需要认识并构建相应的变革机制。

第四节　以启蒙推动文化复兴的变革机制

改革开放和发展市场经济都带来思想的解放，人们在生活中不断走出各种迷障而洞见了真实，在"解构"各种虚假话语中实现了启蒙。可是，当人们将目光投向现实时，启蒙又遇到各种历史与现实的重重阻力。那么，如何"重启启蒙议程"以完成近代以来中国文化转型过程中的二度启蒙？

作为一种因变量，文化受制于政治权力及市场的支配而常常表现出被动性。马克思提出，经济基础决定上层建筑，作为观念体系的文化则反映和维护现实物质利益关系。韦伯从新教伦理与资本主义发展的关系中揭示了文化的自主性和对经济的深刻影响。从现实看，文化、经济与政治有着复杂的关联，这是一个交互作用的系统，各个变量之间存在复杂的互动关系而非简单的决定与被决定的关系。一种思想被奉为官方思想而成为国家权力结构的组成部分，由此成为"主流文化"。文化依附于政治而成为一种统治的工具，思想也会化为权力而失去独立性。当代中国正处于剧烈转型之中，整个社会系统发生深刻的变化，这也使得政治、文化、经济等都处于动态的互动中，因而需要从变迁与转型的动态视角考察它们的关系。

以思想启蒙推动文化复兴，需要发挥中国文化固有的变易精神与生生不息的创造本能。中国文化复兴的标志之一是建立共享的价值体系和意义世界，为人们提供安身立命的根基和存在意义的根据，以此构建中华民族精神家园。破解当代中国文化难题需要从未来认识当下、从历史认识现实，在理论与实践、中国与世界、传统与现代的复杂坐标中准确定位。中国文化扎根于神州大地，在漫长的历史中积淀下刚健有为的精神传统。其中，作为文化灵魂的思想与精神构成能动的冲破现实的变革性力量。同时，文化是一种流动的、充满灵性的、活生生的存在，它就在当下人的生命创造实践中展现出来，亿万民众的创造实践正是文化发展的深厚动力。其中，推动思想与文化的创新是一个关键。正所谓不破不立，文化复兴的核心内涵是在现代社会生活实践的基础上重构文化精神，这既需要对传统文化予以批判性的省察和创造性转换，更需要在亿万民众创造新生活的实践中探索新文化。其中，思想启蒙正是穿透铜墙铁壁而引发文化再生的关键，唯有借助思想启蒙才能在革故鼎新中创造新的文化世界并培育中国文化的主体性。

以思想启蒙推动文化复兴，需要从社会文化系统的再造入手，在国家转型的系统整体中彰显思想文化的力量。文化的复兴与国家的转型发展密切相连，这既是客观的历史进程又是由人参与和创造。文化发展的内在动力扎根于社会实践中，人们创造新生活、构筑新文化、探索新的意义世界的实践活动是文化发展最深厚的基础。文化转型也在很大程度上取决于国家转型的进程，文化的创新发展与思想市场的开放程度、宽松自由的环境密切相关，这就需要通过民主和法治建设构建以启蒙理性为基础的制度框架。新时代的启蒙需要克服各种激进思想，突破西方中心论的思维范式，以创新思维寻求破解之道。"破"的目标是"立"，创造新的生活方式、制度模式、价值体系、文化形态是中国复兴的标志。其中，民主和法治是现代启蒙思想的基本指向，这种制度又是践行启蒙精神的制度保障。民主是国家转型的基本方向，这不仅需要启蒙同时又是启蒙的推动力量。一方面，启蒙推动了民主思想的产生与传播，通过冲破传统封建樊篱的束缚，民主思想获得了生存土壤。通过教育的普及、媒体的传播尤其是革命的实践，民主成为现代政治权力合法性的基础。另一方面，民主制度通过保障公民思想自由、表达自由等为思想的启蒙与解放打开大门。尤其是，民主本身即内含了启蒙的向度，它拒绝威权对知识的垄断和对思想的控制，主张认识是在试验和论争中发现真理的过程，因此人需要在自由思想中探索新知。从历史上看，现代启蒙思想与民主化进程交织在一起构成现代文化发展的重要特征。在欧洲，思想启蒙与政治民主化进程紧密相连，政治民主化也将启蒙思想的价值和思想巩固下来，从而使之成为一种制度化的存在，进而推动了文明的发展。当今中国的文化复兴与国家的民主发展也相互支持、相互依赖，推动文化复兴也需要从国家转型的整体考虑才能实现根本性的突破。

以思想启蒙推动文化复兴，需要发挥知识引领社会进步的能动力量。知识本来是一种解放的力量，可是如果人们放弃了独立人格与自由精神，知识也会成为资本与权力的附庸。然而，不论是保守的观念体系、现实的既得利益、不断扩张的资本等都依然在抵制启蒙并制造新的蒙昧。知识与思想具有超越现实局限性的潜在可能，它们是冲破强大的现实利益与权力格局的能动因素。要发挥其力量，还需要在决策体制上赋予知识和思想以更大的权能，如此才能超越对权力和金钱的膜拜。同时，面对工具理性对现代社会的支配性作用，文化的复兴也要防止理性的僭越，在充分发挥现代科学技术积极作用的同时约束其负面影响。在这里，马克思主义作为一种思想和知识体系发挥着关键作用。面对传统历史文化的厚厚壁垒及其对思想的钳制，发展社会主义文化必然需要在打碎旧世界的基础上建设新世界，其中就包括马克思、恩格斯所言的："共产主义革命就是同传统的所有制关系实行最彻底的决裂，毫不奇怪，它在自己的发展进程中要同传统的观念实行最彻底的决裂。"①作为启蒙思想的延续和发展，马克思主义传承启蒙理性的精神并对现代资本主义进行了分析批判，进而打开了人类文化发展的新天地。这一思想传入中国后引发了整个民族新的觉醒，推动了革命的成功和民族的解放。今天，建设社会主义新文化同样需要继续秉持马克思主义的启蒙与批判的精神传统，这对于整个文化的发展乃至国家的变革都至关重要。

以思想启蒙推动文化复兴需要立足人的自我启蒙，这是现时代启蒙的新特征与新要求。如果说新文化运动是传统意义上少数启蒙思想家对大众的启蒙，今天的思想启蒙的主体不再是少数精英，启蒙也不再是单向的教化而演变成为多主体在互动学习中相互启蒙、自我启蒙的过程。民众已不再像以往那样容易被蒙蔽，这不仅是由于经济技术的发展，更在于民众的自我觉醒已成为客观的事实。如今，少数人对知识与思想的垄断被

---

① 《马克思恩格斯文集》第2卷，人民出版社2009年版，第52页。

打破，知识和思想的鸿沟逐渐被填平。在知识和思想日趋共享的时代，人人都是启蒙者也都是被启蒙者。这也意味着民众的整体性觉醒，意味着超越传统的知识精英与大众的对立以及统治者与被统治者的对抗。凡此种种既展现出新时代启蒙的新特征，也为启蒙提供了新的动力与平台。如今，经济技术的发展改变了传统的社会生活方式、传播模式、话语体系，由此也带来新的解放。比如，互联网等新技术的发展开辟了人们互动、学习、参与的广阔空间，这为思想启蒙创造了前所未有的有利条件。在网络世界，每个人都成为文化的参与者与创造者，自由地表达思想、探讨问题、交流信息、参与创新，文化创造力得到空前的释放。

以思想启蒙推动文化复兴需要克服利益的羁绊，寻求各阶层的共同利益和最大共识，进而培育新中华共同体的认同基础与道德信仰体系。随着市场经济的深入发展，中国社会的利益格局日益稳固，利益分化也日趋严重，人们也越来越难以在文化观念上形成认同的基础。实现中国复兴绝不只是追求经济发展和物质丰裕，还需要创造更高的文化世界从而为人的自由全面发展创造条件。如熊彼特提出的，"最最重要的是，社会主义意味一个新的文化世界。"[1]建设社会主义、实现中国复兴的一个核心任务便是构建可以共享的价值观以及新的意义世界。这就需要社会各阶层以最大的诚意搁置前嫌、求同存异，在似乎没有解的地方找到合理的解决方案，最终在共识基础上建构新的秩序。面对尖锐的利益冲突与观念的分歧，整个民族必须激发

---

[1] [美]熊彼特：《资本主义、社会主义与民主》，吴良健译，商务印书馆1999年版，第261页。

出最高的智慧、最大的公意，超越小我的利益而实现整体和长远利益。

中国文化的复兴意味着在历经现代性洗礼之后的一种文明再造，借此开启文化发展的新纪元。中国文化能否走出之前的徘徊而实现具有决定意义的转型？所谓"性格决定命运"，一种文化的命运也取决于它自身的性格、结构、特质。从历史上看，中国文化具有强大的保守性，常常只有历经剧烈冲突后才在比较中形成改进的自觉意识。20世纪中国文化的曲折既展现了自身的顽固与保守，也生发出其自强不息的生命活力。同样，21世纪中国文化的命运也取决于它自身，尤其是取决于能否激发自身的创造性因素，克服其保守衰败的一面，在适应和引领时代新生活中创造出新形态。这包括对西方文化更为清醒的认识和更彻底的吸收，清除传统文化中的不合理成分，从而在关键问题上走出徘徊与纷争。如果无法冲破既有秩序与格局，无法克服自身的弱点进而抑制了自身的创造力，最终也成为自己命运的奴隶，中国的复兴也必将随之延后。推进中国文化的转型意味着精神文化世界的深刻变革，其中的关键枢纽则是继续新文化运动开启的启蒙事业，促成新时代的新觉醒，借此实现旧文化的革新与新文化的创造。一百年前，先行者们以其智慧、远见和担当推动了新文化运动，在思想的启蒙中开拓了中国文化谋求新生的道路；一百年后，神州大地焕然一新，然而在社会文化的深处依然存在众多痼疾。面对全球化浪潮、资本的肆虐、人性的弱点，实现中国文化的复兴需要高扬启蒙理性的批判精神以构建新文化，借助整个民族的普遍觉醒实现历史性的跨越。

第五节　在培育文化自信中实现文化复兴

文化自信与文化复兴相互塑造，在文化自信的培育中实现中国复兴，这是历史发展的客观逻辑。从较长的历史时期看，中国复兴的真正标志乃是文化的复兴，这是为世界文明发展作出的最有价值的贡献。文化的复兴需要高度的文化自信作为精神支撑，文化自信是实现国家崛起与文化复兴的必要前提。同时，经济发展又是文化自信的基础。国家实力与国际地位的提升自然会增强人们的民族自豪感，进而生发对本文化的认同。如此，人与文化、文化与经济社会生活的互动构成动态的演化过程，在适应与创造中展现出文化的生命力。坚定文化自信需要从理论上认识问题的产生与演变，进而从历史与现实的交织中把握其生成与发展机制。历史唯物主义认为，社会意识是社会存在在观念中的反映，社会生产方式及其变革是文化变迁的深层动因。作为一种社会意识的文化自信折射出社会与文化演变的某种轨迹，因此，探讨文化自信也需要从社会物质生活的变迁中去把握其生成与发展机制。文化自信揭示了人与自己生活于其中的文化之间的关系，体现出人们对本文化的自觉认识。它表现为人的一种心理和精神状态，即人对自己文化的认知、悦纳与践行。当人从内心深处接纳某一文化所提供的知识、价值与意义体系，自觉地按照这一文化所提供的规范与价值生活，由此达成了对自己所属文化的集体的认同、归属和热爱，一种文化自信便形成了。同时，文化自信不只是表现于人主观上的自信，也不只是对传统文化的肯定和认同，其基础是这种文化能够为人提供可以共享的知识、价值与意义体系，这是使人产生自信的基础所在。可以看到，文化自信不是可以随意宣布或者相信就可以实现的，它不仅表现为人的主观心理，更作为一种客观事实而存在。

那么，文化自信是如何生成的？理解这一过程需要从文化的本质及其产生中去把握。马克思主义认为，文化是人处理与世界关系的基本方式，人在实践活动中创造意义世界、文化世界，它基于人的实践活动体现出来。从此意义上说，文化不只是存在于古书中的词语或者文物中的历史遗存，更是存在于当下人们生活的生命实践，其生命力也在当下生活的创造中得以展现。它不应是面向过去的，而应是植根当下、面向未来的。文化的生命力就在当下人们的创造实践中，这种文化也就具有了超越自我的力量。在这种生活实践中，人们创造出各种不同的文化形态、生活方式、价值观念，与此同时形成了一种文化自信。人是能动的活动主体，在实践中人不断发展出独特的本质力量，在生活实践中人将自我的本质力量对象化的过程，创造了属于人自己的文化世界和意义世界。作为人类的作品，文化表现出人的主体能动性与创造性，人在反观自己的作品中看到了自己的力量并油然而生文化自信。在文化自信的生成过程中，个体与群体之间存在着复杂的互动机制。文化包含着"以文化人"的取向。一方面，人创造了文化并形成一种文化自信；另一方面，人又被文化所塑造。每一种文化都通过教育和传播机制向个体渗透，在传承文化价值观的过程中将存在于集体无意识中的文化自信化为个体的文化认同，由此构筑了社会团结的文化认同基础。这是一个互相作用的动态过程。如此，人与文化、文化与经济社会生活的互动构成动态的演化过程，在适应与创造中呈现出文化的生命力。

事物是在矛盾中存在的，文化自信的对立面则是"文化不自信"，这种矛盾的对立与统一是文化自信生成的基本逻辑。从历史事实看，人类文化既有较强的稳定性和保守性，同时也随着经济技术的变革以及社会生活的变化而发生变化，在转折时期更表现为剧烈的文化冲突和裂变。其直接后果则是产生了"文化不自信"，即人们对自己所属的文化产生怀疑、否定甚至背弃。当一种文化不能向人们提供知识、价值和意义支撑时，个人乃至集体发生自我同一性（identity）危机。历史唯物主义认为，生产力与生产关系、经济基础与上层建筑的矛盾推动了社会历史的发展，其中就包含了经济社会发展基础之上的文化价值观的变迁。作为上层建筑的文化价值观是基于特定的生产方式和历史传统而产生的，具有较强的稳定性和继承性。生产力的发展和生产方式的变革冲击了既存的文化观念，当文化观念与新的社会生活发生矛盾时，它就可能成为落后保守的因素。结果，人们对传统文化产生怀疑，既往的文化认同发生危机，一种"文化不自信"也就出现了。

不同文化的交流与碰撞带来文化的融合或冲突。结果，文化自信随着社会生活的变迁而变化。在生产力发展的驱动下，现代资本主义生产方式深刻改变了西方世界的经济社会结构，进而引发了文化的剧烈变革。西方借助对传统思想与文化的反思而实现了"祛魅""理性化""世俗化"等过程，出现了知识上的"哥白尼式革命"、价值观的"重估一切价值"乃至信仰上的革命，引发了深刻的文化认同危机和文化的重建。资本主义由于不断扩大市场的内在需求而推动了全球化进程，带来不同文化之间的激烈碰撞。马克思、恩格斯观察到："资产阶级，由于一切生产工具的迅速改进，由于交通的极其便利，把一切民族甚至最野蛮的民族都卷到文明中来了。它的商品的低廉价格,是它用来摧毁一切万里长城、征服野蛮人最顽强的仇外心理的重炮。它迫使一切民族——如果它们不想灭亡的话——采用资产阶级的生产方式;它迫使它们在自己那里推行所谓的文明,即变成资产者。一句话,它按照自己的面貌为自己创造出一个世界。"[1]这种社会生产方式的变革推动了世界各国的文化震荡,引发了普遍的文化危机,人们在新的世界格局下重建文化自信成为普遍问题。文化认同危机冲击甚至瓦解了传统的文化自信,引发了人们对既有文化的反省性认识,在文化批判中形成了文化自信的发展机制。文化批判意味着以批判性的立场认识和对待自己,在克服盲目自大中生成文化革新与发展的动力。作为社会意识的文化弥散于人们的日常生活和社会心理中,具有天然的传承性和保守性,由此也形成了走向僵化的可能性。另一方面,文化也具有一种自我发展的潜能,作为一种能动的因素,它通过新思想的引入而吹响变革的号角,从而成为克服僵化机制进而维系社会系统活力的积极力量。需要厘清的是,批判不是盲目的肯定或否定,而是在理性的反思与省察之上客观地予以认识和对待,它的对立面是拒绝理性反思、绝对肯定或否定、武断地评判的思想方法,克服这种形而上学的思想方法正是启蒙理性的要求。所以,批判精神乃是克服人盲目迷信的思想习惯实现精神成长的真实表现。对于一个民族而言,这意味着文化的成熟,表现出该文化的理性自觉和现代意蕴。

基于文化自信的生成与发展的一般机制,如何认识和培育当代中国的文化自信?从历史唯物主义基本观点出发,我们需

---

[1] 《马克思恩格斯文集》(第2卷),人民出版社2009年版,第35—36页。

要认识和遵循文化自信生成与发展的客观规律，着力构建培育文化自信的有效机制。近代之前，中国文化长期走在世界的前列，由于其固有的文化魅力和包容性而居于世界文化的高地，对周边国家乃至世界都产生了辐射与同化作用。这样，中国人也就几乎没有对自己的文化产生过怀疑而是有着坚定的自信。不过，过强的优越感也导致中国文化趋于保守，日趋僵化的社会体制使其无法超越自我。在"朝贡体系"下，"天朝帝国"自以为是世界的中心，周边国家和文化体则被视为不开化的"蛮夷"，自信也滑向了自负。及至清代，这种自负更是导致极端的盲目排外、闭关锁国，人们对于迅速兴起的现代性无动于衷，而是依然力图在以往的思想与秩序框架下予以同化。结果，这种自负在清王朝的覆灭和国家主权的破坏中被瓦解。在西方列强的侵略下，中国一步步滑入半殖民地境地，屡战屡败、割地赔款不仅瓦解了"天朝帝国"，也让人对自身的文化产生了怀疑。一批思想先行者看到了器物与制度背后的文化根源，进而对本土文化的怀疑与批判，文化激进主义一度流行，批判旧文化、倡导新文化成为国家复兴的思想起点。在历经批判与革命之后，传统文化渐趋被边缘化甚至被否定。面对以追求"现代性"为总体方向的社会发展，传统文化难以适应剧烈变革了的经济社会结构，没有能够顺势提供人们所需要的知识、价值与信仰体系。相反，源于西方的科学、自由等现代性的核心价值则随着"现代化"的历史进程而获得了普遍认可。尤其是改革开放以来，中国通过融入全球化进程实现了经济快速增长，西方文化也渗透到社会生活的方方面面，传统文化则进一步被遗忘甚至瓦解。从文化自身发展的轨迹看，中国文化近代以来步入下行通道，在20世纪经历痛苦的反省、批判、革命之后走上了复兴之路。总的来说，这一进程仍处于爬升阶段，还未彻底走出历史上的困境，中国社会仍处于从"传统社会"向"现代社会"的转型阶段，这种"社会存在"层面的变革表现为工业化、信息化、城市化、全球化等。一方面，历经漫长的革命与发展之后，中国社会已经发生结构性的剧烈变化，一种"现代"的经济与社会结构已初步形成；另一方面，社会转型呈现复杂态势，面临诸多结构性矛盾，在推动深层的结构性变革中遭遇重重障碍。结果，在思想文化层面也表现出相应的复杂、多元、矛盾等特征，甚至出现某种程度上的文化认同危机，削弱了人们的文化自信。中国立足中国社会实际和文化传统、借鉴西方文化价值进而走出一条中国道路，其核心则是在思想与文化上有新的创造，重建文化自信。显然，这仍然是一个有待于继续探索的重大问题。

因此，构建当代中国的文化自信并非是一个简单的主观心理问题，更是近代以来中国社会文化变迁的一个根本方向和历史过程。从国内看，中国的社会与文化转型还远未完成；从世界上看，西方文化仍然占据强势地位，中国文化的影响力还不够大。21世纪中国将走出近代以来的衰败与彷徨，复兴与崛起已不可阻挡。从传统社会迈入现代社会、在传统文化基础上发展出现代文化，这本身是社会系统变迁的过程，必然是瓦解与重建相互交织的过程。其中的核心是，从文化本身来说，在现代社会生活实践基础上重构现代中国的文化世界和文化认同，这意味着在世界文化体系中保持中国文化的自主性，而非依附或屈尊于其他文化，从而彻底走出近代以来中国文化的衰败，在世界文化格局中实现文化的复兴，中国文化作为重要的一极而成为与西方文化相比肩的文化，从而重新站在世界文明的高地；对于当下中国人来说，坚定文化自信的本质是发掘和培育中国文化的主体性，在正面应对西方文化的挑战中挺立其自身的价值，这意味着中国人对于自己的本土文化有着自觉的肯定和坚定的追随，进而传承和维护自己文化的地位与尊严。中国文化总体上仍处于转型与发展之中，在科学、艺术、思想等层面的创新还远未达到它应有的高度。21世纪的中国必将以文化的繁荣发展为最耀眼的成就，中国人也将基于社会主义先进文化而自信地立足于世界民族之林。

基于文化自信与文化批判之间的内在逻辑，培育当代中国的文化自信需要坚持批判理性的精神与方法，在文化批判中发展文化自信。对自身文化的批判不仅是自信的表现，同时也是培育文化自信的途径。借助于培育现代的理性批判精神，中国文化才能彻底走出传统文化的历史局限进而构建起现代文化的精神结构。对于传统文化不加分析地简单肯定或否定，这种两极对立的思维模式十分普遍，构成近代以来中国文化反复与徘徊的思维方式的窠臼。在这个过程中常常是左右摇摆、从一个极端走向另一个极端，结果总是难以在根本问题上取得实质性突破。一种观点认为中国传统文化"可以拯救世界"，这种"文化保守主义"的立场常常走向自负。另一种观点认为西方文化将同化世界，中国只能走全面西方化的道路，这种崇奉"洋教条"的思路也反复被证明是难以走通的。中国文化的自信并非是对自己的盲目自负或者对其他文化的盲目排斥。因为对自己文化的自信，中国传统文化曾长期具有极强的包容性，在吸收外来文化比如佛教等过程中不断生发出新的生长点。文化自信绝不表现为对传统的简单复归或对西方文化的排斥，相反，它恰恰意味着毫不留情地批判自己、悦纳他者，以大海般的胸怀容纳一切。相反，把文化自信理解为"复古主义"或者"盲目排外"，恰恰又都是不自信的表现，是内在力量不足的软弱的表现。培育文化自信需要立足中国文化的根与魂，推动传统文化的创造性转换与创新性发展，实现中国文化的现代转型，避免滑入一厢情愿的文化自负或者走向另一极端的文化自卑。

培育文化自信需要立足中国文化的根与魂，推动传统文化的创造性转换与创新性发展，实现中国文化的现代转型。中国文化的复兴需要高度的文化自信作为精神支撑，而本土文化是"根"与"本"，只有从此基础上才能建构起现代的中国文化。这既是传统文化的新生，又是现代新文化的创造，实质是在回应中国人的现代精神诉求中构筑新的知识、价值与意义体系。同时，彰显中国文化主体性需要认识自己的历史与文化，在变革中实现从传统向现代的转型。基于现实生活实践而推动传统文化的创造性转型，旨在使其适应现代生活的需求并以此为标准改变自身。中国传统文化博大精深，内含中国文化走向新生的核心基因。不过，由于它基于小农经济之上并与封建专制政治相互支持，因而也必然受到其深刻影响，其历史的局限性是显而易见的。在向现代社会转型的过程中，文化作为观念上层建筑必然需要适应经济基础的变革而发生裂变。因此，不能简单地将传统文化拿来用于现代社会，生活的选择也无情地向人们宣示了这一事实。对自身文化的批判不仅是自信的表现，同时也是培育文化自信的途径。借助于培育现代的理性批判精神，中国文化才能彻底走出传统文化的历史局限进而构建起现代文化的精神结构。

文化自信与文化批判的辩证法统一于人的实践活动中。培育文化自信最根本的途径是在探索社会主义的实践中发展新文化。实践是文化发展的丰厚土壤，文化的生命力扎根于人们的生活实践中。坚定文化自信需要着眼于新文化的重建，在新的生活实践中构筑符合现代社会生活实际的文化认同，彰显中国文化的能动性与创造性，从而构建起文化自信的坚实基础。培育文化自信不能只是主观的意愿，不是一蹴而就或者一声号令就可以实现的，而必然伴随长期的社会变革与文化变迁而逐步实现。中国正在探索社会主义的新道路，这意味着探索新生产方式、新社会制度、新价值观念以及社会主义新公民，其本质则是创造社会主义先进文化。文化的核心是共享的价值观，文化建设必须克服拜金主义、极端个人主义、专制主义等旧文化的局限，在新的生产方式和社会制度下培育新的价值观及社会风尚。在实践中推动文化创新不仅是经济转型的客观要求，更是中国特色社会主义事业发展的本质内容。中国的复兴本质上是中华文明的复生与再造，是在经济发展与国力增强的基础上创造新的文化世界。中华人民共和国成立前夕，毛泽东讲道："随着经济建设的高潮的到来，不可避免地将要出现一个文化建设的高潮。中国人被人认为不文明的时代已经过去了，我们将以一个具有高度文化的民族出现于世界。"[1]因此，培育文化自信也伴随着整个中国文化复兴的过程，在推动经济社会转型、建设现代国家的过程中推动文化的现代转型、构建现代的文化体系，在社会文化转型基础上实现中国文化的复兴。

---

[1] 《毛泽东文集》（第5卷），人民出版社1996年版，第345页。

第九章

中国复兴的思想基础

思想的变革是社会变革的先导，思想的解放是社会进步的条件。当代中国步入新的历史发展阶段，实现国家与民族复兴需要在实践探索基础上构建立足现实又富有活力的思想体系。作为探索未知世界的历史进程，中国复兴需要思想的创新，马克思主义与中国文化则是基本的思想资源。现实问题的压力激发出变革的冲创力，马克思主义创造性的"中国化"转换与中国文化的现代转型相互交织共同塑造了20世纪中国复兴的思想逻辑。以解决现实问题为导向，在中国复兴与社会主义探索的实践中推动马克思主义与中国文化的互动变革，这同样构成探寻21世纪中国复兴的思想体系的基本理路。

第一节 中国复兴对思想的需求

国家复兴是社会历史客观力量交互作用的结果，也是人们追求共同目标的集体行动。人的思想和行为充满了主观性，社会历史的发展也便具有偶然性与不确定性。随着人类理性的发展，人们试图摆脱命运的支配而把握历史的方向，这集中表现于思想的创造中。思想是行动的先导，人们秉承什么样的思想就会有什么样的社会行动，一个国家的变革也需要思想的指导。中国的复兴是 21 世纪人类文明发展格局中的重大事件之一，这一历史进程内含了思想层面的变革。除了科学与技术不断进步之外，西方文明近代以来确立的制度与文化体系已非常稳定。与之比较，中国的复兴还在继续"从传统向现代"转型，面临社会制度与文化的系统性与结构性变革。同时，中国有着厚重的文化传统和独特个性，近代以来走上了一条独特的道路并制度化为稳定的社会秩序与思想体系，不会简单地模仿西方。因此，中国的复兴历程作为古老文明的重生历程是一次探险、试验和创新的过程，除了经济增长或技术的变革，更包含了制度与文化的再造，因而必然包含了深层的思想变革。如何突破过时观念与现实利益的羁绊进而达成一种集体共识？如何构建现代国家与社会及其相应的文化价值观？回答这些具有根本性、方向性和全局性的问题需要以正确的思想引领时代变革方向。社会历史的发展既有其客观必然性，又为人们的思想所塑造，因为历史是通过人的行动来实现的。思想变革需要追问原初问题，考察五千年文明史中所塑造的社会结构、文化传统、政治制度及其遗产，探讨其演化与发展的基本逻辑与方向。寻找并确立中国复兴的指导思想是当代中国的迫切需求。

在各种不同思想体系中，居于主导地位的代表国家意志的思想最为关键。这种思想从抽象意义上确立国家运行的基本理念尤其是说明权力合法性的基础，阐释国家奉行的基本价值和目的以及实现这些价值和目的的路线与方略。因此，它通过确立国家运行与发展的理念、价值、制度等构成维系社会秩序所需要的政治与文化认同的基础。一个国家的思想与该国的历史文化有着密切关联，同时又直接受制于社会政治的现实。由于中国有着"大一统"的传统，居于指导地位的思想至关重要。中国复兴是一个复杂而艰难的历史进程，面临巨大的认识上的盲区，尤其需要正确思想的指引。这种思想应该是基于对社会历史规律的正确认识而具有真理性、为民众所自觉认同而非仅仅由国家所宣扬、在理论和实践中能够统一而不是存在冲突的思想。探讨中国复兴的思想基础需要从社会变迁及其面临的问题出发。近代以来中国遭遇了列强侵略带来的生存危机，进而引发了政治合法性危机以及对传统文化的认同危机，多重危机的相互交织催生了政治革命和文化启蒙。通过革命与建设，中国度过了重重危机进而实现了国家独立与初步现代化。同时，除了经济增长或技术的变革之外，中国的复兴还需要完成向现代社会的转型以建构现代文明秩序，这种制度与文化的再造构成轴心时代以来中国文明最具实质意义的变革。实现这一历史性突破面临新的社会条件。在市场取向的思想指导下，中国坚持以发展生产力为根本标准，资本驱动了经济的发展，资本主义、市场经济也成为社会经济结构的基础性因素。人们认识到，历史走到了一个新的关口，国家的发展与转型面临系统性结构性矛盾，解决这些矛盾以推动中国复兴必然需要思想的创新。

思想的创新需要遵循客观的规律。思想是人运用理性能力建构的解释世界的话语体系，这首先表现为人的主观思想尤其是思想家的经验与思考，但背后则有着社会现实生活的根源。历史唯物主义认为，思想非独立于世界之外的遐思而就是现实社会生活的产物，它不能超越现实的约束而是扎根于社会生活的实际。思想的创新并非是人主观随意的创设，它表现为个人的认识与话语的构建，但是真正有力量的思想必然包含了真理性的成分，如此才是有价值和意义的思想创新。思想是人借助于思维能力把握对象世界的活动及其成果，它通过怀疑批判与想象来构建新的知识与观念，在冲破既有知识与观念世界的边界过程中推动人类知识与文化的进步。它站在人类生活与思想的边界上审视一切，借助于批判精神洞悉现存世界的局限和问题，在思想与知识的创造中打开现存世界的缺口，进而通过发现新世界的蛛丝马迹而打开新生活的可能。可见，思想具有两种特性，一种是由稳定性产生的保守性；另一种是自我变革与发展的主体性。作为社会意识的思想具有天然的传承性和保守性，由此也形成了走向僵化的可能性。另外，它作为能动的因素也有自我发展的潜能，通过新思想的引入而吹响变革的号角，从而成为克服社会结构的僵化机制进而维系社会系统活力的积极力量。思想最集中地表现出人类生命系统的适应性与创造性。适应性成就了思想的变革。借助于外部压力与内在冲突而引发思想的变革，这是思想发展的基本机制。在启蒙理性的指引下，现代性内含了自我批判的思想指向，这构成现代思想文化发展的动力。

　　基于以上认识，探讨中国复兴的思想就需要考察现实的社会结构、政治制度、文化传统等各种约束性条件，认识其演化与发展的客观逻辑。由于社会发展存在路径依赖，探讨当代中国的道路问题也需要认清历史与现实所规定的各种约束性条件，从实际出发寻求变革的现实路径。这里需要考虑的一些基本要素包括中国文化、西方文化以及马克思主义。在历史与现实中存在几种主要的选项是：其一，"中体西用论"，主张"中学为体，西学为用"。其二，"西体中用论"，主张"西学为体，中学为用"，这表现为新文化运动以来引入西方科学民主的潮流。

其三,"综合创新论",在整合各种文化资源基础上实现综合创新。其四,"以马克思主义为体、以中西文化为用",这是"马克思主义中国化"并产生了"中国化马克思主义"的过程。探讨中国复兴的思想基础需要认识传统文化与马克思主义在现代中国的历史命运。

第二节　马克思主义与中国文化的互动变革

历史是现实的一部分同时也昭示着未来的趋势。中国的复兴要立足历史特别是近代以来中国社会文化演进的事实,这是割不断的历史也是它走向未来的依据。在当代中国,马克思主义与中国文化是基本的思想资源,它们相互交织构成一种"双螺旋结构"。其中一个机制是:社会危机与文化危机催生出变革的诉求,马克思主义适应中国革命建设的实际需要而进行了创造性的"中国化"转换,同时中国文化在变革实践中激发出自我革新与创造的力量,二者相互支持和交织塑造了20世纪中国复兴的基本逻辑。在二者的互动创新变革中构建现代中国的思想体系,这是20世纪中国思想文化发展的基本理路。

在古代中国,以儒家思想为主导、以"儒道释互补"为基本框架的思想体系构筑了中国文化的核心,为国家制度、社会生活和个人存在确立了知识体系、价值规范和意义支撑。近代以来,以启蒙运动、工业化、资本主义等为特征的"现代性"的出现改变了世界文明格局,经济社会结构的变革引发了文化的裂变。在启蒙理性的指引下,资本主义生产方式的变革引发了文化认同的危机并在资产阶级革命基础上重建了社会的政治认同基础。现代性具有内在的扩张性,在资本主义驱动下不断开拓世界市场，由此引发了对一切古老文化的冲击。由于传统文化既有的稳定性与保守性，中国文化在西方文化冲击面前一度迷失了方向，其固有的知识与思想体系无力回应新的变化，思想文化的危机也在所难免。

传统中国文化建立在专制政治制度与小农经济之上，它如何可能为现代国家和社会生活提供政治文化认同的基础？一个基本逻辑是在新的时代背景下进行"创造性转换与创新性发展"。中国复兴的历程是中国文化在反思与批判中自我启蒙、觉醒、抗争与新生的历程，客观上也发生了一种这种转型，由此展现出其内在的顽强生命力与自我革命的动力。中国文化在漫长的历史中形成和积淀下自强不息、刚健有为的精神传统，这种传统不仅支持中国人创造了辉煌的古代文明，激励国人走过了近代以来的沉沦与抗争，而且也是支撑今天人们创造新文明的精神文化根基。其中，思想与精神构成能动的冲破现实的变革因素。由于其固有的精神力量，中国文化最终苏醒过来并生发出自我革新的伟力。在中国革命与现代化建设中，这种文化的力量是最深层的动力源泉。在惨烈的生死存亡斗争中，中国文化激发出变革与创造的力量，在争取民族解放、国家独立和全面现代化的过程中实现了涅槃重生。所以，中国文化并没有被冲垮，相反，它在新的生存与发展实践中表现出其内在生命力，更通过现代化的洗礼而展现出新的面貌。因此，评估近代以来的中国文化，应该看到其在实践中的自我变革与发展的真实状态，其中就包括与马克思主义相融合而产生的"革命文化""社会主义文化"的新形态。

马克思主义本质上是一种现代思想。从其产生来看，它源于启蒙时代的批判传统，扎根于基于科学技术革命、工业革命以及资产阶级革命之上的现代工业资本主义之上，尤其以批判的立场介入对"现代性"的反思事业中，借助对资本主义的科学认识和系统批判，进而开辟了在无产阶级革命中克服资本主义局限而实现人类解放的道路。受制于阶级利益的支配，西方国家自然将否定资本主义的这一思想视为"另类"，然而这并不能否定它的科学性。在中国，马克思主义则成为实现民族解放、国家独立、人民自由的思想武器。20世纪中国选择了马克思主义并走上了社会主义道路，这不仅确立了中国革命与建设的方向，也深刻影响了中国文化的历史命运。马克思主义来到中国即成为变革现实的强大力量，在革命和建设中表现出强大的适应性和创造性。这表现于"中国化"所产生的中国革命与建设的理论，既体现出马克思主义的世界观、方法论和历史观，也包含了中国文化的思想与精神价值。马克思主义与中国文化在实践中的交互作用产生了"中国化马克思主义"的思想体系，指导了革命与建设的实践并在确立了社会文化的基本面貌。马克思主义与中国文化的交织融合构筑了现代中国的政治文化认同，形成了革命与建设的思想基础，也直接塑造了现代文化的命运。"中国化马克思主义"这一新形态展现了传统文化适应新挑战而奋力抗争的生命精神，也体现出接纳西方文化进而创造新文化的活力。这一变迁扎根于革命与社会主义建设的实践中，具有历史的合理性与必然性，而革命与建设的成功则印证了这一新文化的生命力。革命文化、社会主义文化都源于马克思主义的基本思想、价值与信仰，同时又融合了中国传统文化，它们是马克思主义与中国传统文化融合创造的直接表现。马克思主义与中国现代化实践的结合生成一种新的思想，这一融合体现中国文化发展的方向，这不仅表现为"中国化马克思主义"

的思想创造，也表现为整个民族精神、文化价值观与信仰层面的改造。经由此番改造，中国文化融入了现代的思想、精神与价值由此而生发出新的文化品格与精神气质。马克思主义不仅包含了这一理论体系本身，而且代表了西方现代性的核心价值以及对现代性的反思与批判之上的新创造，具有丰富的新文化"质料"。它与中国文化的嫁接融合是双向互动的，既有对中国传统文化的改造和渗透也有吸收与融合，二者都处于主动的地位。马克思主义处于国家意识形态的主导地位，而中国文化则通过隐形的渗透与影响展现其强大的主体性，这直接表现为对马克思主义的中国化理解和发展。所以，马克思主义与中国文化的交织互动构成 20 世纪中国变革的基本线索，在面对和解决革命与建设所遇到的实际问题中立足实践探索而发展出新的思想体系。

马克思主义需要在回应时代重大问题中发展自身，进而提供中国文化发展的精神指引，发展"中国化马克思主义"以构建现代中国的思想基础便是一个根本选择。21 世纪中国复兴的标志是文化的复兴与创新，其中的核心是形成一套支撑国家复兴的思想体系。立足中国社会实际和文化传统、借鉴西方文化价值进而走出一条中国道路，其核心则是在思想上有新的创造。为此，一个根本选择是从自己的文化传统中寻找确立新的思想基础，而这必然又意味着传统文化的创造性转换与创新性发展，在思想文化的变革中实现从传统向现代的转型。传统文化基于小农经济之上并与封建专制政治相互支持，必然受到其深刻影响，其历史的局限性显而易见。在向现代社会转型的过程中，作为观念上层建筑的文化必然需要适应经济基础的变革而发生裂变，因此，不能简单地将传统文化拿来用于现代社会。传统文化的创造性转型旨在使其适应现代生活的需求并以此为标准改变自身，在创造新生活的实践中培养一种新文化。这不是照搬西方文化，它必然是"中国文化"的新生；同时它又不是传统文化的再现，而必然是"现代新文化"的创造。如此，中国文化呈现出其崭新的形态，在回应中国人的现代精神诉求中构筑整个中国崛起的知识、价值与意义体系，由此激发出中国复兴的强劲动力。

从现实问题出发，在从"传统社会"向"现代社会"的转型中，中国社会发生结构性的剧烈变化，一种"现代"的经济与社会结构已初步形成。另外，社会转型仍呈现复杂态势，推动深层的结构性变革中遭遇重重障碍。结果，在思想文化层面也表现出相应的复杂、多元、矛盾等特征，传统文化价值观发生裂变，马克思主义与中国文化都面临新的冲击，传统价值观与信仰体系都出现了某种程度上的认同危机。面对以追求"现代性"为总体方向的社会发展，传统文化难以适应剧烈变革了的经济社会结构，难以直接向人们提供新的知识、价值与信仰体系。改革开放以来，中国通过融入全球化进程实现了经济快速增长，西方文化也渗透到社会生活的方方面面，现代性的核心价值随着"现代化"的历史进程而获得了普遍认可。中国文化被重新发现并被试图用来填补上述思想信仰层面的空场，然而其固有的历史局限使其难以整体上满足时代的新需求。从在传统文化基础上发展出现代文化是瓦解与重建相互交织的过程，一个关键问题是在现代社会生活基础上构建新的思想体系。

如今，全球化与市场化带来思想的多元化，基于市场经济之上的文化价值观在事实上成为普遍价值观。这时，如何回应时代需求发展21世纪中国复兴的思想基础？马克思主义如何能继续成为 21 世纪中国复兴的指导思想？中国文化又将提供何种有价值的思想资源？显然，以往的思想、理论、知识都不足以解决新的问题，中国的复兴和社会主义的探索需要有新的思想理论提供支撑。为此就需遵循思想创新的规律，尤其是把握马克思主义与中国文化如何在融合创新中形成新思想的客观机制。

第三节 在适应性变革中推动思想创新

纵观 20 世纪中国的变革可以发现，马克思主义与中国文化在互动变革中实现了思想的创新。那么，推动创新的根本机制是什么？回答这一问题需要把握思想发展的客观逻辑，尤其是认识思想转换与创新的动力源泉。从历史与现实中可以发现，其中一个关键是：在现实问题的压力下，马克思主义与中国文化激发出自我变革与适应的内在冲创力，最终形成了一种新思想与新文化的创造，由此实现了认识与理论上的突破。中国复兴的思想是在特定的时空条件下形成的，在此条件下世界历史各种要素与力量交互作用形成某种大势，这成为思想发展的坐标。其中现代性的涌现是一个核心要素，马克思主义所代表的现代性与中国文化的传统性的融合构成现代中国思想发展的基本方向。从历史上看，二者的融合与创新是支撑中国革命与建设成功的基本经验。

思想创新的源头是对现实问题的认识和回答。思想文化的变迁既有其历史传承性和独立性，更受制于社会物质生产与政治生活的现实及其面临的问题。马克思主义与中国文化都以面对和解决实际问题为出发点，注重世俗世界的现世生活，主张在人伦日用中实现生命的价值与意义。因此，直面现实生活中的问题、在实际生活的斗争中获得解放，这构成中国社会与文化发展的基本思路。中国人对于马克思主义的理解和运用有着明确的问题意识，在总结教条主义的失败教训中，立足国情并从中国文化的立场对马克思主义进行了改造。问题都是具体的历史的，马克思主义和中国文化都立足于解决中国的问题、实现中国人的诉求、高扬中国文化的主体性，这便是"中国本位"的立场。这不是"中国中心论"的价值立场，而是社会历史发展的客观要求。事实是，中国人对于马克思主义的理解和运用是立足中国的历史与现实并以解决中国问题为宗旨，因而深深打上了中国的烙印。其中，马克思主义经历了"中国化"的同化与变异，其根本就是以中国文化来理解和发展马克思主义。社会危机与文化危机催生出变革的诉求，马克思主义适应中国社会历史文化特别是中国革命建设的实际而进行了创造性的"中国化"转换，中国文化在变革实践中激发出自我革新与创造的力量，二者相互支持和交织塑造了20世纪中国复兴的一个基本逻辑。从事实看，中国文化是能动的主体支配着历史进程，"马克思主义中国化"鲜明地体现出"中国本位"的根本精神。探索社会主义新道路以实现国家复兴同样需要遵循上述认识规律，在创新探索中开辟新道路。

马克思主义和中国文化都注重实践的作用，主张在日常生活的伦理实践或变革世界的革命实践中获得认识、发展真理、实现价值。作为现代思想体系的一部分，马克思主义是一种批判性和建设性的力量，其本质精神恰恰是面向实践、在实践中不断丰富发展的，这也与中国传统文化的实践品格相契合。实践构成现代中国思想发展的根本机制。"实践本体论"是一种认识方法论，主张思想的发生需要立足实践中的问题，在实践基础上发展建构理论。它不从任何先验的命题或结论出发，而通过"悬置前提"面向生活实践，从而寻找思想及其现实的基础。思想的生命力来自于对生活的开放式态度，它不追求永恒真理或者试图一劳永逸地解决问题，而认为实践才是思想的源头，思想需要在实践中不断改进和发展。书斋里的学问研究是必要的，但这种研究不是脱离现实的而恰恰是介入现实的一种方式。显然，实践本体论是马克思主义的本质要求。实践本体论跳出"中国文化本体""西方文化本体""马克思主义本体"等，因为它们各有自己的局限而无法构成现代中国的思想基础。同时，这并不意味着对"中西马"的简单组合出的"大杂烩"，因为这种组合并未发生实质性的思想裂变，未能生发出真正解决问题的新思想。实践本体意味着在实践经验基础上整合各种思想文化资源，尤其是在新的时代问题语境与实践经验中对它们予以省察与选择。实践本体包含一种价值判断，即以解决问题为导向而不以某种先验的规范等作为前提。

在启蒙理性的指引下，现代性内含了自我批判的思想指向，这构成现代文化发展的基本动力。马克思主义是当代中国的指导思想，也是现代中国文化发展的关键力量。它不应是僵化的教条或宣传的工具而应是变革现实的力量，这种力量内蕴于其批判精神之中。作为启蒙思想的传承，马克思主义将批判精神贯彻到底对现代社会展开了全面的批判，从而打开了人类社会发展的新天地。践行这种批判精神意味着理性审视传统文化、西方文化乃至马克思主义本身，进而在实践中发展出新的文明发展道路与思想体系。中国文化在生死存亡的压力下激发出"置之死地而后生"的生命意志，激活了其传统中固有的"革故鼎新""变法求存"的精神传统，通过"革命"这一最激烈的方式进行了自我反思与自我批判，由此才走上了向现代文化转型的道路。在批判与自我批判的基础上，马克思主义与中国文化都注重吸收人类文明的优秀成果，在融合创新中发展出新思想新文化。马克思主义没有脱离世界文明的大道，它传承了启蒙理性的思想传统，批判地吸纳了该时代的思想精华，进而构建起一套立足现实生活实践之上的新理论。作为西方思想文化的自我否定与超越，马克思主义是西方文明特别是现代思想的一部分。所以，它继承了西方文明的核心思想与文化精神，同时又在批判中开创了现代文明和思想发展的新方向。因此，"中西马"的思维将"马"与"西"完全对立起来或者隔断"西"与"马"的关联，容易将"马"与西方文明主流对立起来，甚至造成"西方坚持的马克思主义就反对"的思维。比如在"普世价值"问题上，将西方价值等同于"普世价值"，而马克思主义又非"西方价值"，结果将马克思主义与自由、民主、权利等价值剥离开来。事实上，马克思主义对于"普世价值"有更深刻和超越性的思想认识，这恰恰是理解和实践马克思主义的本质要求。以解决中国问题为目的，本着"拿来主义"的精神学习利用一切有价值的思想文化资源，这是思想创新的有效途径。

第四节　在实践中探索 21 世纪中国复兴的思想基础

回到现实问题，在 21 世纪中国复兴的背景下，马克思主义与中国文化的互动创新何以可能？这种思想文化创新的可能方向是什么？在 21 世纪中国复兴进程中，面对新历史条件下的压力与挑战，马克思主义与中国文化如何能实现新的创造性转换、创新性发展并进而发展出支持中国复兴的思想体系？这需要立足新生活的实践予以创新转型，以"中国化马克思主义"的新创造构建中国复兴的思想基础，在以社会主义为方向的新文明道路的探索中形成新的思想与文化，首先是形成一种新的支撑国家复兴的思想体系。在既有框架下，以马克思主义与中国文化的创造性转换与创新性发展而产生的新思想便是现实的可欲的目标。

解决中国问题、探讨中国复兴的思想基础需要从具体的社会历史条件出发，认识其客观的时间空间条件，进而从中确立合理的定位。现实总是有局限性的，人们常常为眼前的利益等所迷障而看不清世界，从未来认识现实便是一个合理的方法论。中国复兴是一个长时间段的社会文化变迁和文明的飞跃，从未来看当下才能认识现实的局限和必然要被超越的趋势。黑格尔辩证法主张，凡是存在的都是合理的，凡是现实的都是要被超越的。马克思坚持了这一辩证法的精神，主张从事物的暂时性方面去理解现实。因此，构建中国复兴的思想基础需要"面向未来"，从未来认识和变革现实。思想并不停留于对现实的解释和论证，相反，它更站在现实世界的边缘认识和反思其固有的问题，由此打开现实世界的缺口而开拓出新世界。

思想的创新来自对时代问题的回应，构建中国复兴的思想体系首先需要把握时代提出的根本问题，正是这些问题推动了思想的创新。从短期看，由于社会历史发展存在惯性，中国庞大的经济总量使其有较大的回旋余地，传统的制度文化体系具有很强的柔韧性，因而在短期内可以沿着既有道路前行。从中长期看，实现国家复兴的目标则面临众多结构性与系统性问题，尤其是继续探索和构建现代国家与社会的制度框架与文化信仰体系。不论是古老中华文明的革新再造还是社会主义道路的探索，都注定不能照搬以往经验。坚持社会主义意味着探索新生产方式、新社会制度、新价值观念进而培育社会主义新公民，这是前无古人的新事业，当然需要新思想的引领并必然会创造出新思想。中国复兴与社会主义的探索迫切需要新思想，这构成当代中国思想发展的基本语境。从已有思想来看，"太阳底下没有新鲜事物"，各种思想异彩纷呈且具有长久的合理性，超越这些思想并不容易。中国的复兴当然不是背离人类文明发展的大道，但它又在独特的中国社会、历史和文化之上开展社会主义新文明的探索，必然需要在新的时代条件下创造新的思想。这里首先是基于自己的国情和新的问题而整合各种思想，尤其是对各种思想进行系统性的考察与甄别。在此基础上，面对现实中的新问题和总结实践中的新经验，创新发展出一套支撑现代中国文明秩序的思想体系。

21世纪中国复兴的思想体系不是在书斋中编撰出来的，而是在实践中发展和检验的。走出象牙塔、走向生活实践，在回应时代重大问题中发展自身，进而提供中国文化发展的精神指引，这是发展21世纪马克思主义的本质要求。

当代中国复兴的核心问题是立足中国现实，在克服资本主义局限中探索社会主义新道路。立足世界新变化与中国的新探索，着眼于在解决新问题中探索新的人类文明发展道路，这自然指向了思想的突破与实践中的变革，即以变革的实践与思想去解决问题。探索社会主义意味着克服资本主义的拜金主义、极端个人主义等缺陷，也克服封建专制主义的局限，在新的生产方式和社会制度下展现出新的精神面貌。社会主义本质上是一种新文明的探索和创造过程,即超越以往一切基于私有制之上的剥削制度,进而在新的社会结构之上培育新的思想文化。这是一种极具创造性和试验性的事业,在经济技术创新、制度创新之上推动文化创新是中国社会主义事业的内在要求。在实践中试验、探索、试错进而总结经验并开创中国化马克思主义的新发展,这与探索社会主义新道路是同一过程。实践推动思想文化发展的机制是压力催生变革的动力,作为能动因素的思想文化激发出变革的冲力,这是锻造国家复兴的思想基础的条件。人生活于特定的时空之中并面对着独特的问题情景,马克思主义与中国的社会主义实践构成相互塑造和印证的关系。立足中国的历史与文化,直面人类文明发展中的普遍问题,探索既有中国特色又体现人类文明发展趋势的新道路,这是马克思主义在当代中国面对的核心问题。探索社会主义新道路进而实现中国复兴,这必然需要思想观念的转变,包括马克思主义自身的变革与创新。

构建 21 世纪中国复兴的思想体系必然坚持中国本位的立场,立足当代中国的问题探索符合自己国情的道路、理论和制度。突出中国本位并不意味着对世界普遍价值的拒绝,它强调的是整体性的中国立场,突出培育和彰显中国的主体性,以关注和解决中国问题为基本立足点,进而在实践中形成具有中国气质与品位的思想文化。中国现代文明的发展是面向世界、融入世界并不断重构中国与世界的关系的过程。作为一个大国,中国问题的解决本身即是对世界的贡献。

马克思主义与中国文化的转型创新是一种应然判断,面对新的历史条件下的压力与挑战,新的创新性融合如何可能?马克思主义诞生于 19 世纪的欧洲,作为批判和超越资本主义以追求无产阶级解放的思想，它如何能适应 21 世纪中国复兴的要求？从历史上看，二者的融合与创新是支撑中国革命与建设成功的基本经验，展现出马克思主义与中国文化自身的批判性、超越性、实践性与开放性。思想的生命力来自人们不断在新的生活实践基础上的意义重构。一个现实方向是，立足中国并面向世界，立足以现代性改造和复活传统性，最终在实践中创新发展中国复兴的思想体系。

在历史大变革的时代需要并会产生有开创意义的思想。从较长历史时期看，21 世纪中国将走出近代以来在西方现代性比较和冲击下形成的停滞与徘徊，进而在开创新的生产和生活方式中创造新的思想。这既包括构建现代性基础上实现经济与社会的"现代化"，还包含适应和引领新生活的思想的创造。然而，这一过程不会自动实现，面对沉重的历史重负、现实的利益羁绊等各种阻力，实现中国复兴必然是直面和克服种种困难与阻力的过程。面对人们头脑中的陈旧观念，突破现实阻力首先需要解放思想以推动思想创新。在时代问题产生的压力驱动下，巩固政治合法性基础、维护社会秩序与利益、实现中国复兴的共同愿景催生了变革的意识并化为政治议题，通过思想启蒙与解放打破缺口，借助实践探索积累经验支持，这构成思想创新的一般轨迹。

将马克思主义与中国文化相结合以构建中国复兴的思想体系，需要激发亿万民众的集体创造力。人不能凭空构思出一套思想体系，思想乃是时代大势、社会需求、实践经验等的反映。经验看，思想创新的动力源泉还在民众的创造实践中，思想创新需要充分发掘集体创造力，首先是民众在实践中探索和创新的经验。在现代"知识社会"，专家参与国家治理也成为现代社会的重要支撑。现代社会的思想多元纷呈，创新思想需要集中群众智慧、发挥专家优势。激发集体创造力需要营造自由和民主的氛围和机制，鼓励各种主体进行大胆试验和探索。中国改革发展通过引入市场机制而激发了人们创业发展的动能，蕴藏于社会之中的无尽创造力被释放出来，由此推动了经济发展和社会进步。同样，中国复兴新的变革发展也需要坚持在"试"和"闯"中走出一条新路。走出新路、获得新知需要打破各种思想与制度上的束缚，创造自由与民主的氛围与机制，通过不断解放思想推动实践变革，最终在实践创新中实现思想理论上的突破。

思想是对社会存在的反映与回应，因此需要从社会生活的现实去理解；同时，思想又是一种能动的因素参与到社会变革的进程中。所以，这种新思想的创造与社会主义探索的实践相互依赖、彼此支持，共同汇成中国复兴的历史洪流。在这一进程中，马克思主义与中国文化在解决新的时代问题中进行创造性转换与创新性发展，进而可能形成21世纪中国复兴的思想基础。

第五节　马克思主义的创新性变革

21世纪中国的复兴内含了思想层面的变革，这与作为约束性条件的马克思主义产生了直接关联。马克思主义能否以及如何在回应现实问题中指引中国复兴的方向？

一　中国复兴与马克思主义的内在关联

经历了全球化和改革开放之后，中国社会严重分化，人们的文化价值观日趋多元化，各种思想纷纷登场，也呈现出复杂、混乱、莫衷一是的局面。其中，居于意识形态主导地位的马克思主义处于关键位置。问题是在既定的历史条件下出现的，中国问题内在地包含了社会主义的维度，隐含了对马克思主义的要求，马克思主义与中国复兴的内在关联是历史发展的内在逻辑。在20世纪，中国选择了马克思主义并进行了社会主义的探索，这构成当代中国的基本历史背景。在特定时间与空间条件下，马克思主义的历史命运与中国的复兴产生了直接的关联，这种关联有着历史与现实的依据，是解决中国问题、探索中国道路的客观前提。面对当代中国发展的复杂现实，马克思主义能否回应现实的挑战指引中国复兴的方向？当今中国在转型中出现了黑白颠倒、是非混淆、善恶不分、方向不明的乱象，亟待澄清基本的规范与价值。其中，对于方向性问题从理论上给出明确回答，在大是大非问题上坚定立场，正是时代对马克思主义提出的重大命题。

马克思主义与中国复兴的内在关联是当代中国的基本事实，可是从现实看，马克思主义又深处困境中。自诞生以来，这一理论就背负了各种争议并处在危机中，同时也通过克服危机获得了自我的发展。"正统马克思主义"一度成为"教条化的马克思主义"，它被奉为不可置疑的绝对真理，成为论证政治正确性的工具，作为国家意识形态机器而拥有话语权。在中国，它名义上居于主导地位，可在现实生活中却被边缘化，成为"学术圈"里少数人的自言自语和课堂上用来考试的教义。人们不禁要问，为什么它会变成这样？

马克思主义的困境源于学术与政治之间的张力。在既定的权力与利益结构之下，马克思主义成为维护现实的工具。政治的核心是权力，权力象征着正确与威严，其规则是命令与服从。尤其是，权力背后常常包含了利益，一旦某种权力结构形成稳定的利益结构，思想也必然会为这种结构所支配，最终成为维护这种利益的手段。思想则尊崇客观、真实、平等，反抗权威、强制和奴性，所以在权力和思想之间常常发生冲突。马克思主义既是学术的又是政治的，或者说它既不是纯粹学术的又不是纯粹政治的。它在对现实社会的批判中产生，旨在抗拒政治对思想的压迫和支配。从实践层面看，马克思主义又显著地指向政治，政治是实现社会变革的途径。这样，在学术与政治、理论与实践之间就产生了一种张力，马克思主义正是在这种张力中表现出自己的独特性。可是，这也带来潜在的隐患，如果片面理解或者实用主义地予以利用，就可能将这种张力偏向某一方而窒息了思想。当一种思想被奉为意识形态之时，就会为政治权力所支配而失去了独立性。孔子的思想经过"独尊儒术"之后被遭遇了这样的命运，从此也就背上了沉重的意识形态重负。当马克思主义还保持独立的学术思想品格时，其批判精神的锋芒十分凸显；一旦被奉为国家思想和"绝对真理"，其批判精神也日渐式微了。马克思的意识形态理论揭示了虚假意识与社会存在的关系，由此提出了对意识形态的批判。在现实中，马克思主义本身也成为意识形态而陷入了自我矛盾之中，它是追求批判和解放的思想，但现实中却可能成为束缚人的思想的教条。尤其是，随着某种权力结构和利益结构的形成与固化，它们本身成为一种客观的物质力量，作为"社会意识"的马克思主义也会成为维护这种利益结构的工具，最终彻底失去了自身的批判品格。

马克思主义的困境也来自于社会主义实践与理论的矛盾。

中国走出了一条改革发展的成功道路，但这条道路前面还横亘着大量难题，这对马克思主义本身提出了挑战。在经济领域，社会主义如何克服资本主义的局限，既创造更高的生产力又实现更高水平的公平？从计划经济到市场经济，从公有制到私有制，从按劳分配到按资分配，这些问题都存在巨大争议。在政治领域，如何克服资产阶级国家的局限而建立更高水平的民主？苏联的极权主义、特权化等严重背离了社会主义的原则，权力的腐化背离了为人民服务的宗旨。在思想文化领域，如何保障公民的自由与权利并实现人的自由全面发展，如何资本主义金钱主导的价值观而建设更高的精神文明？因为社会主义在实践中并没有很好地解决这些问题，作为理论基础的马克思主义也自然受到了质疑。在计划经济失败之后，各社会主义国家普遍选择了市场导向的改革方向，在融入全球化过程中也深度接纳国际资本的渗透并融入国际资本主义体系之中，资本主义的机制与价值规定了社会的运行逻辑，资本带来的一切恶也沉渣泛起。在此背景下，以批判资本主义为主要内容的马克思主义也遇到理论和实践上的难题。如何在克服这些矛盾、解决这些问题中走出一条社会主义新道路，马克思主义需要给出回应。

马克思主义的困境还来自于学术与生活的矛盾。不满政治对学术的干预和实用主义利用，一些马克思主义研究者力主恢复马克思主义的学术品格，旨在将之与政治实践中的实用主义划清界限，彰显马克思主义的科学性与批判性。在西方，马克思主义成为少数左翼学者的学术对象，一些学者提出"马克思学"。安德鲁·莱文认为，"可以设想，马克思主义的社会科学和哲学将会更加学术化。"①这种学术化的倾向也引发了人们对马克思主义的再认识。"学院派"将马克思主义当作"客观知识"进行文本与思想的研究，从学术和思想上深化了理论认识。不过如果刻意"去政治化"，将马克思主义还原为纯粹书斋里的"学问"甚至概念游戏，则会走向另一极端。马克思主义如果远离现实生活和普遍大众的思想实际，就会从根本上消解掉其实践品格和变革精神而失去对现实的影响力。事实上，这一理论的根本品格恰恰是深入介入民众的现实生活，力主通过实践特别是政治行动实现对社会的改造。因此，马克思主义的生命力在于走出书斋回到生活，通过"掌握群众"唤起民众通过斗争实现解放的意志。

马克思主义的现实困境迫使人们不断从源头上反思，追问什么是真正的马克思主义。如果马克思主义不是一套僵死的文本，那么其本质精神是什么，如何让它成为介入和变革现实的鲜活思想？

二 让马克思主义"活"起来的创新性变革机制

时代的变革总是伴随着思想的突破，时代问题既对思想提出了迫切要求，也为思想的创新提供了历史条件。在感知和回应时代问题的过程中，思想突破以往的知识体系、打开了传统观念的缺口并推动了历史的进步。在回应现代社会问题的过程中，马克思主义诞生并改变了世界历史进程；面对时代提出的问题，马克思主义是否具有回应现实的理论力量？当社会主义

---

① ［美］安德鲁·莱文：《什么是今天的马克思主义者》，［加］罗伯特·韦尔、［加］凯·尼尔森编：《分析马克思主义新论》，鲁克俭、王来全、杨洁等译，中国人民大学出版社2002年版，第42页。

运动处于低潮时，马克思主义能否再次展现创造活力并赋予它新的时代内涵？

马克思主义是在回应现代社会问题的过程中产生的，它具有回应现实问题的思想基础。工业资本主义发展带来社会矛盾的激化，启蒙时代所推崇的自由、平等、正义等在资本的支配下展现出内在矛盾。马克思主义诞生便是克服现代性危机的一种自觉，它通过对资本主义的深度分析展开了对现代性的理论批判。现代社会处于快速的发展与变迁之中，无数种客观力量、各种偶然因素等交织在一起，形成了社会变迁的复杂格局。虽然社会发展充满了偶然性、主观性，但是在背后还是由客观的经济社会结构支配其中，遵循着内在的机制和规律，因而需要认识经济社会发展的机制和规律，在此基础上寻求变革的趋势与方向。马克思主张"把经济的社会形态的发展理解为一种自然史的过程"，其理论研究则是探讨资本主义生产方式以及和它相适应的生产关系和交换关系，旨在把握其中的规律——"以铁的必然性发生作用并且正在实现的趋势"。[1]正是通过对人类社会特别是现代资本主义的认识与批判，马克思主义确立了现代社会批判的范式。尤其是，这一批判没有停留于理论的层面，而进一步诉诸变革现实的行动。面向生活事实、投身变革现实的社会实践并从中发展自身，这是其自我发展的动力源泉。因为这种问题意识、批判精神、科学分析和实践维度，马克思主义深刻影响了人类文明的进程，成为认识和推动现代社会变革不可缺少的思想视角。科学技术革命推动了经济的发展和文化的进步，不过从社会结构和文明形态而言，人类社会依然为以资

---

[1] 《马克思恩格斯全集》第44卷，人民出版社2001年版，第8页。

本主义、启蒙理性等为基础的"现代性"所塑造和支配，从总体上并没有超越马克思生活的时代的基本架构。作为以批判现代资本主义为基本指向的理论，马克思主义依然具有其现实的力量。

问题是，如何让马克思主义恢复和展现其参与变革现实的力量？马克思对于现代性的分析与批判则具有针对性和有效性，通过对现代社会运行机制和规律的分析与把握，可以发现其中的方向与趋势。不过，这一理论并不能一劳永逸地解决新的问题，新问题更需要人们在新的实践中去试验和探索。如果教条式地对待，它就是一堆僵化的文本符号，最终也变成僵死的教义。让马克思主义焕发生命力，需要实现从理论到实践、从历史到现实、从普遍到特殊的创新性变革。马克思主义是一种"方法"，人们运用这种方法去面对新问题、探索新道路、发展新思想、创造新生活，这种理解及实践才是马克思主义所要求的，也才能真正让马克思主义"活"起来。正是在这种需要想象力和创造力的实践行动中，马克思主义才能透过其生涩文本所表现出来的陈旧与僵硬，在新问题与新实践中激发出其内在的鲜活的生命力。这恰恰正是这一理论的本质精神所要求。

让马克思主义活起来需要实现创新性变革是思想发展的内在逻辑和生命机制，即维系思想的生命活力的条件与生存模式。具体说来，这一机制包含如下几个环节。

首先，直面时代问题，走出由权力编织的幻象与自我麻醉，在清醒认识现实与自我中寻找变革的起点。从社会主义实践的历史和现实看，马克思主义一旦成为国家意识形态，便容易为权力编织的幻象所麻醉，失去对自我的清醒认识，失去对现实问题的敏感与担当，最终成为高高在上又被架空了的符号体系。

从思想本身看，马克思主义具有强烈的问题意识，其全面的出发点恰恰是对时代问题的敏锐观察和责任担当。如果失去这种问题意识，也就从起点上背离了马克思主义的精神。如今，时代发生了深刻变化，不论是经济技术推动的全球化进程还是当代中国社会主义建设都遇到前所未有的新矛盾、新问题，包括传统的马克思主义理论存在诸多结构性的不适应。这时，建设社会主义就需要在实践中探索新路。正视现实问题包括本身的困境，分析其原因和症结并寻找解决问题的出路，这才能站在解决问题的正确起点之上。如果不敢面对现实问题、抱残守缺、固守教条、最终让马克思主义失去对现实的介入能力，则是真正的背离与否弃。

其次，秉承马克思主义的批判精神，对现实包括自我进行理性的反思与批判，在突破自我中激发思想的生命力。作为一种革命理论，马克思主义致力于对现实社会和思想的批判，从中发现了合理性和矛盾并提出了变革的政治议题，批判精神是其根本的精神特质与思想方法。因为认识到了社会生活的本质和意识形态的虚假性，所以它力主将人们从为假象所构筑的虚幻世界中解放出来，在洞见世界真相中发现了自我解放的方向与出路，其革命性是建立在其真理性基础之上的。马克思主义的批判性与革命性是彻底的，这表现为对自我的认识和批判，它从不认为自己是绝对的终极真理，而认为自己也需要随着实践而发展。如马克思说，"真理是普遍的，它不属于我一个人，而为大家所有；真理占有我，而不是我占有真理。我只有构成我的精神个体性的形式。"[1]所以，它本质上要求将人从各种僵化

---

[1] 《马克思恩格斯全集》第1卷，人民出版社1995年版，第110页。

的教义与观念的牢笼中解放出来，借助于人的解放实现社会的变革与发展。然而在现实中，马克思主义深陷教条主义的困境，其创新和发展遇到种种阻力，这包括盘踞人们头脑的种种成见的观念障碍。只有从教条主义的束缚中解放出来，回归思想的真义、彰显其真精神，才能使其成为现实的力量。由于马克思主义内在地包含着一种自我解放的思想特质，其固有的批判性和解放性注定要求冲破现实的束缚，在自我解放中展现其蓬勃的生命力。

再次，冲破现实的利益与权力的束缚，彰显思想本身的独立性与创造性，从而在变革现实中实现自我解放。要展现出参与现实的变革力量，就必须冲破现实的观念和利益结构的重重壁垒。正是认识到资本、权力等对人的奴役、压迫和对思想的扭曲，马克思主义才力主反抗现实中的资本和权力，进而通过革命改变不合理的利益与权力结构，从而将人从各种压迫中解放出来。将自由、公平、正义的价值付诸现实意味着在批判现实中反抗奴役和压迫，在追求公平正义中实现自由。这种解放性和批判性不只是认识问题更是实践问题。现实的利益与权力结构是一种客观物质力量，它支配着人的意志和思想甚至使思想成为其附庸。在一定条件下它也会成为一种腐蚀性的力量，削弱甚至瓦解理论的真理性与批判性。资本和权力具有自我维护和强化的本能，必然会对任何威胁它们的外在思想和行动予以顽强抵制。马克思主义是一种批判和瓦解现实不合理结构的力量，这必然与现实的利益与权力结构发生冲突。这时，只有以革命的精神与意志才能冲出重围，而这种突破本身即是一种革命式变革。深处利益与权力结构之中，能否超越现实物质力量的羁绊而挺立起自身的主体性？这是对人们是否坚持马克思主义的真正考验。

　　复次,在学术与政治之间保持一种创造性张力,以此突破意识形态困境,在实践中彰显自我批判与发展的机制。一方面,马克思主义首先是作为思想而存在的,没有学术和思想的原创性就失去了根基。从学术的角度介入生活并不意味着削弱其实践性和革命性,相反,只有保持思想的独立和批判品格才能让思想更有力地改变生活。这并不是要消解其实践品格,而是将这种行动的热忱建立在深刻的思想之上。马克思极力反对权力压迫思想,追求思想的自由和真理的本性,让思想恢复其自由的本质。另一方面,马克思主义又是作为变革现实的思想出现的,从其产生的基础到思想的品格都指向了实践,只有参与现实、改变现实才能实现其思想的宗旨。因此,在学术和政治之间保持一种创造性张力,这种创造性就体现于实践之中。在变革现实的实践中,学术有了坚实的基础,政治也有了合理根据。创造性张力是一种矛盾的统一体,它承认张力的客观存在。思想不能被张力和矛盾窒息,而是要从中寻找到一种反抗与斗争的动力,只有在不断的自我批判以及对现实的批判中才能保持自身的活力,这便是"创造性破坏"与"破坏性创造"的有机统一。通过对现实问题的不断探索与创新,在学术与政治、批判与建构、理论与实践的多重层面上保持一种创造性张力,以创造性的思想和活动化解矛盾、克服冲突。在马克思那里,学术与政治是统一的,学术思想的探讨是为了现实社会的变革,又借助政治斗争的实践来实现思想,实践也需要以思想的探索为引导。因此,在学术探讨中彰显其真义,在理性的思想交锋中发展其理论,在推动政治和生活的变革中实现其目标。作为一种科学的思想体系,它当然是基于学术研究之上的,否则就可能成为僵化的政治教义或工具。但是，它又不是通常意义上的学问，它要走出书斋投身实践，只有在直面现实问题、投身变革实践中参与社会的批判，才能实现其精神要旨和自我发展。

最后，解决时代问题、推动社会主义走向新境界，就必须在思想理论上有一种质的突破。库恩提出，当旧的理论不能解释变化了的现实时，"科学革命"的任务就被提出。在直面现实问题中推动理论的范式突破和科学革命，这不是否定它而是其精神本质所要求。探索社会主义新道路是一种实验，必然需要理论上的突破。这不仅是改变个别观点和结论，更要从理论整体上实现一种具有实质性的突破，在面对和解决一些重大问题中实现一种"质"的突破，这便是理论的革命式变革。马克思主义革命式变革需要展开讨论和争鸣，在思想冲突中推动创新，进而形成马克思主义的新流派。历经第二国际和苏联社会主义实践中的种种问题之后，人们对马克思主义开始重新认识并形成了20世纪"西方马克思主义"的思想传统，出现了法兰克福学派、存在主义马克思主义、结构主义马克思主义、分析马克思主义、生态马克思主义等众多流派，从思想和学术的层面拓展了马克思主义，在不断反思理论和回应新问题中展现了思想的生命力，各种流派之间的相互批评、冲突与碰撞是思想迸发的源泉。

可见，这几个环节恰恰是马克思主义的精神要旨，内含于其思想与精神深处。从实践与思想发展史的角度看，这种转化机制正是马克思主义保持生命力的根本条件。

三 在中国复兴的实践中推进马克思主义的创新性变革

在实现古老文明复兴的进程中，中国选择了马克思主义并进行了社会主义的试验，这既需要理论的指引也为马克思主义的创新发展提供了经验支持。一方面，中国的社会主义探索需要马克思主义的指导，从中寻求基本的世界观和方法论。在世界社会主义运动进入低潮时，中国成为世界上依然坚持社会主义与马克思主义的大国，这是不能忽视的客观事实。另一方面，中国的实践探索也为理论创新提供了丰富的实践经验基础。走出一条新道路，需要秉持马克思主义真精神、立足现代社会发展经验进行理论上的探索，对社会转型中的核心问题给予回答，探索人类文明发展新道路的社会主义试验为马克思主义的发展提供了条件。理论与实践的互动是一个关键枢纽，投身变革现实的实践是其旨归，在实践中发展自身是马克思主义保持生命力的动力机制。

在多要素的相互作用中，马克思主义的创新性变革成为一个关键枢纽。如果能够走出一条光明道路，它也将会焕发出新的生命力并呈现新的形态。马克思主义与中国的社会主义实践构成相互塑造和印证的关系，共同汇成中国复兴与马克思主义自我发展的互动机制。这种关联存在理论上的可能，在某种意义上这构成当代中国复兴中的核心问题之一。要将这种可能性变为现实，则面临非常复杂的难题，诸如：如何体现社会主义的本质，实现效率与公平、人与自然的统一；如何发展社会主义民主、健全社会主义法治，实现人民当家作主；如何培育社会主义的价值观，实现人的自由全面发展等等。那么，中国能否超越资本主义的局限而开创社会主义的新道路，如何在借鉴西方现代文明的基础上实现古老文明的复生？显然，答案并非是自明的，中国社会主义的前景取决于能否在重大问题上有实质性的突破，在破解重大难题中实现社会制度与文化系统的转型，从而为国家复兴奠定坚实的结构基础。这需要思想观念的转变，包括马克思主义的自我变革。抽象地谈论这种可能性是容易的，一旦步入现实便会遇到各种阻力，各种权力、利益与观念的重重羁绊都扎根于社会结构之中，惯性力量使改革举步维艰。那么，从何处寻找突破口以及打开缺口的变革性力量？思想特别是批判性的思想是可能打开突破口的能动因素，马克思主义本身即是一种批判理论，因此，彰显并践行其精神与方法，在实践探索中实现马克思主义的创新性变革，这便是打开突破口的一个途径。

　　首先，解放思想，在彰显其批判精神中发展马克思主义。让马克思主义"活"起来，必须突破意识形态的僵化保守的束缚，营造宽松自由的思想空间。如果抱着死教条不放，试图在不冲破既有观念的框架内进行改革，则不可能实现改革的突破。观念本身具有保守性，尤其是与利益和权力密切相关的观念更是本能地维护自己的正统性与合理性，结果必然阻塞言路、禁锢思想。百家争鸣才能百花齐放，这是思想发展的规律。马克思主义的发展也是如此；如果把它视为绝对真理或者只是用来印证现实政策合理性的工具，它也会失去生命力。要恢复其思想的生机、创造性地走向当下生活，需要创造民主和自由的氛围展开争鸣。民主意味着打破思想的专制，挑战权力对思想的钳制，创造思想自由探讨的空间，允许不同的声音、多元的思想、多流派的思潮。将马克思主义置于神坛去顶礼膜拜，恰恰是背离了其真精神；只有将它回归生活、面向实践、在民主和自由的氛围中辩论、试错、探索，它才能展现出其思想的力量。因此，要推动马克思主义焕发新的生命力，从不同视角、不同领域建构新的理论，在思想花园的百花齐放中迎来理论创新的春天。

其次，在理论和实践互动中克服资本主义局限，在探索社会主义新道路中实现中国复兴。思想的生命力来自于对生活的开放式态度，它绝不认为可以发现最后的永恒真理或者一劳永逸地解决问题，而认为实践才是思想的源头，思想需要在实践中不断改进和发展。恢复马克思主义的真精神需要付诸变革行动，这便与政治变革紧密连在一起。书斋里的学问研究是必要的，但是这种研究不是脱离现实的而恰恰是介入现实的一种方式。固守教条会被现实抛弃，因为理论也会过时；漠视理论则会陷入盲目，因为实践也会犯错，历史上的种种挫折证明了这一点。这时，需要从理论和实践的互动中寻求变革、获得新知。其中，一个核心问题是充分认识资本主义并予以超越。资本主义兴起和发展所构筑的现代文明和世界体系是历史发展的必然结果，有其内在的合理性；同时，它又内在地包含了自身无法克服的矛盾，因而在推动生产力发展的同时积累了克服自身的条件。马克思的分析有一种深邃的历史感，它从人类社会的历史发展长河中批判现实进而提出超越现实的历史基础。从此历史观看，资本主义是一种历史的产物从而具有自身的局限，在条件具备之时便产生了自我克服的动力。从事实看，对现代性的自我批判也激发了资本主义自我矫正与修复的机制，由此也焕发出资本主义的生命力。即便如此，资本与生俱来的本质并未改变，它的负面效应包括对社会的侵犯、对人的异化、对自然的伤害、对人心的腐蚀都依然普遍存在。所以，超越资本仍然是人类文明需要解决的核心问题。正是从历史发展的视角，马克思主义对资本主义的批判展现出现实的力量。

立足中国的历史与文化，直面人类文明发展中的普遍问题，探索既有中国特色又体现人类文明发展趋势的新道路，这便是马克思主义在当代中国面对的核心问题。人生活于特定的时空之中并面对着独特的问题情景。马克思主义在当代的命运取决于对时代问题尤其是中国社会转型与变革中的核心问题的回答，如果能创造性地给予回应，则能够焕发理论的新生机。在实践中试验、探索、试错进而总结经验并开创马克思主义的中国流派，这是探索社会主义新道路的过程。同时，人类发展也展现出一种共同的方向与趋势，包括经济技术发展推动下的全球化、各种文化交融推动的同质化等。在保持各自独特性的同时，人类社会发展也存在某种普遍的一般趋势。社会主义作为对资本主义的批判和超越，它本身即是一种普世性的思想和运动。中国社会主义道路的探索包含了对人类共同问题的关注和回答，是克服现代资本主义的局限以及人类社会不合理秩序的一种探索，因而也有着普遍的意义。

最后，以马克思主义理论勇气和坚持真理的精神克服现实权力与利益的束缚与压迫。思想的创新是站在既定观念、价值和秩序形成的现实世界的边缘，这样才能看到现实世界的问题以及超越的可能，这需要批判的勇气和独立的精神。马克思之所以能实现思想上的突破，独立自由的精神和批判怀疑的品格、为人类福祉而奋斗的抱负是关键因素。智识层面的独立自由与批判怀疑是一种方法论和思想特质，这与作为道德层面的个人价值观和立场是分不开的。马克思站在社会批判的立场，对一切权威和压迫力量予以批判，才有了思想和行动上的创造；因为站在这样的立场，他才致力于思想探讨和革命行动，其思想和生命的高度统一展现了思想家的境界。当今中国理论的贫乏一方面受制于大的时代环境以及个人禀赋的约束，同时也受制于狭隘的利益与观念的束缚。推动思想创新需要彰显和实践马克思主义的自由独立与批判怀疑精神,这不只是为了为这一理论辩护,更是对时代精神的拯救。

面对现实生活中的种种矛盾,面对各种思潮的冲击,马克思主义需要在直面问题中敞开胸怀,在大胆试验中实现理论的自我突破,在理论和实践两个层面实现一种系统性的变革。这既是自我超越与否定的过程,更是自我实现的行动。通过冲破陈旧落后观念的束缚,开辟社会主义探索的新境界,马克思主义在创造新生活的实践中呈现新形态。

四 马克思主义的历史命运与中国复兴的前景

21世纪马克思主义的历史命运不仅取决于理论本身,还取决于不同时空条件下人们对它的诠释与创造。马克思主义的生命力来自于它对历史的深刻洞察、对现实的深度批判和对人类命运的深切关怀,其命运则取决于人们能否在关注时代问题、投身时代变革、引领时代思潮中进行创造性的发展。作为反抗资本压迫、追求人类解放的体系,马克思主义在一个多世纪里实现了广泛的传播、引发了尖锐的争论、激起了深刻的共鸣、唤起了普遍的觉醒。虽然在实践和理论上各种争议与失败不断,它仍然是人类追求自由与进步的一面旗帜。当今人类社会依然矛盾重重,国际经济政治秩序中依然存在结构性和制度性的不合理性。这时,马克思主义依然是一盏明灯,指引人们看清世界的真相并激起抗争的勇气。正如伯曼提出的,应该"恢复和重构马克思将现代生活看作一个整体的图景",让人们看到"马克思的历史唯物主义的真正力量和独创性是怎样照亮现代精神生活的"。①

　　基于与中国复兴有着直接关联，马克思主义便与中国的社会主义探索交织在一起构成塑造历史的关键变量，从二者的互动中认识彼此是合理的视角。作为一个复杂系统的互动，它并非是自然而然实现的过程。其中，马克思主义必须作为一种能动的、批判的、创造性的力量参与现实并在实践基础上得以发展。中国的社会主义探索是创造历史的社会实验，这将为马克思主义的理论创新提供基础，同时也在新文明的构建中参与世界文明秩序的重建。人类新文明秩序需要深度克服资本主义的局限等，在新的思想、文化和制度基础上重构文明基础，马克思主义必然会继续发挥其反思批判的力量，同时在实践基础上探索建构基于公平正义的文明秩序。

　　近代以来西方现代性的兴起形成一种强势的、极富扩张性的新力量，其固有的掠夺、占有、野蛮性是不可抑制的力量，由此引发的冲突带来旧中国传统秩序的瓦解，中国文明也由此走上了谋求新生的道路。中国人在痛定思痛中走向觉醒，最终选择了马克思主义并走上了社会主义道路。21世纪中国能否克服自己历史与现实的种种局限，克服马克思主义在现实中的困局，彰显马克思主义的批判精神与变革意识，在探索社会主义新道路中开辟人类文明发展的新图景，这在很大程度上塑造着中国复兴的前景。对此，我们需要从尊重历史、承认现实、勇于变革的立场去突破自我，通过打开重重枷锁来开辟国家复兴的新时代。

---

　　① ［美］马歇尔·伯曼：《一切坚固的东西都烟消云散了》，徐大建、张辑译，商务印书馆2003年版，第113—114页。

第十章

中国复兴的价值支撑

国家的复兴不仅表现为经济的发展与军事的强大,更体现为精神的丰富与文化的昌盛。其中,价值观居于文化的核心,它塑造社会成员的价值取向并确立社会制度的合理性基础,为人提供了生活意义的终极来源,构成社会的精神之基与思想之魂。在经历了近代以来文化震荡之后,21世纪中国的复兴面临构建新的价值体系的任务,以此为维护社会的秩序、安顿人们的灵魂提供终极依托。

第一节 复兴进程中的价值观变革

人类的思想和行动既基于对世界的认识之上,也为某种价值观所引导和支配。价值观确立了社会生活的基本规范,塑造了人的道德信念与行为准则,对人的行为有最直接的影响。人们追求真理旨在回答"什么是对的",确立价值观则是回答"什么是好的"。理解价值观的本质首先需要认识"价值"的内涵。在《评阿·瓦格纳的"政治经济学教科书"》中,马克思梳理了自己对"价值"的理解:价值的逻辑起点是人,但人不是抽象的概念或离群索居的个体,而是处于某种社会生产关系中;人有着各种需要,但人不能自足而是依赖于外界物,于是便与外在世界发生了关系;人通过生产劳动获得物质资料来满足自己的需求,当某一对象满足了人的需求,人便从主观上赋予它以"价值"。马克思得出结论:"'价值'这个普遍的概念是从人们对待满足他们需要的外界物的关系中产生的。"[1] 马克思不是从"价值概念"出发演绎理论,而是从现实生活中的真实关系出发,具体说来,在研究现代资本主义社会的价值关系时,他是从"商品"这个劳动产品在现代社会所表现的最简单的社会形式出发的。[2] 在人类生产生活的实践中产生了价值关系,与此同时也产生了相应的价值观念。

认识价值观的本质需要从社会系统及其演变的过程去认识。从静态的社会结构视角看,马克思认为,观念是移入人的头脑并被改造过的物质的东西;价值观则是社会生产关系的观念再现。同时,价值观与政治意识形态关系密切。社会秩序的维系不仅依靠暴力,还依赖于人们在思想上对统治秩序的认同和顺从。于是,在政治意识形态中总包含了一种价值体系,统治者会将此种价值体系宣布为普遍价值并予以推广。从动态的社会变迁视角看,价值观不仅是社会生产方式的客观反映,也是社会系统运行的基本要素。作为一种社会意识,它的产生、传播和变化与该时代社会的结构及其变迁紧密相关。生产力的发展推动生产关系的变革,由此引发了思想观念的变化。在工业革命驱动下资本主义迅猛发展,它不仅冲击和颠覆了传统的经济

---

[1] 《马克思恩格斯全集》第19卷,人民出版社1963年版,第406页。
[2] 同上书,第412页。

和政治秩序，也引发了观念的革命。其中，资本作为支配社会运行的主导性力量也塑造了相应的价值观念，形成了商品拜物教、货币拜物教。另外，价值观念并非是完全被决定的，它也具有自主性与创造性，它既可能是束缚人的消极因素，也可能是解放人的积极力量。一个集中表现是，在自由、平等、民主等价值观念的启蒙与引导下，现代文明得以冲破种种阻力而产生。唯物史观的上述立场为我们认识当代中国价值观变迁提供了方法论。

在古代社会，中国人构筑了一套以儒家思想为基础、以佛家和道家思想为重要补充的价值体系，这一体系包含了中国人对天地的敬畏和人生的思考，生发出坚忍不拔的意志和公而忘私的情怀，使人超越小我局限、克己复礼、舍身成仁，在教化人心、醇化心灵的同时为人提供了终极信仰和意义支撑。所以，不论身处怎样艰难的处境，中国人对生活都充满了希望与信心。近代以来，中国在压力之下走上了现代化道路，维系了几千年的政治、社会与经济结构被动摇，传统价值遭遇了前所未有的危机。洋务派看到了西方坚船利炮的威力而决心学习现代技术，但是并未反思延续几千年的政治制度，更没有怀疑支撑传统秩序的价值世界。甲午战争的失败击碎了洋务派的幻想，改革政治体制、推行立宪被提上日程，中国最终通过革命建立了共和。随着废除科举、普及新学，新一代知识分子在比较中认识到，文化价值观的落后与思想的蒙昧是中国问题的症结，于是掀起了新文化运动。陈独秀提出，"伦理的觉悟，为吾人最后觉悟之最后觉悟。"[①] 启蒙思想家举起尼采"重估一切价值"的思想之

[①] 《陈独秀著作选编》第1卷，上海人民出版社2009年版，第204页。

锤打碎一切偶像，对传统文化尤其是其核心的价值体系予以猛烈攻击。基于西方进化论思想，陈独秀提出了新青年的价值表：自主的而非奴隶的；进步的而非保守的；进取的而非退隐的；世界的而非锁国的；实利的而非虚文的；科学的而非想象的。激进反传统思想不断兴起，由此形成了中国近代史上的一次思想启蒙和价值观的变革。在追求民族解放、国家独立与现代化的过程中，中国人前赴后继、流血牺牲，牺牲唤醒了一个民族的斗志，中华民族精神获得了空前的解放，民族国家的观念不断强化，新的价值观也流行起来。

1949年新中国成立，建设新社会的愿景使人焕发出崭新的精神面貌，一种新的社会风尚和价值观开始形成。在继承革命年代基本价值观基础上，集体主义成为全社会价值观的主流，整个社会充满了昂扬向上的精神，"雷锋精神"蔚然成风。然而，"大跃进""文革"等也让社会主义在"左"的道路上越走越远，这种模式最终走到了尽头。"文革"结束以后，中国步入全面建设现代化和改革开放的新时代。伴随着市场经济的发展，人们的价值观念也发生了深刻变化，这既是改革开放的需要也是生产方式变革和全球化冲击的结果。从深圳特区倡导"时间就是金钱，效率就是生命"，到"尊重个人价值，追求自我实现"，人们开始冲破各种僵化思想的束缚，倡导冒险、创新、开放、自由。在市场取向的改革和全球化的经济文化交往中，社会生产和生活方式、社会结构出现重大变化，文化价值观也呈现复杂局面。一个突出特征是，在市场和资本的渗透与支配下，传统文化价值观和集体主义价值观都受到冲击，假冒伪劣产品泛滥，坑蒙拐骗行为横行，社会诚信快速降低，金钱至上成为流行的价值观。中国需要在超越资本主义局限的基础上探索新型社会主义市场经济，这就不能屈从于资本的支配，而必须寻找一条既推动经济发展又不伤害社会利益的道路。市场经济发展带来价值观的颠覆，现实中资本等导致的人的异化、对大地的侵蚀、对人心的伤害等最终表现对为存在意义的消解。实现中华民族复兴不仅要发展经济、增强国力，还要在重建文化自信的基础上创造出更有意义的生活。

近代以来中国人在追求复兴的历程中走过了弯路、付出了代价，也奠定了走向复兴的基础。在社会变迁过程中，中国人的精神与价值世界也经受了剧烈冲击，在反思与牺牲中走向觉醒与解放，其基本趋势是不断进步的，对此应有同情的理解。今天，中国走上了民族复兴的快车道，其中一个中心问题是重构价值体系，这是中国历史和文化发展的内在要求和客观逻辑。纵观世界历史，国家的崛起与文化的兴盛总是包含着深沉的道德力量，对自由、平等、民主等价值的追求和信仰可以激发人内心深处的强大意志、克服世俗生活中的自私本能，从而获得最大限度的共识并促成有效的集体行动。在转型阶段，道德与信仰发挥着不可替代的作用。实现中华民族的复兴也需要通过培育集体道德来冲破现实中利益与权力的羁绊。今天，富裕起来的中国人需要追求更高质量的生活，这应该是建立在道义之上的生活，是集体的而非少数人的高品质生活。追求幸福是人生的终极目的，个体的幸福与集体的幸福密切相连，集体幸福是个人幸福的基础和保障。如果个人的幸福建立在互不信任、缺少合作、少数人剥夺多数人之上，这样的社会最终也无法保障每个人的幸福。在实现集体幸福过程中实现每个人的幸福，这是中华民族复兴的合理逻辑。只有以民族大义克服小我之私利，才能突破现有利益格局的束缚，进而构建中华民族复兴的制度与文化平台。

从中华文明的发展历史看，虽然其间常有战乱与暴政下的生灵涂炭、哀鸿遍野，中国人的生活总体上是恬淡、明澈、空灵、充满仁爱的。中华文明涵养了人的生命，人们也用生命去传承这种生生不息的文明。21世纪中国将走出历史的阴霾，特别是走出在列强入侵和西方文化冲击下形成的自卑与偏激，再度展现中华文明的自信与大度。这意味着发掘中国人心灵深处的善与美，在与各种丑恶势力的斗争中培育新生命、展现新气象。在这块洒下了无数先人血汗与泪水的土地上，应生长出健康向上的真善美的力量，中华民族复兴将展现新文明之光铺洒神州大地的灿烂景象。

在经历了近代以来的价值观的反复震荡、颠覆、再造之后，如今，要实现中华民族复兴就必须构建新的价值体系。对于传统价值观、西方价值观和社会主义价值观的争论莫衷一是，持续一个多世纪的论争和徘徊昭示了中国文化变革的艰难。那么，寻求中国复兴的价值支撑需要坚持何种原则？

第二节　构建新中华共同体价值基础的基本原则

在实现中华民族复兴的历程中推进价值观建设，这既是主体参与建构的过程，也是社会历史发展的客观进程。基于中国的历史与现实、顺应人类文明发展的基本潮流，寻求中华民族复兴的价值支撑应坚持共享性、人民性、中国性、创新性、开放性的原则。

其一，在共享中培育社会主义价值观。价值观建设是探索新型社会主义的本质内容。社会主义不只是经济和政治领域的理念和行动，更是一种新的文化观念、生活方式和价值观，是基于新的生产方式之上的新型文明，旨在塑造一个克服现代文化局限的新"文化世界"。正是由于资本主义本身固有的制度和道德缺陷，社会主义才萌生出来并成为克服资本主义的一种出路。从此意义上说，社会主义拥有道义上的优势与价值观上的合理性。实现民族复兴需要创造更高的生产力，更要培育超越资本主义局限的新文化、新价值观。从现实看，资本主义带来经济的增长，也越来越显著地伤害环境、道德、人心，共享作为社会主义的本质特征则是克服资本主义局限的一剂良药。既然共享是社会主义的本质内涵，从价值观层面就要求以共享为社会主义的基本价值。从内容上看，民主意味着共享权力，公正意味着共享机会与财富。天下不应是少数人私有的天下，而当属于天下人共有的天下，共有、共建、共享是近代以来中国人追求民族复兴和世界大同的信念，中华民族的复兴同样需要传承共享的价值观。当然，共享并非回到过去的平均主义，也不是片面强调集体而忽视个体价值与自由，而是在尊重每个公民的权利和自由、充分释放个体和组织的创造力基础上的共享。

其二，坚持人民主体地位。追求什么样的发展、发展是为了谁，这构成中国发展中的深层命题。各种利益冲突的背后总是包含了价值观的冲突，破解矛盾也需要重新审视价值立场。新中国的价值立场是"人民中国"，政府的宗旨是为人民服务，《宪法》规定国家的一切权力属于人民。人民是创造历史的主体，也是价值评判的主体。然而在发展市场经济的过程中，社会两极分化趋于尖锐，权钱交易的腐败随着经济发展蔓延开来，这些都背离了"人民中国"的立场，抽空了人民的主体地位。从社会主义的本义来说，改革与发展是为了人民的福祉，是为全体国民、社会各个阶层、各个民族的共同福祉。如果不加约束而任由资本和权力依其本性肆意妄为,社会两极分化、贪腐横向、社会动荡、经济发展迟缓,在增加一个富翁阶层的同时却牺牲了大多数国民的发展机会,即便是保持较高的 GDP 增速,也会为国家的长远发展和长治久安埋下祸根,中华民族复兴进程可能遭遇重大挫折。因此,必须阻断背离社会主义宗旨和宪法精神的方向,代之以坚持为人民谋福祉的正确道路。

其三,立足中国传统文化挖掘传统价值观的现代意义。虽然历经沧桑尤其是饱受现代性冲击,中国人内心深处依然有着对传统价值的基本认同,这是其安身立命的基础。在走过了百余年的反思、徘徊与震荡之后,人们对传统文化及其价值观有了新的认识,也开始以平和与自信的心态面对世界和自己。在历经全球化、工业化、城市化洗礼,饱受文化断裂和价值观混乱带来的灵魂焦灼之后,人们对回归自己的传统文化和价值观有了更强烈的需求。因此,挖掘传统价值观的现代意义,探索传统文化价值观走向当代社会生活的现实路径,是寻求中华民族复兴的价值支撑的基本支点。当然,这不应是简单地回归传统,因为传统文化价值观是在小农经济基础上形成并为君主专制制度所支持的价值体系,在相当长时间内是维护专制体制、巩固宗法秩序、培养顺服臣民的道德教化体系。如今,一些落后于时代的价值观依然存在于社会文化心理的深处,塑造着人们的基本观念与行为方式。如果对此视而不见,试图通过回归传统来解决变化时代的新问题,这不仅会徒劳而且可能是逆历史潮流而动。实现文化复兴需要继续重估传统价值,在自我革新中实现创造性的转换,在适应现代社会生活中呈现出新形态,这是中国文化发展和再生的客观要求。同时,价值观建设还应顺应世界文明发展潮流并勇于创新。中国正处于快速的社会转型之中，价值观建设需要尊重社会文化发展的规律，遵循人类文明发展的某些普遍规律，立足中国的历史和文化传统，在实践中创造新文化，以主流价值观引导和推动青年成长，最终汇聚中华民族复兴的强大动力。中国是一个历史悠久的文明古国，在轴心时代创造了崭新的文明，一个表现是以追求理想人格培育谦谦君子为价值取向。中国文化特别注重教育尤其是道德教育。自从儒家被封为国家意识形态之后，儒学所倡导的价值观也逐渐成为主流价值观，在两千年漫长的历史中，这种主流价值观通过教育、教化不断渗入社会生活，塑造了中国人的价值取向和人生格局。在全球化时代，文化价值观的交融与变迁也呈现出新的复杂特征、面临新的挑战。在经过了一个多世纪的跌宕起伏的政治革命和文化变迁之后，人们开始摆脱20世纪的激进立场，重新认识中国传统文化的价值。尤其是，市场经济的发展无情地斩断了人们的精神传统，让人的精神处于漂泊之中，寻根、"找魂"成为现代社会的普遍精神诉求，这也催生了对传统文化之根的回归运动。在这样的背景下，中国传统文化的价值凸显出来。

其四，坚持创新性，在开放的生活实践中推陈出新。中国复兴本质上是一种文明再造与创新的过程，中国人需要立足新的生活实际，在实践中融会传统与现代、东方与西方，进而整合创造出满足中国人精神需求、体现世界文明进步方向、展现中国文化精神高度的价值体系。这不仅是因为中国有着五千年文明传统及独特的价值世界，还因为世界文明的发展也需要在许多方面超越西方价值观。这时，创新也成为一种客观的要求。李大钊曾运用进化论和唯物史观分析了"物质变动与道德变动"

的关系，主张道德适应生活的变动和社会的需要而变动，"新发生的新生活、新社会必然要求一种适应他的新道德出来，新道德的发生就是社会的本能的变化，断断不能遏抑的。"① 比如，随着生活品质的提升，人们对环境提出了更高的需求，保护环境、珍爱自然、倡导绿色生活等逐渐成为一种新价值观被广泛接受，这种价值观的普及也催生了环境保护的强大动力。必须看到，社会主义并非完成了的理想状态、也非定型了的思想体系，毋宁说这是一个有待展开和实现的命题。因此，当代中国的价值观建设也需要立足社会生活实际，在实践中不断创新和发展。近代以来世纪中国人的价值观经历了剧烈震荡，在各种价值观冲击下也陷入困境之中。走出这种困境，就必须在经济社会秩序与文化价值观两个层面同时进行突破和转型。中国既不能复制西方也不能抛弃传统，既要吸纳传统和西方价值中的合理内容，又要克服各自的局限与缺陷，进而创造出新的价值表。人类文明的进步具有相当大的连续性，尤其是全球化时代文化的同质性在增强，这时，中国不可能凭空出现全新的文明。同时，历史和现实也要求中国必须有新的创造，尤其是要建立基于诚信和法治之上的市场经济伦理，建立基于民主之上的政治文明。培育支撑中国复兴的价值体系，需要以思想创新为先导、以文化创新为载体、以制度创新为基础。价值观不只是一种道德观念和行为规范，它首先是一种思想观念，人类价值观的变迁与进步正是基于思想的启蒙与创新之上的，二者相互支持和相互包含。同时，价值观的变迁也是推动思想启蒙和创新的力量。中国复兴既需要思想的创新与繁荣，也需要价值观的

---

① 《李大钊全集》第 3 卷，人民出版社 2013 年版，第 145—146 页。

革新与创造，这二者统一于变革的实践中。事实上，人类生活的价值表中存在很多内容，每个社会、每一种文化都构建了庞杂而深厚的价值体系，通过法律、习俗、宗教等传承下来。社会主义社会是一种有待于探索的新生活，它既要吸收借鉴人类文明创造的一切合理价值观，同时又要克服传统价值观中的各种不合理成分，进而在新的生活实践中培育新的价值观。因此，这是一个动态的、成长中的、不断完善的过程，不能认为社会主义核心价值观就是绝对唯一的、亘古不变的。从开放的立场看，社会主义核心价值观从理论化为实践、从思想化为行动，还需要不断探索、丰富和发展。

其五，在学习世界先进文明的基础上构建中国的价值观。以开放和宽容态度对待价值观上的冲突，是新文化所需要坚持的一个立场和价值观。人类历史包含了价值观的传播、交融与碰撞，这构成人类文明发展的重要动力。近代以来，西方资本主义在追逐利润驱动下走向世界，最终形成了世界市场。在这个过程中，基督教士常常作为排头兵、探路者与殖民者走向世界各地，在"传播福音"的精神感召下把其价值观传播到世界各地，美洲新大陆的开发便是新教徒们致力于创造新世界、争取自由而开创出来的，这同时也包含了对土著民族及其文化价值观的毁灭。如今，全球化已成为不可逆转的趋势，经济的一体化、互联网的普及等都使得价值观在全球范围内相互传播，而西方价值观在强大经济和政治实力等支持下掌握强大话语权。客观地说，西方价值观是伴随近代文艺复兴、启蒙运动、工业革命等生成和发展出的，在很大程度上浓缩了西方文明发展的精华，具有内在的合理性。这种思想文化推动了现代文明的产生和发展，也吸引了世界各国的认可与追随。中国需要以充分的文化自信接纳其他文明合理的价值观，与此同时，中国的崛起绝不是西方模式的复制，自然也不能简单移植西方的价值体系。在探索新文明发展道路的过程中，中国必然会立足自己的文化传统和现实生活创造出一套新价值体系。

第三节　建设社会主义新型价值观

　　价值观是贯穿社会系统的血脉，表现于国家、社会、个人三个层面之中，社会主义核心价值观也是如此。中国的复兴意味着建设文明国家，构筑新型社会秩序，培育新的公民，社会主义核心价值观从不同层面回答了建设怎样的新文明的问题。社会主义核心价值观的是一套价值体系，折射出现实生活中的国家、社会、个人之间的关系，价值观与社会现实的互动构成了社会变迁的复杂过程。今天被广泛宣传的"社会主义核心价值观"包含三个层面：富强、民主、文明、和谐是国家层面的价值要求，自由、平等、公正、法治是社会层面的价值要求，爱国、敬业、诚信、友善是公民层面的价值要求。培育和践行社会主义核心价值观需要正确理解这三个层面之间的关系。

　　人类以群居的方式存在，在集体的分工与协作中进行再生产，在原始部落基础上逐渐形成了复杂的"社会"。随着私有制的产生和社会分化的加剧，作为维持秩序的"国家"出现了。在这一过程中，人们的观念世界也随之发生了变化，形成了各种价值观念。《尚书》记载："帝尧曰放勋。钦，明，文，思，安安。允恭克让，光被四表，格于上下。克明俊德：以亲九族，九族既睦；平章百姓，百姓昭明；协和万邦，黎民於变时雍。"（《尚书·尧典》）尧最后将权力禅让于舜，体现了远古时代的政治文明，这种文明正是建立在美德之上的。尧的"允恭克让"等美德引领了整个社会的价值取向，进而有了家族和睦、万邦协和。从中可以看到，中华文明建立在美德之上，通过认识与遵循"道"、推崇与遵循"德"构筑了一套价值体系。经由儒家的传承，古代中国确立了"礼治"的传统。"礼，经国家，定社稷，序民人，利后嗣者也。"（《左传·隐公十一年》）面对礼崩乐坏的现实，孔子以恢复周朝礼制为己任，主张"道之以德，齐之以礼"，通过个人的"克己"以达到"复礼"，在"君臣父子"的秩序中确立国家、社会、个人的关系，这构筑了后世中国社会秩序的基本框架。简言之，古代中国确立了一套处理国家、社会、个人之间关系的制度规范和价值观念，其突出特征是遵循天道、坚持民本、推崇仁德。夏商周三代是中华文明发展中的第一个高峰。孔子说："斯民也，三代之所以直道而行也。"（《论语·卫灵公》）孟子说："三代之得天下也以仁，其失天下也以不仁。"（《孟子·离娄上》）国家建立在"直道""仁道"之上，"顺乎天而应乎人"，因而具有了正当性。这便是中华文明的道义基础，在国家层面反对暴政、霸道而主张仁政、王道，在社会层面推崇和谐、和睦、包容的社会关系，在个人层面崇尚自我修养、培育美德。这套价值体系成为几千年中国人的行为规范和精神信仰，支持中国人创造了灿烂的古代文明。

近代以来，在技术革命和生产方式变革的推动下，人类社会系统的结构和功能更加复杂，国家、社会与个人之间的关系也出现了重大改变。西方资本主义的发展冲破了传统的封建樊篱，在市场经济和城市生活中形成了市民社会。伴随着思想的启蒙与经济技术的发展，国家机器更加庞大，市民社会迅速成长，公民在启蒙中走向觉醒，这成为现代社会变迁的基本态势。黑格尔较早地关注了国家、社会与公民之间的关系，通过分析市民社会的成长揭示了现代社会结构的变化。在对黑格尔的理论进行批判吸收的基础上，马克思站在新的立场上对国家、社会和个人进行了分析，进而创立了唯物史观。他提出，人与人在现实的生产生活中结成各种社会关系，在阶级社会则形成各种阶级关系，统治阶级与被统治阶级的对抗与斗争构成一条主线，国家则是统治阶级维系统治的暴力工具。由此可以推论，在以往的社会里，国家、社会与个人之间存在对抗性关系，社会主义则要克服这种对抗关系，在新的经济社会基础上确立人与人、个人与国家、国家与社会之间的关系。由于社会经济基础的深刻变化，社会主义将确立人与人之间的平等关系，国家将成为为人民谋求公共福祉的工具。马克思、恩格斯考察了私有制、国家的起源与演变，从生产力的发展引起的生产方式中的变革中提出了超越现实社会对立与冲突的方向。

社会建立在某种观念基础之上，价值观构成贯穿社会系统的血脉，表现于国家、社会、个人三个层面之中。国家的价值追求体现了其正当性的基础。国家的存在依赖于民众对其正当性的认可与接纳，现代政治的进步则表现为不断拷问和反思国家权力的合法性基础。在对这一问题的回答中，民主、自由、人权等价值观逐渐流行起来，进而推动了世界民主政治的发展。社会的价值追求体现了社会生活的法则，社会的稳定依赖于维护社会的秩序、确立人与人的关系。比如在中国传统乡土社会形成了各种宗法制度、村规民约等，这成为国家法律之外的维持社会秩序的有效规范。个人的价值追求体现了公民的基本素养。不仅国家和社会需要有道德、守秩序的公民，公民个人也需要确立人生的坐标和行为的规范。所以，所有文化都重视教化人心，不仅传承谋生的技艺而且传播做人的价值规范。社会主义核心价值观也是一套体系，表现在不同层面上。

价值观是社会观念体系的核心，认识它还需要跳出观念本身、回归社会生活的实际去考察。价值及价值观是基于人类生产生活的实践产生的，也随着社会生产方式的变化而变化。同时，价值观也是一种能动的因素，在现实生活中发挥着重要的作用。因此，理解社会主义核心价值观需要从当代中国社会主义建设的实践予以把握。当代中国社会主义建设的任务是实现中国复兴的梦想，那么，21世纪中国的复兴将建设怎样的国家、怎样的社会、培养怎样的公民？中国的复兴是一个系统工程，包含了国家、社会和公民等各个层面的建设。抽象地说，这既包括建设中国人的物质家园，也包括建设新的精神家园，人们在这里找到精神信仰的依托和生命意义的安顿。不论是建设物质家园还是精神家园，其目标和基础都是培养自己的国民。社会主义核心价值观的三个层次的概括回答了要建设什么样的国家、建设什么样的社会、培育什么样的公民的问题。简单说来，21世纪中国复兴的总问题是建设一种新文明，中国的复兴将是一种文明的复兴。社会主义核心价值观从不同层面回答了建设怎样的新文明的问题。

首先，中国的复兴意味着建设一个文明国家，这种文明表现为富强、民主、文明、和谐，这些核心价值观体现了国家的正当性基础。富强、民主、文明、和谐是现代国家的标志。发展经济、维护统一、提供安全与秩序，这是现代国家的基本职能。如果不能提供这些基本价值，国家就会失去合法性。社会主义更是要超越资本主义而创造出更高的生产力。国家的正当性还来自人民的信任和支持，人民当家作主是社会主义国家的本质规定。其次，中国的复兴将构筑一种新型社会秩序，构建一个文明社会，这种文明表现为自由、平等、法治、公正，这些价值观是形成文明社会的良好秩序的价值基础。现代社会将人从各种依附关系中解放出来，使人成为一个平等和自由的主体。法律面前人人平等，法治将这种自由和平等给予法律上的确认和保护。在此基础上，市场经济得以发展并强调了公平竞争与机会均等。由于资本主义社会固有的局限，其自由、平等、法治与公正都是有局限的，作为对资本主义的超越，社会主义则要将这些价值贯彻到底，建立更加合理、公平、正义的社会。这是社会主义的正当性所在。如果背离了这些基本价值，也就背离了社会主义本身。最后，中国的复兴将培育新的文明公民，这种文明表现为爱国、敬业、诚信、友善，这些价值观体现了现代公民的文明素养。人是社会行动的主体，社会重建与个体重建是同一个过程，中国文明的复兴同时意味着培育新一代文明公民。中国历来为礼仪之邦，以培养谦谦君子为人生最高理想。在市场冲击和金钱诱惑面前，整个社会的道德底线不断被冲破，中国人也被称为"经济动物"而难以得到世人的尊敬。中国文明的复兴则最终表现为培养"文明人"，塑造新的真善美的中国人。

总之，三个层面的价值观都指向了一个主题，即 21 世纪中国复兴是培育一种新文明，培育新型政治文明、物质文明、精神文明、生态文明，最终表现为培育有着高度文明素养的现代公民。有人认为中国崛起所奉行的是"霸道"而非"王道"，因为中国的发展仅仅表现为经济和军事实力的增强，由此也给周边国家带来了不安。这是对中国发展的一种误读。不论从历史、文化还是当代中国的意识形态看，中国一直是一个文明国家，21世纪中国的崛起也必将延续这种传统，在创造一种新文明中展现泱泱大国的气度与风范。所以，中国的崛起必然行"王道"而非"霸道"。经济军事实力的提升并非是中国复兴的本质，我们绝不可自满于此而变得傲慢自负。在经济发展的基础上，中国还需要下大力气进行政治建设、社会建设、文化建设，培育现代国家、社会和公民，探索新型社会的价值观体系，重构中华文明的思想与道义基础。从历史上看，这无疑是中华文明发展历史上的一次历史性飞跃，这包含引入传统社会和文化中所没有的新特质如民主、自由、法治等价值观，必将从深层次上改变传统社会和文化的结构。这些价值观既是人们长期奋斗获得的共识，也是社会发展的内在趋势和客观要求，体现了社会进步的方向，因而是引领我们实现中华民族复兴的思想指南和价值目标。

社会生活本身是一个整体，文明也以一种系统整体的方式表现出来，它是人们在各个层面的生活中创造出来的，这包括国家层面的政治生活、市场与家庭中的社会生活，也包括个人的日常生活。三个层面之间相互支持构成一个整体。如果国家缺少正当性基础，如果社会失去了公正、法治，公民的自由得不到保障，如果公民都没有基本的道德遵循，也就不能称为文明国度、文明社会、文明公民。维系社会秩序的各种价值之间需要相互支持、彼此协调而不能彼此冲突，从而呈现为一个整体。社会主义核心价值观的三个层面存在密不可分的关系，它们相互支持、相互渗透，共同构成一套价值体系。

在国家层面实现富强、民主、文明、和谐是中华民族复兴的基础和标志，它们确立了当代中国的基本价值取向和价值目标，是培育和践行社会主义核心价值观的宏观层面。国家的文明程度常常决定了社会、个体的文明水平，国家的富强、民主、和谐是社会团结稳定的基础，更是个人幸福与自由最重要的保障。天下有道，则盗贼不兴、人们安居乐业、社会团结和睦，人性会充分展现出其美与善。相反，如果天下无道，则盗贼蜂起、民不聊生、社会分裂、冲突不断，人性的丑与恶就会爆发出来。所以，中国传统政治文化首先强调的是国家要遵循"大道"、拥有道义的支持，这样才能天下咸宁、百姓信服、社会安定。所以，国家层面的价值观就是国家是否遵循了社会发展和人类进步的"大道"、是否得到了民心的支持。对于当代中国来说，国家要富强、民主、文明、和谐，这便是社会进步的"大道"，只有遵循这些"大道"才能得到民众的支持。

在社会层面实现平等、自由、法治、公正是维护社会稳定、增进民众福祉、保护公民权利、建设和谐社会的基本价值准则，也是社会正义的基本体现，是培育社会主义核心价值观的中观层面。社会的稳定需要秩序，对于十几亿人口的大国来说，维护社会的稳定、团结、和谐十分不易，而转型期的复杂利益冲突又加剧了社会矛盾。这时，必须认识并遵循社会发展的趋势和民众的诉求，坚持社会主义的基本价值立场，着力建设平等、自由、法治、公正的社会关系和社会秩序。这些价值观既是社会主义社会的奋斗目标和价值原则，又是化解现实矛盾、建设理想社会的正确道路。比如，面对严重的贫富两极分化问题，坚持社会主义核心价值观就要求站在平等、公正立场上公平地分配社会财富，尤其是通过完善法治、约束权力、规范市场，制止权钱交易带来的各种腐败，让人民共享改革发展的成果，这样才能体现社会主义的本质。社会是国家与个体之间沟通联接的环节，是实现国家意志的具体途径，也是个人生活的具体场域。因此，国家的富强、民主、文明、和谐通过社会层面表现出来，需要社会层面的价值观的支持。个体价值观也通过社会生活、市场交易中体现出来，在社会生活中践行平等、自由、法治和公正会直接引导和培养公民个体的价值观的形成。因此，加强社会建设、培育社会层面的价值观是构筑和谐社会、建设民主国家、培育文明公民的重要环节。

在个体层面传播爱国、敬业、诚信、友善的价值观，是培养良好社会道德风尚的直接要求，是培育和践行社会主义核心价值观的微观基础。一个社会的价值观最终通过无数个体的认同与践行体现出来，每一个时代的道德教育都最终落脚到个体的人身上，致力于培养社会所需要和倡导的臣民或公民。在实践中人们认识到，人们对于社会主流价值观的认可、接纳和践行是不能依靠强制来实现的。中国的儒学、道学、佛学都主张通过学习、觉悟、行动逐渐认识真理、自觉践行，内化于心、外化于行。柏拉图试图通过培养"哲学王"、儒家试图通过培养道德高尚的"君子""圣贤"来实现国家善治、天下大同的理想。事实证明，仅仅依靠个人的道德是难以实现国家层面的善治的，但是个人的道德修养却深刻影响着社会历史的进程。现代社会，人的现代化是社会现代化和国家现代化的基础，培养现代公民是民主政治发展的基本条件。总之，加强个人层面的价值观建设是构建社会和国家层面价值观的基础所在。

社会主义核心价值观的三个层面之间的划分是相对的，不可教条式地理解。事实上，任何一种价值观都常常贯通于国家、社会、个体三个层面，因为一种价值观的形成、传播和实践是整个社会系统运行的结果，表现于社会生活的各个层面。恰如血液在生命系统中的循环,它是要贯通整个系统的。比如,法治是社会层面的基本价值观,当然也是国家层面要遵循的基本价值,建设法治国是现代国家的基本选择和价值目标。国家要保护公民自由,这是现代法治国家的基本立场和目标。国家的运行包括各种资源、权利的分配需要公正。诚信是一切社会行动主体应该坚持的基本规范,政府、企业、社会组织都需要讲诚信,这样才能引导个体成为诚信之人。同样,社会生活追求和谐,"家和万事兴",个人身心和谐也才能幸福。这说明,关于社会主义核心价值的三个层面的划分只具有相对的意义,是为了理解的便利而进行的人为划分,不能进行绝对化的理解。

社会主义核心价值观的国家、社会和个体三个层面是否存在主次先后之分?对此需要从不同角度去认识,不宜一概而论。一般而言,价值观带有较强的主观性,在不同的文化背景和不同时代有很大差异,各个不同价值之间也存在冲突,因此也有了价值表中的前后、轻重之分。孟子讲:"民为贵,社稷次之,君为轻。"(《孟子·尽心下》)这一价值序列体现了民本的思想,虽然在现实中常常落空,但体现了一种合乎道义的价值立场。

从现实看,国家、社会与个体之间并非是对等的关系,国家天然拥有合法地使用暴力的权力,因而总是处于强势地位。特别是在传统社会里,个人与社会总是弱小的;在社会与个人之间,个人常常处于弱势地位。在宗法社会中,家族的利益高于一切,个人的自由与权利难以得到保护。现代社会转型的一个方向是从社会本位向个体本位转变,在培育市民社会中约束国家权力,在彰显个体公民的自由与权利中推动个性解放。具体到社会主义核心价值观来说,不同层面的价值观也有着不同的地位和影响力。国家的富强、民主、文明、和谐居于基础性地位。国家的富强为人们提供最重要的生存保障，而当人为生活必需品竞争时，一切陈腐的东西就会沉渣泛起。按照马斯洛的需求层次理论，人的需求有不同层次，低层次的需求具有优先性。既然需求是有层次的，满足需求的价值也会有差异，人们的主观的价值判断、列出的价值表也会有一定的先后、轻重之分。比如，对于大部分民众而言，经济安全仍然是最重要的价值。对于十三亿中国人来说，生存、安全仍然是最基本的需求，只有在满足这些基本需求的基础上才能不断实现更大需求的满足。必须正视的是，随着中国经济的发展和人民生活水平的提高，民众的需求结构发生了深刻变化，对于物质之外的需求已成为一种客观的事实。这时，就不能认为经济发展可以解决一切问题。社会主义的宗旨是不断满足人民群众日益增长的物质、文化、政治需求。比如，民主是现代国家的基本价值，没有一个国家否认民主的价值。民主可以避免国家权力沦为少数人压迫多数人的工具，维护社会的基本正义与秩序，这是现代文明的体现。在个人面前，社会又是强势的，建设一个合乎道德的社会是培育有道德的公民的基础条件。如果社会的规则和秩序遵循法治、保护公民自由、体现公正，就可以引导公民自觉向善。否则，个体公民则很难以个人的道德来对抗社会的不道德。

社会主义核心价值观的三个层面之间的关系折射出现实生活中的国家、社会、个人之间的关系，二者相互塑造共同构成了社会变迁的生动过程。当代中国正处于剧烈的变迁之中，生产方式、社会结构、国家治理等各个层面都在发生深刻变革，与之相伴随的则是文化价值观的演变。如何处理好国家、社会、个人之间的关系，在三者之间确立怎样的结构与秩序，这是当代中国社会转型与变迁的中心问题之一。传统上的社会结构是强国家、弱社会、弱个人,社会变迁的一个方向是强化社会的力量、增强个体的主体性。保护个体公民的权利与自由,培育和释放个体公民的创造力,拓展社会组织参与公共事务的空间,都是解决当代社会复杂问题、推动社会善治的途径。这时,就需要从理念和起点上重新认识国家、社会、个人及其关系,寻求其新的道义基础,社会主义核心价值观则提供了一种思想基础。从民主、自由、平等、法治、公正等价值观出发,社会主义国家就不能成为少数人谋求个人私利的工具,而应该是为人民谋福祉的机构。鉴于国家权力的强势和容易被少数人滥用的现实,坚持社会主义核心价值观就要毫不动摇地从体制机制上深化改革,推动社会主义民主与法治建设。

第四节 价值观建设的现实路径

寻求 21 世纪中华民族复兴的价值支撑,需要将价值观建设融入中国复兴的总进程,再造中华新文明,培育文明国家、文明社会、文明公民。社会主义核心价值观不只是精神文明建设的问题,它关系中华民族复兴的总体事业,是一代又一代中国人在生活中得出的结论,体现了社会进步的规律和方向,因此需要将之纳入社会主义建设的总体布局,在推动物质文明、精神文明、政治文明、生态文明建设中践行、传播、发展社会主义核心价值观。在宏观层面上,培育和践行社会主义核心价值观需要从国家层面入手,致力于建设富强、民主、文明、和谐的国家,这是决定中国人命运的基础所在。国家发展道路上充满各种不确定性和风险,历史经验证明,必须毫不动摇地坚守上述价值目标，决不能因为国际国内的一些异动而动摇这一目标，而要创造条件保持国际和平与国内稳定，为中华民族复兴奠定坚实的物质基础。同时，要坚定不移地以民主作为国家发展的基本价值目标，不断发展社会主义民主、落实人民当家作主，建立实现国家长治久安的制度保障。青年的成长塑造了国家和民族的未来，而树立正确的价值观则是青年健康成长的必要条件。以社会主义核心价值观推动青年成长，使当代中青年认同和传承社会主义核心价值观，是当代中国社会面临的迫切问题。

第一，以现实生活的改革实现价值观建设中理论与实践的统一。通过深化改革构筑制度保障。当代中国对价值观的宣传教育工作不可谓不重视，投入的物质和人力不可谓少，可是为何收效不理想？这与时代变化特别是生产方式的变化有直接关系。教育的普及使得公民的文化素质不断提高，互联网的普及带来社会的开放与社会交往方式的变化。这时，传统的依靠强制灌输和宣传教化的方式塑造社会价值观的模式受到冲击，如果抱残守缺、故步自封、高高在上、拒不改革，价值观建设就无法取得实效。马克思与恩格斯曾说："共产主义者根本不进行任何道德说教……共产主义者不向人们提出道德上的要求，例如你们应该彼此互爱呀，不要做利己主义者呀等等；相反，他们清楚地知道，无论利己主义还是自我牺牲，都是一定条件下个人自我实现的一种必要形式。"[1] 这是因为，道德观念不是孤立产生的，而是特定的社会生产方式和政治制度下个人"自我实现的必要形式"，并且为背后的这种物质条件所决定和支配。

---

[1]《马克思恩格斯全集》第 3 卷，人民出版社 1960 年版，第 275 页。

马克思主义之所以是科学而不是空想，就在于它不像空想社会主义那样通过道德教化来建设新社会，而是在揭示社会观念背后的经济与社会结构及其运行机制，进而通过改造它们从而消除传统价值观念的物质基础。推动价值观建设同样需要坚持马克思主义的这一基本立场和方法。价值观建设与民主政治建设、市场经济发展是同一个过程，二者相互影响和促进。这种同步性意味着价值观建设不能通过运动式的宣传教育一蹴而就，相反，这需要将价值观建设与国家的改革发展作为一个整体予以推进，在市场经济改革与民主法治建设中确立新价值的制度基础，以新价值来引导和推动经济和政治改革。改革和发展必然以某种价值观作为支持，经济转型要求超越以往的价值观如片面追求GDP、忽视生态价值、片面重视资本利益而忽视民众利益等。推动创新转型必须以新的价值观为引领，如确立知识创新导向、尊重人的创造性、鼓励自由探索等，这些价值观也成为推动经济转型的动力。事实证明，解决发展中的复杂问题仅仅依靠宣传和教育是不够的，推行法治和民主才是根本的解决之道。权力和资本都有强大的自我复制和扩张的本能，必须依靠更强大的制度约束才能把它们"放到笼子里"。建设法治国家则需要人们将法律奉为至高无上的权威，从内心深处服从法律的统治，培育对法治的信仰。当法治还没有成为一种普遍信仰时，人们会想方设法规避法律或钻法律的空子，或者拿法律做交易、视法律为儿戏尤其是以权代法。所以，培育人们的法律观念和法治信仰，既是价值观建设的内在要求，也是建设社会主义法治国家的基础所在。

第二，从系统整体的视野予以推进。一个社会形成良好的社会风尚、展现较高的文明程度、培育各方认同的价值体系，需要在各个层面上达成共识、促成集体认知和集体行动。一种狭隘的观点认为，价值观建设是教师针对学生、成人针对未成年人、领导针对下属等的"教育"，告诉对方"什么是对的""应该怎么做"。事实上，任何人都不具有先天的道德优越性，"圣人"也是在不断反思和改正错误中完善自己的，而这种勇于反思和改正的精神恰恰是塑造"圣贤"的途径。所以，培育社会主义核心价值观需要所有人的自觉参与，不论学问、权力、财富、美丑的差别有多大，人人皆可以成为圣贤，人人也可能成为魔鬼。尤其是，对于掌握财富、权力、知识的"精英阶层"来说，他们的言行常常引领了社会的价值观，他们是勤俭还是奢侈、是清廉还是贪腐、是精进还是怠惰，常常塑造了一个时代的价值观。所以，加强社会主义核心价值观建设需要在社会各个层面展开，既要教育和引导青少年和民众加强道德修养，也要社会精英阶层率先垂范。仅仅依靠个人的道德修养是不够的，必须从国家和社会层面上加强制度建设，完善体制机制。这就要全面深化改革，健全社会主义民主与法治，完善社会主义市场经济体制，以良好的制度来约束人性的弱点，通过推动政治文明、制度文明的建设来引导人们自觉践行社会主义核心价值观。

第三，动员社会共同参与价值观建设，以国家和社会的建设为着力点，带动个体公民价值观的培育。追求幸福是人生的终极目的，个体的幸福与群体的幸福密切相连，集体幸福是个人幸福的基础和保障。如果人人都只是追求个人利益，如果个人的幸福建立在相互欺诈、互不信任、缺少合作、少数人剥夺和压迫多数人之上，这样的社会也无法保障每个人的幸福。幸福的生活依赖于社会的合理结构与良好秩序。文化的复兴与制度的变革、社会共同体的再造是同一个过程。每个人都参与到共同体的集体幸福的追求中，在建设美好家园中让每个人得到幸福，这是中国复兴的内在逻辑。决不能让少数人通过崛起权力和财富，主导中国向着权贵资本的道路上发展。只有以民族大义克服小我之私利，才能突破现有利益格局的束缚，构建中国复兴的制度与文化平台。如今，工业化和城市化等深刻改变了社会结构，传统基于血缘、地缘等关系之上的稳固社会关系被打破，人们相互之间成了"陌生人"，彼此缺乏信任、关爱、合作，在熙熙攘攘的人群中反而觉得孤独与冰冷。社会主义是一种新型社会，它建立在人与人新型的社会关系之上，信任、团结、友爱、合作应该是其本质特征。受到长期的大一统的传统和儒家正统思想的影响，中国重视"天地君亲师"的教化作用，价值观教育常常是政府行动。然而，社会生活是具体的真实的，存在于亿万人的日常生活中，民众与个人是践行价值观的真实主体。构建社会主义核心价值观不是依靠一纸命令或者铺天盖地的宣传就可以实现的，事实证明强制性的灌输越来越难以奏效。价值观教育应充分发挥和调动社会各个层面的力量，让全社会成为价值观教育的主体，动员社会各种力量自发参与到价值观教育的实践中来。一旦社会公众的热情被激发出来，尤其是将价值观教育化为社会主体自觉的行动，社会生活中孕育的强大动力便是价值观教育最强大的动力。当代青年的生活环境发生了重大变化，社会上发生的一切都能够传播到学校和学生世界中。结果，现实常常让学校课堂上的教育很快失去说服力，而社会流行价值观对青年的影响越来越大。这时，仅仅依靠学校进行教育是不够的，从长远看，还要从整个社会的道德建设入手，培育良好的社会风气，为青年的健康成长创造良好条件。家庭是社会的细胞，家庭教育对儿童价值观的养成最为直接。随着中国逐步进入独生子女时代，家庭结构的重大变化直接影响了青年的成长。这时，需要将家庭教育纳入社会道德建设的环节中，与学校教育沟通起来，建立学校、家庭和社会的良性互动机制，引导广大家庭和社会各方面主动配合学校教育，以良好的家庭氛围和社会风气巩固学校教育成果，形成家庭、社会与学校携手育人的强大合力。增进社会团结不仅需要靠增加物质投入，增强社区服务功能，更需要培养新型社会关系，让人们感受到社会的温暖，也让人们在互爱互助中提升道德水平。其中一个方向是重视社会建设，动员社会各种力量参与到价值观建设中来。价值观教育需要全社会共同参与、齐心协力，这既要发挥工会、共青团、妇联等人民团体的作用，也需要发挥新型社会组织包括各种 NGO 的作用。推动社会组织的发育和成长，鼓励人民群众自己组织起来管理自己的事务，将一些政府管不了也管不好的事务交给群众自己去处理，这是"社会创新"的一个方向。在这个过程中，新型社会组织具有内在的生命力，它们可以组织群众展开各种形式的活动，使群众在自觉自愿的活动中培育和形成共同的价值观。人民群众既是社会主义建设的主体，也是社会价值观建设的主体。只有为广大人民群众所认识、接受并自觉践行，社会的主流价值观才是鲜活的也才能发挥其功能。因此，必须尊重和发挥人民群众的主体性，使培育和践行主流价值观成为人民群众"自己的"事务而非外在的任务。这就要调动社会各界的积极性和创造性，使广大人民群众以主人翁的精神参与到共同事务中来，在相互尊重、充分协商、合作互动中化解矛盾、增进共识、寻求理解、强化认同。

第四，引导文化产业健康发展，创造优秀的精神文化产品，引导青年在健康向上的文化氛围中成长。在摆脱温饱实现小康的基础上，青年生活的主题已经更多地转向了精神文化生活，对精神文化产品的消费也占据了其生活的重要部分。这时，整个社会向青年提供怎样的精神文化产品也直接影响了其价值观的塑造。精神生产领域需要推动思想理论、文学艺术等各个方面的创造，传播思想、砥砺精神、愉悦身心，营造社会健康向上的文化氛围。在市场经济机制下，文化与产业、艺术与市场走到了一起，形成了在互相推动中创造新价值的文化产业。改革开放以来，我国的文化产业快速发展，文化产品越来越丰富，新闻出版、广播电影电视等走向市场，为人们提供了丰富的精神食粮，也成为新的经济增长点。与数量上的快速增长比较，精神文化产品的质量还有待提高。比如一些游戏产品充斥黄色与暴力，一些艺术产品宣扬奢侈享受、不劳而获、萎靡颓废思想，赚钱牟利成为一些文化机构主导的价值观，给社会的和谐与人的身心健康带来负面影响。如果完全依照市场的逻辑、任由资本的意志控制文化产业的发展，结果可能使文化为资本所绑架，精神生产最终背离社会主义的宗旨。当年法兰克福学派曾批判了资本主义社会中文化产业对民众思想的麻痹和意志的剥夺，如今，文化产业被正名并赋予了合法性。这是市场的胜利，也有其合理性基础。不过，必须清醒认识到文化与工业、艺术与市场除了可以相互补充和支持外，还存在相互冲突的一面。市场遵循的是逐利法则、以追求经济利益为宗旨；文化遵循的是精神法则、以追求社会效益为目的。当二者发生冲突时，资本常常处于强势地位而让文化屈从于市场的逻辑，结果就可能以牺牲文化来换取利润。毕竟，除了给人增长知识、使人在娱乐消遣中放松身心之外，精神文化产品还发挥着"育人""化人"的功能。社会主义文化的根本目的是丰富人们的精神生活、引导健康向上的生活方式、培养和教化人的心灵。所以，不能任由市场和资本支配社会主义文化的发展，而应在充分利用市场的同时，约束和引导市场的方向，实现经济效益和社会效益的统一，在二者不能统一时坚持社会效益第一。社会主义文化的发展的灵魂不应是金钱而应是社会主流价值观，通过优秀作品来弘扬真善美、贬斥假恶丑。在商业化的渗透和浮躁的社会风气影响下，精神生产工作者如果屈从于市场的诱惑和压力，急功近利、心态浮躁，就很难生产出优秀的作品。精神产品是人的精神世界的写照，是人的思想和心灵的再现。文化承担着"教化人心"的职能，通过优秀文化培育社会主流价值观是当代中国文化发展的基本使命。

第十一章

中国复兴的主体担当

近代以来中国的社会历史展现出古老文明在现代性冲击下走向瓦解和重生的生命活力,这一进程是通过作为历史主体的人来实现的。面对21世纪的中国复兴,中国人能否以及如何承担起历史使命,又从何处生发出变革的动力?从事实和理论的双重维度看,中国复兴既是社会文化系统结构的重建,也需要并必然包含人的自我重建,二者的互动构成历史变迁的自然进程。

第一节 国家复兴与公民重塑的互动机制

一种伟大文明的创造总是汇聚了人的智慧与德性,展现了该时代人所能达到的生命高度,折射出人类精神与灵性的光辉。在这种创造中,人不断超越自己并释放出生命的能量,从而也在精神层面塑造一个时代所独有的丰碑。古希腊文明、古代中华文明等都曾有各自的辉煌,它们不仅创造了支撑后世的技术、艺术和制度,更借助于思想构筑起恢宏的精神世界,这不仅表现于苏格拉底、柏拉图、老子、孔子等思想家中,还表现于普通人的生命存在状态，表现于日常生活中人的身体、智力、精神与德性。

在社会历史变迁过程中，主体的再造与社会的变革是同一个过程，二者互为条件、互相作用。改革与社会变迁是社会结构的再造，侧重于主体之外的"结构"如制度、文化等。历史的事实看，个人总是社会的产物并为它所塑造，既定的生产力水平、经济制度、政治制度、文化意识形态等构成一种强大的约束性力量，在基本面上塑造和支配了人的思想观念与行为模式。作为"结构"的力量非常之强，主体特别是个人在它面前常常无可奈何。人只能在社会系统中追逐利益与实现意志，认可和遵循其中的规则是一个基本条件。借助于学校、媒体、宗教、习俗等，社会尤其是统治者更是有意识地进行教化，以此维系有利于自己的统治秩序。结果，个人也自觉成为这种观念与秩序的认同者与维护者，从而也难以产生批判的精神与反抗的意志。从事实看，个人都是为社会系统所塑造和支配的，社会系统的结构决定了人的价值观、能力、信仰和行为模式。另一方面，人是能动的行动主体，具有变革社会的行动能力。基于对二者关系的辩证认识，社会变革既要认识和尊重社会发展的规律又要充分发挥人的主体能动性；通过主体的再造冲击原有结构进而改变系统，又通过新的社会结构塑造主体的思想和行为，由此形成一种良性的互动循环。从历史上看，人类社会从传统到现代的转型既是创造新的生产生活方式和思想观念体系的过程，同时也是人在社会结构的变迁中自我重塑的过程，二者相互交织构成一个基本逻辑。一些学者用"人的现代化"理论解释这一现象，现代化需要并且塑造了人的"现代性特质"，表现于其知识技能、价值观、行为方式等等。从国家发展的历史经验看，伟大的国家造就伟大的公民，伟大的公民造就伟大的国家，这是一个彼此依赖相互塑造的互动过程。既不能等建立了伟大的国家再培养健全的公民，也不能等生长出健全的公民再塑造伟大的国家，二者统一于社会变迁与国家重构的同一过程。在这里，社会重建与个人重建互为条件、彼此影响，共同汇成文明进步的历史洪流。

中国的复兴是中华文明在变革与创新发展出新文明的过程，也是亿万中国人在抗争与奋斗中改造自我、重塑生命的过程。这意味着创造一个新的伟大国家和新的文明，同时也必然需要并且培育新的国民。由于其厚重的历史负担，这必然充满了新与旧、传统与现代、历史与未来的剧烈冲突。正如一切生命自我克服与超越的蜕变一样，社会文化系统的变革必然需要新思想、新文化等各种新生力量的冲击。正是认识到古老中国的衰败、陈腐、蒙昧，先行者们才提出变革与超越的诉求。面对"老大帝国"的蔑视，梁启超热切地呼唤"少年中国"。在最黑暗的时刻，中国人依然对自己充满信心，青年就是希望所在。李大钊热情歌颂"青春中国"，这种认识和追求成为近代以来中国复兴的基本图像，进而激发了整个民族自我变革的动力，在革命与现代化建设的曲折历程中实现了涅槃重生，整个国家呈现出青春的气象。建设青春中国，青年一代自然是最重要的主体之一。在中国历史上，一个人从少年直接转为成年、壮年，在行成人礼与结婚生子中完成了"社会化"的"成人"过程，很快被家族与国家所同化。在20世纪初，中国出现了一种新思想、新面孔、新气象，出现了"青年"，青年群体的出现和被认可成为社会变革的引擎。从陈独秀创办《新青年》、胡适鼓吹"新文化"、鲁迅倡导"新人"，一代青年在启蒙与觉醒中踏上了变革的道路并成为社会革命的决定性力量，从而为古老民族注入了新鲜的血液。陈独秀热烈曾赞颂青春，呼唤中国青年在追求变革中奋发有为。这些热切的呼唤旨在冲破弥漫在神州大地的陈腐之气，甩掉陈旧老成之包袱，在金色朝阳的万丈光芒中获得新生。"青年如初春，如朝日，如百卉之萌动，如利刃之新发于硎，人生最可宝贵之时期也。青年之于社会，犹新鲜活泼细胞之在人身。新陈代谢，陈腐朽败者无时不在天然淘汰之途，与新鲜活泼者以空间之位置及时间之生命。人身遵新陈代谢之道则健康，陈腐朽败之细胞充塞人身则人身死；社会遵新陈代谢之道则隆盛，陈腐朽败之分子充塞社会则社会亡。"[①] 因为一代代青年前赴后继的牺牲与创造，古老中国才焕发出新的生机，也才有了青春中国的崭新气象。青年不仅标示了时代的精神状况更塑造了世界的未来，青年的今天就是国家的明天。

第二节　当代中国人的生命状态

那么，当代中国人的知识、能力与思想状况是否可以支持中国的复兴？从积极意义上看，中国人的身体、智力、精神状态等各个方面都有了空前的进步，早已甩掉了"东亚病夫"的帽子而以"东方雄狮"的形象出现在世界舞台。对此，人们用"人的现代化""人类发展指数"等指标予以衡量。从最直观的经验事实看，中国人在历经数千年的文化涵养和一个多世纪的现代文明洗练之后已经发生了深刻变革，整个民族的整体素养已跃升到了新的水平。中国的人类发展指数不断提高，这与经

---

① 《陈独秀著作选编》第1卷，上海人民出版社2009年版，第158页。

济发展有直接相关；身体素质不断提高，平均寿命、健康状况已达到中等收入国家水平；智识水平显著提高，教育的普及提升了国民的知识和技能，中国甚至向世界贡献出一大批高智商人才。中国人已走出了近代以来的精神低谷而重建了自信，世界也对中国人刮目相看，这已成为不争的事实。

还应看到，中国社会还处于剧烈变革之中，中国人的综合素养也依然存在结构性的差距甚至矛盾。一个网络上的热门话题是，"80后"甚至"90后"的年轻人进入"中年危机"，"未老先衰"成为一种社会现象。本来是朝气蓬勃、意气风发的青年却过早地背负了沉重的物质与精神负担，过早地磨平了青春的锐气与激情甚至陷入"危机"之中。这显然是不正常的现象，显示了整个社会肌体出现某种程度上的"疾病"。近年来，青年中流行一种"丧文化"，沮丧、沉沦、丧失，在强大的现实支配下，人们普遍感受到自己的无力无助，"青年才俊"也在追逐个人现实功利的路上成为"精致的利己主义者"。青年在社会生活中的声音弱化，整个群体在社会生活中难以看到有体现个性与创造力的影响。在一些"青年代表"的话语中也常常充斥了官样套话，给人的印象是暮气沉沉而失去了应有的锐气。在网络普及的时代，信息的共享和泛滥在为青年提供了无穷多的信息，同时也让他们变得失去辨别力直至沦为信息的奴隶。"早熟"或者是"少年老成"让青年老于世故，青春的理想与激情为平庸的现实生活的规则所取代。青春本应是反抗现实中的假恶丑、追求真善美的力量，追求真理、说真话、做真人应是其本来面目，然而现实却让人越来越远离"真"而走向生命的反面。

文明不仅是物质和技术的发展更表现为精神、德性、社会制度的进步。文明的力量虽然离不开物质的基础，但真正体现文明魅力与价值的恰恰是超越物质的精神力量，在一个国家和民族的精神世界中展现出作为人的价值，物质的成就也是精神的一种再现。支撑中国走向复兴和新文明的创造，中国人需要以大无畏的精神面对自身的弱点和缺陷，在自我革命中实现社会文化的深刻转型与变革。随着思想启蒙与社会变革，中国人的精神也获得了空前的解放，人们在愈加自由的环境中独立思考和行动，由此获得了前所未有的生命成长空间并展现出巨大的创造活力。人性是复杂的，中国人更有着复杂而多样的面孔。以对中国人的根深蒂固的国民性的认识，一种悲观的判断是，由于无法克服自身的劣根性，中国人陷入各种零和博弈中，每个人都在极力追求自我利益的最大化，结果却在伤害共同利益中无法实现个人的利益。辩证法认为，事物的发展是自身矛盾推动下的自我否定和自我发展，因此其关键是通过自我认识和批判而实现一种超越，从而在否定中肯定自己进而实现事物的发展。中国社会与文化的进步依赖于中国人自身的变革。对于国民性的反思与批判启蒙思想家即开始，而今这一任务还远未完成。由于社会制度与文化传统的强大惯性，由于民族基因中流传的集体无意识的支配，中国人还深深生活在传统之中，从臣民向公民的过渡还依然十分艰难。整个社会的道德状况尤其堪忧。当对于神秘力量的信仰被理性祛除以后，人类就不得不独自面对自己的命运，这既是人精神成长的标志也是人陷入冲突的原因。人类的理性、智慧和德性能否战胜与之相伴的蒙昧、愚钝和丑恶？事实是，技术在飞速发展，人的智慧与德性却未必必然随之提升。在社会进步的表象背后存在深层次的社会普遍征候，即人的精神生命的衰退。当透过让人窒息的社会文化制度压迫而予以反观之时，当生命警觉到自身的根本境遇之时，一种惊人的事实就呈现在人的面前：人还远没有开始真正的生命历程，距离生命所具有的可能性而言，人可能还是十分有限的存在。

那么，什么使人磨平了棱角、暗淡了理想、销蚀了锐气，什么侵蚀了青春的激情与创造力，什么抑制了青春力量的迸发而使青年变得暮气沉沉？人是环境和教育的产物，"环境"和"教育"是两个基本因素，对于环境与教育的分析也就是认识当代中国人处境的基本方面。从根本上说，环境包括自然环境与社会环境，后者对于人的影响和塑造是根本性的。经过漫长的演化特别是进入"现代"以后，社会系统趋于复杂而愈加成为精密的系统，其基本功能就包含了对人的支配、控制与改造。作为一种先于个人而存在的客观事实，社会以其强大而稳固的结构出现在人面前，人一出生便置于这个结构之中而被其所塑造，成为这部复杂机器运转中的一个微不足道的"螺丝钉"。面对这一道道被称为"体制""传统"的铜墙铁壁，个人的力量是微乎其微的，改变它们更似是以卵击石。在当今中国，社会生活不仅发生剧烈变革，而且也寓意呈现"利益固化""阶层固化"的趋势，青年的发展空间受到挤压，"拼爹"成为最现实的竞争法则。分析背后的社会运行机制可以发现，资本与权力是支配现代社会的两种决定性力量，它们塑造了社会生活的基本法则同时也规定了人的行为模式与价值观念。市场经济发展提供了众多成功的机会，一些人如 IT 精英利用其才智站在了潮头。然而由于更强大的市场竞争与资本逻辑的支配，青年也陷入空前的"制度化"程序中而迷失了自我。消费主义的盛行也让青年人在感性欲望的满足中麻醉了斗志。

除了"环境"之外，作为培养人的事业的教育自然是最为直接而关键的因素,对于国民素养的形成最为重要。中国历来重视教育,近代以来在接受西方教育制度与理念中发展出现代教育体系。在民国时代,面对满眼的赤贫与文盲,陶行知先生发动了平民教育运动,以最低成本的教育方式发展现代基础教育。1949年之后,中国的教育取得了历史性进步,更在改革开放中普及义务教育,高等教育的普及也逐渐成为趋势。与此同时,受制于各种因素的影响,中国教育还面临各种种种不适应而难以满足中国复兴的需要。教育的改革发展是实现中华文明复兴的基础所在。作为一种前瞻性、先导性的战略行业,教育通过思想文化创造与现代公民的培育而成为中国文明复兴的基础。从中国复兴的总目标出发,教育担负着基础和核心的工作,既传承和创造知识、价值与思想又培育新一代公民,由此教育构成推动中国复兴的动力引擎。教育必须立足未来审视现实,因为教育正是创造未来的事业。对此人们的认识是清醒的,"科教兴国战略"便将教育列为国家发展的基础,以此寻找经济发展与技术变革的根本。从世界各国包括中国发展的经验看,教育通过传播和创新知识、培养技术人才而构成现代国家经济技术发展的途径。

在当代中国剧烈的社会变迁中,教育在快速发展的同时也出现了各种混乱与迷失。在发展市场经济的过程中,社会的运行机制与价值观念都为市场的逻辑所影响甚至支配,具有很强"公共性"的教育也被"推向市场",市场的交易法则、功利主义价值观自然流行起来,商业化、功利化、官僚化渗透到教育的每一个环节。工具理性的泛滥等使教育技术、专业知识支配了一切,几千年所教育传承的理想、理念与价值受到剧烈冲击。教育必须抵制资本、权力的支配而挺立起教育自身的主体性和独立性，这种品格扎根于人类文化生命力的深处，体现出现代性的基本精神，也代表了社会主义教育的方向。国家经济发展与社会文化转型对创新教育的要求。21世纪实现中国的复兴需要创新转型，一个基本条件是形成富有创新能力的教育体系。当下的中国教育能否支持起中国的创新转型？教育本应是引导思想进步、培育创新人才、推动社会变革的力量，但是各种原因使得教育还面临种种困境，甚至成为全社会保守和僵化体系的一部分。教育的理念、体制、内容等等越来越在生存压力、市场压力、考试压力下扭曲，无力支持创新教育。教育具有周期性、滞后性的特征，今天的教育将在二三十年之后显现出来。必须以前瞻性眼光将教育的创新转型纳入国家创新转型的前沿，走在改革的前列、以创新教育引领国家创新转型，让教育改革成为推动中国创新转型的先导力量。在国家全面改革的系统整体中，创新是基本方向和目标，而教育则是实现国家创新转型的基础和动力，教育改革也成为国家全面改革的关键一环。教育改革的基本方向是向创新教育转型，为国家的创新转型提供思想、知识、人才支持。教育体制改革一直滞后并形成稳固的权力利益格局，只有从国家层面启动教育改革，才能冲破教育系统自身的强大保守力量。这要求将教育改革和创新教育纳入国家层面，从顶层设计中推进教育改革。

第三节　在民主实践中培育现代公民

中国复兴的一个核心问题是发展社会主义民主。从历史经验看，民主的发展需要具有民主精神、素养和能力的公民，而现代公民又需要在民主体制下养育，二者存在相互依存的关系。

那么，公民是如何养成的，民主是怎样发展起来的，这成为一个"鸡生蛋还是蛋生鸡"的循环问题。从何处找到突破口打破这一循环以构建民主公民与民主体制相互塑造的机制？无疑，这是现代中国社会变革所遇到的最艰难的问题，同时这也是打开历史新局面的一把钥匙。

建立国家现代国家治理的一个基本理念是从单中心走向多中心，尤其是发挥社会及公众的治理主体作用，培育多元多中心的治理主体。这意味着培育公民文化，让公民组织起来参与管理自己的事务，在共同治理中培育社会的文化认同。公民在集体行动中培育实现个人主体性，在教育与自我教育中实现个人价值，在集体变革的实践中解放个人，这是根本出路。在专制体制下，人的思维方式、价值观念与行为模式等深深打上了专制的烙印，无法生长出具有民主精神、素养和能力的公民。这种体制下的"臣民"既难以产生变革现实的认识，更没有改变现实结构的能力，如此便形成了巩固传统秩序的循环机制。从经验看，民主制度的建立并不需要很长时间，但是建立"优质民主"并使其巩固下来并非易事，民主的巩固尤其需要公民内心的认同与支持。借助于思想的启蒙传播民主的理念，在家庭、学校与社会生活中进行民主的养成训练，从而塑造具有民主精神的公民，这是启动民主进程的必由之路和有效途径。提高公民的政治参与的意识、能力和素养，这绝不只是学校教育的内容，更是公民在自觉的公共社会生活中参与、训练、提升的结果。

人类文明需要通过学习和传承得以延续与发展，学习与教育是维系人类社会再生产的基本条件；民主作为一种制度、理念和生活方式，它也需要在人们的学习和教育中得以传承。即便是在成熟的民主制度下，民主也需要通过教育引导新生代学习和践行民主。对于中国来说，民主是一种全新的事物，民主建设自然是一个文化移植、学习的过程。"新文化运动"引入"德先生"与"赛先生"，学习西方的民主与科学成为改造传统文化进而创造新文化的方向。中国人以"学生"自居向"先生"学习，这一学习过程延续至今。比较而言，作为驱动"现代化"的科学与技术相对客观而得以快速传播，作为社会制度与文化价值的"民主"则滞后得多，学习民主仍然是中国面临的重大任务。学习首先需要谦逊的态度，知其不足而后奋发学习，这就要克服盲目自负和傲慢自大。西方从古希腊开始开辟了民主政治的传统，漫长时间的试验获得了丰富的经验和显著的成就，不论是在思想理论、政治制度、社会生活还是国民信仰都积累下宝贵的财富。比较而言，东方社会尤其是中国几千年延续的是专制文化传统，民主还处于初学阶段。中国人崇尚学习、重视教育，孔子主张，"三人行必有我师"；"学，然后知不足"。学习是一种生活方式与态度，源于认识世界的渴望、对自我局限的不满、升华人生境界的追求。

　　作为一种政治制度、文化价值观与生活方式，民主包含了复杂的思想、制度、技术等，民主的建立、巩固、发展都不会一蹴而就，这更是一个需要长期学习、实践和探索的过程。从文化角度看，学习是文化的散播、移植与融合的过程，学习也就不会一帆风顺。作为西方文化的一部分，民主源于古希腊独特的政治与文化传统，在近代西方思想启蒙与民主革命推动下成为现代性的核心价值与制度安排。对于中国来说，学习是一种文化碰撞中的散播与移植。东方社会有着漫长的专制文化传统，民主则是一种完全异质的东西，二者之间的尖锐冲突使学习必然遇到重重阻力。学习不仅是将未知的变为已知的，学习民主更不仅是学习民主的知识与技术，更根本的是以民主来改造自己的制度与文化进而构建新的制度与文化体系，这几乎是一种脱胎换骨的系统转换，无疑包含了社会进化、成长与变革的痛苦历程。事实是，民主的学习必然遇到传统社会结构深处的制度、观念、心理与习惯的制约，这些又都与现实的利益交织在一起。比如，作为一种完全异质的文化，民主与传统专制人格格格不入，威权人格强调的自我中心、听不进不同意见、容不得批评，民主则恰恰是要反对这些思想。所以，学习民主的实质是超越自我，以民主的精神、思想与制度来改造自我，完善民主制度、传播民主文化、培养民主人格。对于一个民族、一个国家及其公民来说，这都是自我革新的过程。儒家主张修身齐家治国平天下，如今平治天下的一个出路是学习民主，而这恰恰也需要从"修身"做起，以民主人格与民主习惯的培育来建设民主的家庭生活和社会生活，最终在国家层面实现民主。将民主的学习与修齐治平的教育实践结合起来，在超越自我中培育新的公民、构建新的制度、养成新的习惯，这是中国复兴的必然要求。民主的学习最终表现为民主公民的塑造，这是在克服自我生命的局限中实现成长的过程。人出生于特定的社会历史条件下接受教育，继承了本文化的基因，在现实的社会生活中更是形成了某种稳定的习惯与模式。学习民主意味着正视并挑战自我现实的局限，克服个人的自负与独断而培养开放与多元的信念与胸怀。

民主的学习不是一个简单的书本知识的传播过程，它包含了复杂的文化基因，面对复杂的社会文化条件，特别需要在生活的实践中试验与摸索，在民主治理的实践中学习民主则是最好的途径。如果将民主当作书本知识背诵或者当作神圣之物束之高阁，则无法学到手。民主的本质不是一种理论或好听的字眼而是实实在在的生活方式，只有付诸生活并在实践中体验与完善，才能领会民主的真谛并使其扎根下来。其中，知识、制度与信仰是学习民主的三个关键。制度作为稳定的社会规范体系构成社会结构的框架，具有稳定性、长期性与约束性，民主制度的建立与巩固是学习民主的关键与标志。学习首先是模仿、移植，然而更高级的学习是在新的问题情境中予以创造，立足实际尤其在新的实践中予以创造性地发挥，这种学习恰恰是中国式民主的发展途径。学习需要立足中国的社会实际与文化传统进行再创造，尤其是在实践中学习和创造中国的民主模式。同时，民主的传承和巩固依赖于人内心的认同与追随，这不仅需要知识的传播，更需要在认同基础上转化为人最核心的"精神信仰"，直至成为一种文化内在的"基因"。

　　教育者首先要接受教育。如果教育者本身的知识、思想是落后的，就难以期望培养出超越自我的新人。发展民主需要在全社会培育学习民主的氛围与机制，从家庭、社区、机构到国家，从儿童到成年人，从民众到领导者，社会各方都自觉向民主靠拢，以民主为"先生"谦逊而诚恳地面对自我，与一切不民主的思想、习惯与人格做斗争，进而齐心协力在集体商讨中达成共识并发展民主制度。民主的学习需要全社会动员起来，倡导全民学习、终身学习、自我教育、学习型社会，在培养一代代具有民主精神的公民中构建和完善现代民主制度，为中国社会文化的系统再造输入新的基因，构筑现代中国新的制度与文化结构。民主教育不仅在学校中展开，更要在社会生活的每一个环节与每一个领域进行，因为民主不是书本上的教条而是活生生的实践，它存活于人们的日常生活中。所以，只有在真实具体的社会生活中体验和践行民主，民主才是活的。

第四节　在激发国民创造力中再造青春中国

中国的复兴在社会日益分化的时代面临各种观念、利益、权力的冲突，解决这些结构性、系统性、制度性的难题需要社会文化结构的深刻变革，其中的难度与阻力可想而知。现实中存在各种老朽、陈腐、衰败的因素，来自中国社会内部的这些陈腐力量构成复兴最大的阻力，这表现于整个社会稳定的利益格局、社会体制中的僵化结构、人们头脑中的陈腐观念等。经济发展需要创新转型，政治发展需要在治理创新中探索社会主义民主，文化发展需要在承继传统、博采众长中建构新世界，总之，创造性地解决问题是现实的迫切要求，需要一代人爆发集体的创造力，这意味着以青春之力涤荡陈腐之气来创造青春中国。中国的复兴需要根本性的变革，而推动变革必然需要依赖青年创造力的迸发。那么，如何克服种种障碍而让整个民族呈现青春的力量？这是代际之间关于正义的伦理问题，还是一个基于事实之上的规律问题，抑或是代际之间的利益或权力的博弈问题？从何种意义上认识此问题并确立一个合理的出发点？显然，不能从抽象的意义上空谈青年与未来，也不能仅从道德命令出发肯定青年的地位，尤其不能停留在空洞的宣教之上而无视青年的存在。

认识此问题需要从中国复兴的历史规律中予以把握。青年创造力的迸发是中国复兴所需要的变革与创新的客观需求，因此青年不应只是国家复兴的"后备军"更应是"生力军"。青年思想活跃,生命力旺盛,充满想象力与创造力,是社会肌体的新生力量,最少思想的重负、利益的羁绊,最具突破陈规的锐气和创造新生活的勇气。青年没有万贯资产、也非位高权重,但青春的志气、锐气、勇气恰是涤荡陈腐的力量,这是青年的最大资本也创造历史的伟力。比较而言,年长者则已经陷入稳定的利益与观念结构之中。尤其是"论资排辈"的传统使得年长者更多地掌握权力与利益,这构成强大的惯性力量束缚了其思想与手脚,维护这种既得利益的本能会使其成为社会进步的障碍。传统社会更多基于传统知识与经验之上,所以年长者凭借其经验和资历而拥有更大的话语权。如今世界已步入知识经济和信息社会,知识进步呈现加速度趋势,知识创新成为社会发展的常态和动力。这不仅需要建立学习型社会、推广终身学习,更需要青年凭借其知识的创造与发展而成为社会的主导力量。

从中国革命与建设的经验看,青年不仅应该而且完全可以成为国家改革创新的生力军。十年"文革"将中国带到了个人迷信、思想僵化的世界,国家发展陷入困境。面对如此困难的局面,邓小平以千钧之力冲破重重阻力启动了改革开放,激发了整个国家的青春活力。邓小平坚定地鼓励并创造条件让青年成为国家发展的主力军,他力主推动整个干部队伍的"年轻化""知识化""专业化"。对于一些担忧,他这样回答:"有些同志担心,年轻人经验不够,不能胜任。我看,这种担心是不必要的。经验够不够,只是比较而言。老实说,老干部对于现代化建设中的新问题,不是也没有什么经验,也要犯一些错误吗?一般说来,年轻人经验少一些,这是事实。但是,同志们回想一下，我们中间许多人当大干部、做大事，开始的时候还不是二三十岁？应该承认，现在一些中青年同志的知识，比我们那个时候并不少。"①事实是，新文化运动和五四运动以来，活跃在中国政治革命和思想文化的前沿的主力恰恰是青年。1986年，邓小平在提出，保持党和国家的活力就必须推动干部的年轻化，他充满激情地向往："哪一天中国出现一大批三四十岁的优秀的政治家、经济管理家、军事家、外交家就好了。"②

进入21世纪以来，青年人承受着考试、就业、住房、自我发展等各种压力。从社会历史需求看，人们依然有着创造历史的大机遇。二百多年前，西方现代文明陡然兴起，此时的中国还沉睡在天朝帝国的美梦中；一百年前，中国学习西方建立了共和，酝酿着新文化运动，也很快陷入军阀混战格局中；如今，中国走出了20世纪的阴霾与曲折而实现了一次华丽的转身，国家复兴的步伐在加快。从现实看似乎青年处于权力与财富的边缘而难以有所作为，可是从未来看，青年恰恰掌握着赢得未来的基础，未来是属于青年的，这是历史不可抗拒的规律。

创造依赖于许多条件，其中之一就是爱。对于共同体的认同以及共同体成员之间的仁爱是中华民族根系相连的基础。《礼记》讲："孝子之有深爱者，必有和气，有和气者，必有愉色，有愉色者，必有婉容。"孝的根本是内心有"深爱"，以深爱为根，就能生发出和气、愉色、婉容。同样，创造也需要以深爱

---

① 邓小平：《党和国家领导制度的改革》，《邓小平文选》第2卷，人民出版社1994年版，第324—325页。

② 邓小平：《政治体制改革的一些设想》，《邓小平文选》第3卷，人民出版社1993年版，第179页。

为根，爱生活，爱父母，爱国家，爱真理，不断培育这种"深爱"，就可以获得克服困难的无穷动力，就能有所发现，有所创造。

第十二章

中国复兴的精神力量

社会历史的发展是通过人的行动实现的，人的行动除了包含理性的认知与利益的考虑还渗透着意志、情感与道德的因素，"物质"之外的精神是历史进步的强大力量。面对严酷的生活，中华民族在千万年的生命抗争中形成了一种精神传统，正是这种不灭的精神传统激发出进取与变革的集体行动，推动中国走出深渊而步入文明复兴的新天地。

第一节 废墟之上的精神追寻

实现中国复兴不仅需要技术、制度和知识，更需要精神、意志和信念，如此才能以高昂的斗志迎接历史性的挑战。避免在物质的丰裕中沉醉，防止在西方的话语霸权前失去自信，就需寻找浸淫于民族文化心理深处的精神力量。人的生存不仅需要食物还需要直面人生的勇气，面对诡谲的人生和苦难的命运，存在的勇气和力量从何而来？这既是每个人面对的问题，也是一个民族在集体生活中需要解决的问题。一个人从胚胎到长大可以看作浓缩的人类演化历程，一个人精神的成长更直接受到本民族精神文化的塑造。因此，寻找直面现实的生命精神，就需要进入更深邃的历史时空，从民族的精神历史长河中寻找答案。对于中国复兴的认识需置于历史的语境之下。生命是时间的延展，生活是面对当下的问题中创造未来的过程。人们生活在历史之中，历史构成当下生活的一部分；历史与现实孕育了未来演化的趋势，对于生活的期许内含了走出历史、变革现实并创造未来的意蕴。在创造历史的活动中，人实现了存在的意义并扩展了自由，历史也展现为人不断克服自身局限的过程。司马迁不仅履行史官的职责抒写历史，更通过"究天人之际，通古今之变"拷问和回答了存在的意义。这不只是诗人"念天地之悠悠，独怆然而涕下"的感怀，更是面对苍茫宇宙寻找自我拯救的探索。问题和症结都可以从历史中找到根源，变革的方向也必须基于对历史的省察和批判性反思之上。今日之中国是过去中国之延展，未来之中国是当下中国之继续，这种连续性不仅是一种逻辑的推演。中国复兴意味着走出历史并创造新生活和新文化。当下注定要被历史所超越，因此需要从未来看待现实的合理性及其局限性。

　　那么，中国的历史与文化留下了怎样的遗产，今天能否从中汲取走向未来的精神力量？中国五千年的古老文化大都成为废墟、化为灰烬湮没在了时间的长河中。文化大都需要物质的载体，在大自然的鬼斧神工下，在战乱的刀光剑影中，传统文化大都成为博物馆中的记忆。在泥沙一层层湮没的古都，在满是断壁残垣的长城，文化伴随着一代代先人流逝，后人似乎只能发思古之幽情。然而，透过这看得见的历史遗迹，人们还感受到从废墟和灰烬中升华出的精神，一种充满力量和希望的生命精神。它是从千万年的文化积淀中存留下的顽强基因，是传承先人、激励后人的不灭的精神火炬。追寻这种精神是历史的需求，更是人生命深处的呼唤。文化对人的塑造主要是精神结构的塑造，一个民族向世人所展现出来的整体差异从根本上是精神结构的差异。中国精神似乎难以捉摸但又深藏于人内心，通过对传统文化精神的解读，人们可以对当下中国人的精神世界有更多认识，也为走向未来确立可靠的根基。这就要克服当下有限的时空限制，在历史与未来的交织、文化与生命的碰撞中体会这种精神。

第二节　对"道"的执着

人为什么活着，提出这一问题是人自我觉醒的标志，回答它是理性成长对人的要求。中国文化主张，"人异于禽兽"在于人不完全遵循生物性的法则，而还要思考和回答生命为了什么、生命终极意义等问题，这也是灵魂救赎的一个途径。对生命根本问题的追问是对"道"的追寻，人借此脱离蒙昧走向澄明。

"道"是宇宙大化流行的法则，也是推动宇宙万物生生不息的原初力量。宇宙处于不停的运动之中，这力量来自自然之"道"。因为有对"道"的体认和不停的追问，因为有对生命的觉醒和不停的反思，人类才获得了自我意识和进取的动力。对道的体认、遵从和追随也就是人自我实现的切实路径。走在这样的大道之上，人才能实现生命之价值。"道"不是远离人的生活的抽象存在，更非人格化的支配人的神秘力量，它就在人的心中。"道"也是人脚下每天走在上面的路，人从一出生就走在这条路上且一直走下去。中国人对生命的理解倾注于当下的生活世界，生命的价值不在虚无缥缈的彼岸世界而就在当下的日常伦理生活之中，人只要在现世中完成自己作为"人"的责任与义务，生命就可以达到完满。基于这样的取向，"道"便不是远离生活的空洞说教。正是在对当下生活世界的热切参与和勇敢担当中，生命展现出其美丽和价值。

"子在川上曰，逝者如斯夫！"（《论语·子罕》）站在河川岸边，凝视这一去不复返的河水，面对这不断飘逝的生命，怎能不让人慨叹！时间与生命的流逝催生对存在终极问题的追问，思想也因对这些问题的回答而为世界增添了生气。思想就像阳光为黯淡而凡庸的生命洒上了金色的光芒，照耀了生命的路途。"道"便是人类世界的光芒，追寻照耀人类世界的光便是对宇宙大化流行之"道"的把握，道也体现了精神生命之理想。"朝闻道，夕可死矣！"（《论语·礼仁》）"道"具有超越感性生活的意义，只有明了"道"，生活才可以继续。"道"是对宇宙与人生的理性思考与执着追求。中国人有严肃的生命态度，在追问和反思生命的过程中找到立足于此世的理由。对于形而上的"道"的追寻并不是可有可无的思辨游戏或者故弄玄虚的学问摆设，对道的执着追求为中国人提供了精神信仰的支撑。对于精神生命的不断追问和理性考察是人自我发展的条件。一方面，中国人有一种务实精神，对于现实的世俗生活有更多关注；另一方面，中国人并没有放弃对精神高度的追求，相反，物质生活从来是第二位的，精神生命的成长和实现更是人之为人的根本。"士志于道，而耻恶衣恶食者，未足与议也。"（《论语·里仁》）道的追求是因为生命不能满足于简单的物质生存，作为精神生命的存在，人不得不要为生命寻找到活下去的足够理由。"人为什么活着"必须从"道"的层面上予以解释，由此而超越了物质生命而通达更高的境界，这种理性精神的成长是中国民族精神走向成熟的标志。越是跻身于熙熙攘攘的凡俗生活，人内心越感受到精神的吸引，对纯粹精神的向往成为抗拒当下生活的无常和有限性的力量。它为生命赋予了一种永恒的光辉，使之具有了某种普遍性的意义。没有真理之光的照耀，没有道的指引，生命就处于"昏暗"和"无明"之中；有了真理之光，有了"道"的指引，生命便明朗起来。

面对重重矛盾和困难，求道之路是在直面人生苦难中彰显生命伟力的奋斗历程。宇宙之大道是一种普照的光芒洒满人间，给予生命无尽的力量和希望。然而，光明与黑暗、有道与无道、真与假的冲突总是亘古永存。在现实中，种种黑暗的力量将生命带入幽暗、平庸、无聊与荒诞的世界，这是人不能不面对和承受的生命之重。它是形而下的，各种激烈矛盾都集中于此；它又是形而上的，在生与死、爱与恨的交织中蕴含着生命大限和无力克服的种种矛盾。获得拯救以安顿漂泊的灵魂，就要追寻一种力量、听从某种召唤，这便是求道的过程。人生就是要面对这生命的重负，在抗争冲突和矛盾中展现上苍赐予人的独特价值。因为有道的真理之光的照耀，人们在这黑暗的生命通道中才能发现希望与光明之火，才能有文明的创造与对美的向往。

第三节 自强不息的信念支撑

在民族危亡时刻，中国人没有失去生命的信心而是以最顽强的生命意志活着。从万千年流淌在身上的血脉中留存下自强不息的顽强基因，不论经历怎样的凄风苦雨，中国人都能因为这种顽强执着而百折不挠。

天行健，君子以自强不息，这句警世格言成为中国精神的高度凝缩。自强不息是中国人立于天地之间焕发出的浩然正气，是中华民族生生不息的动力源泉。生生之为易。这是一种从大自然汲取的生命智慧，理解世界变易之规律是洞达生命之本的途径。对于生命的礼赞、对宇宙无限生机的理解和学习是生命意志的来源。人从宇宙的生机勃发中寻找到了生命存在的理由，因为这是大自然的力量。热爱生命，热爱命运，哪怕遭遇最为惨烈的命运折磨也不放弃对生的希望，这支撑了人们走过生命的重重磨难。对于宇宙生命力量的感悟让人产生了对天的敬畏之心。将自我与宇宙融为一体，从宇宙中认识自我，进而将大写的人凸显出来，这便是大自然给人的智慧。"君子终日乾乾，夕惕若。厉，无咎。"（《周易·乾卦》）白天能兢兢业业，晚上能居安思危，即便处于困境也不会有灾患。面对生活的无常与命运的乖戾，中国人懂得了处处存在的福祸、顺逆、安危、成败以及它们之间的流转迁移，进而悟出了如何趋利避害、保全生命的智慧。

　　自强不息表现为坚定的生命信念，坚不可摧的信念支撑着人们度过各种无法想象的困难。"志"，士之心也，这是一颗为崇高理想和坚定信念所鼓舞的心，心志的历练首先体现于"志"气之中。人们对生活总是充满热情的期待和向往，对光明的追求和对理想的渴望都化为心中坚定的信念，即承担生命于此世的使命与责任，从而不负天地之造化、人伦之要求，仰不愧于天，俯不愧于地。生命志在追求"立德、立功、立言"，不论是道德、功名还是言论都见证了生命的价值，它们在人的心中滋生、成长，培育出中国人至大至刚的豪迈气概。人立于天地之间，诡谲的命运捉弄着人，这不是可以侥幸逃过的偶然而是生命必然遭遇的事实。信念催生了无穷的生命力量,给人以最大的勇气去面对命运。无数志士仁人用他们的行动实践着这种信念,普通百姓身上也闪耀着此种精神的光辉。在苦难人生的历练中,中国人用火热的心执着追求着理想,在顽强不屈的抗争中铸就了民族魂。生命的本义首先是繁殖,生存和繁衍是一种本能,也是其存在的合理性根据。在这种追求存在与繁衍的生命行动中显示了生生不息的伟大力量。这是支撑亿万年生命演化的根本动力,也是千百年人类文明进步的原始力量。人类理性赋予了它以更深刻的内涵,即超越生物层面上的繁衍而赋予生命本身以内在的价值。人不是为了传承而传承,每个人、每一代人都有其存在的价值,这种价值本身就是目的。生命最顽强的力量不在人之外,而就在人内心之中,只有从人内心培育自强不息的生命力量,才能寻找到无往不利的精神动力。

《易传·彖下》道:"日月得天而能久照,四时变化而能久成。圣人久于其道,而天下化成。"持之以恒,锲而不舍,这就是万物的法则,也是人们成就事业的精神品格。"士"是古代中国人的理想人格之典范,在他身上承载着天地之精华、此世之重任,士的生命就是勇敢地担当起这种重任,在完成这一重任中实现生命的价值。为此就必须要"弘毅",因为求"道"之路充满艰辛,而且有各种困难甚至挫折,没有坚韧的意志就无法实现这种目标,自强不息就在这种坚忍中体现出来。锲而不舍,金石可镂,这种意志品质是走向成功的基础。枕戈待旦、闻鸡起舞,在这些充满英雄豪气的历史人物身上显现出不甘平庸、奋发进取的精神气质。天地之间蕴藏着无穷的能量,人的物质能量来自于天地,人的心灵能量也离不开天地。当面临生命的绝境感到无助无力时,人会情不自禁地转向对苍天大地的叩问。这不仅是一种信仰和崇拜，更是一种人与天地之间的真实关系。人来自于天地又回归于它，从天地之间汲取生命的力量，是人坚实可靠的依托。每当人陷入困顿之时总是不自觉地呼唤天地。对人的自我认识的理性自觉精神来自于对天地的精神交往，中国民族精神也因此开始生成。

自强不息的民族精神是在平静江河下的滚滚激流。天道运行刚健有力，人也应当奋发自强、有所作为。历史并不是纯粹理性的产物，在很大程度上也是人的热情、激情、冒险和意志的结果，因此，人需要积极进取、奋发有为从而掌握自己的命运。

第四节　气贯长虹

对于中国人来说，气是最重要的生命征候，也是支撑生命延续的根本力量。生命是一种气的聚合，这种来自于宇宙天地之间的正气具有抽象的哲学意义。人如同一切生物一样遵循着自然规律，一切都有其自然的合理性。气推动了万物的成长，也是宇宙的根本力量。"人活一口气"是中国人最朴素的精神信念。对道的执着化为对心志的培育，而心志需要气的滋养。气是宇宙之精华，是人心之根本，是支撑人立于天地之间的力量。对于人来说，气就是构成生命本质的东西，尤其是对于人的精神生命来说，气是滋养万物的力量。气聚而生，气散而死，中华民族精神化为一股气使人顶天立地、气宇轩昂。气概、气势、气节，是支撑中国人面对一切苦难的勇气之源泉。心中有一股至大至刚之气，不论深处何种境地都可从容应对。一个人"气象万千"，这种伟大的人格理想是人所追求的境界，也是生命赖以存续的基础。在中国哲学那里，气既是生命的物理之气又是生命的精神之气，它融会了灵魂和肉体、心与物、精神与物质而构成一个超越性的整体概念，这是中国哲学对于人生和宇宙的把握方式和概念体系。

"气"构成了中国人的精神结构的基本方面，体现了中国人的人格理想，表达了对人应该成为什么的生命理念。气表现为"骨气""风骨"，这是伟岸人格的象征。不食嗟来之食，这种骨气让生命浩气长存，生命的时间长短已经不再重要。对骨气、风骨的赞颂表达了中国人的生命态度，即生命尊严高于一切。气表现为"志气"，有志之士才能成就大业。没有了一颗蓬勃跳动的心，人之生命也就会走向衰微。这种志气激励着人去面对一切挑战实现生命的理想。这种高洁的志气也表现与人的言行之中，显现出生命的高度。气还表现为"气节"，一种品格，一种操行，一种宁为玉碎，不为瓦全的洁行。这是从对道德原则的坚守中升华出来的力量，是人的品格与精神的缩影。气节表现在面对敌人和生死面前的大义凛然，表现为不屈不挠的生命精神。气还表现为勇气，一种气概，一种坚不可摧的精神。狭路相逢勇者胜，这是战争的规律也是生活的法则。勇者不惧，知耻而后勇，这体现出生命蓬勃向上的力量。

透过黑压压的文字、满目疮痍的文物、千年的银杏树，中国人的精气神显现出来。这里有陈腐之气，也有生机勃发之朝气，让朝气排挤陈腐之气便是寻找生命成长的力量。凭着这口气，中国人战胜了苦难而依然自立于世界民族之林。这口气不会衰竭，中国文化因为有这种气的滋养而枝繁叶茂。孟子言，"吾善养吾浩然之气"，这是充塞于天地之间的大丈夫气概。炼精、化气、养神是养生之道，这股气不仅是物理之气也是精神之气。培育骨气、勇气、正气、气节是塑造理想人格的过程。为"争一口气"激励着人们战胜一切困难去实现某种目标。胸中有书气自华，气来自读书思考的功夫，来自内心修持的历练。它是人日积月累形成一种生命特征，每个人因此而表现出不同的气质、气概、气魄。

养气也是培育人的心志的过程。文化的基本功能就是教化人心，让人在文化的熏陶中成为一个人。所以成人不仅是时间的延展和生理的演化更是精神的成长。对于人的精神生命来说最重要的是心志。做一个有心之人，有良心才能成就完满；做一个有志之士，有鸿鹄之志才能不负此生。人的性情、志趣、抱负、意志构成了智力之外的关键因素。志性的培养需要一种"至精至诚"的精神，这是生命担当的一种内在动力。穷且益坚，不坠青云之志，这是少年中国之凌云之志，是中国文化的青春力量。

第五节 革故鼎新的变易精神

人类文明的进步历史是不断探索、变革和创新的历史，变易、创造是撬动宇宙演化的力量，也是生命自我前进的动力。人的生命不是一个被赋予和规定的客体而是一个自我探索、成长和发展的主体，对自我和世界的反思和批判则是自我超越的条件。

革故鼎新的精神是支撑中国人自强不息的内在动力。"日新之谓盛德。生生之谓易。"（《易传·系辞上》）意指日日增新为盛德，阴阳相生不止息，这是易变之道。易变之道是天地运动的根本规律，也是人生生不息的动力源泉。对于人来说，就意味着不断追求新的生活、创造新的生命。《易传·杂卦》有言："革，去故也；鼎，更新也。"革故鼎新是中华民族千万年执着奋斗的品格。生活在不断变化，这要求人们顺势而动，在变革中适应环境的挑战以求得生存和发展。变是宇宙的恒久规律，也是人类社会发展的内在驱动及生命存续的精神状态。《易传·彖下》道："天地革而四时成。汤武革命，顺乎天而应乎人。革之时，大矣哉！"革命不仅是一种权力的交替，更意味着敢于面对现实中的缺憾、矛盾、问题鼓起勇气去斗争的生活态度和精神风貌。

人类的思想、制度和行为有惯性和惰性，由此难免走向封闭和裹足不前，结果这种观念落后于现实而成为一种牢笼。生活实践不断向人提出新的问题，生活也处于永恒的变动之中，新事物与旧观念的冲突便在所难免。敢于面对现实，勇于突破观念与体制的障碍，这是社会变革的源头。变革的精神是要求人对过去和现在保有一种开放的心态，主张一切都可能随着生活的变化而变化，这种积极而开放的心态使得进化成为可能。中国在自己文明的早期是非常开放而充满进取精神的，因而整个社会才有健康和旺盛的气质与精神；当它开始走向封闭时，当专制禁锢了这种蓬勃朝气时，它的自大心理便不断膨胀，心胸也变得狭隘，结果中华文明的发展受到了阻碍。

"改革开放胆子要大一些，敢于试验，不能像小脚女人一样。看准了的，就大胆地试，大胆地闯。深圳的重要经验就是敢闯。没有一点闯的精神，没有一点'冒'的精神，没有一股气呀、劲呀，就走不出一条好路，走不出一条新路，就干不出新的事业。不冒点风险，办什么事情都有百分之百的把握，万无一失，谁敢说这样的话？一开始就自以为是，认为百分之百正确，没那么回事，我就从来没有那么认为。"[①] 20 世纪 90 年代初，中国的改革一度陷入徘徊和争论之中。改革开放如逆水行舟，不进则退。在关键时刻，邓小平再次吹响了改革的号角。抛却姓资姓社的争论，这朴素的话语背后正是锐意进取、"敢为天下先"的精神。在"万马齐喑"的"文革"结束之时，这位散发着无穷活力与创造精神的人物就以政治家的魄力启动了改革进程，成为中国改革开放的"总设计师"，推动了古老中国又一轮新的变革。改革是今日中国社会的主旋律，也成为全民认同的时代精神。

勇于探索、勇于发现、勇于创造是文明进步的原动力，也是生命成长和价值实现的基本途径。创新不是一个口号而是一种生命存在的动力和方式。革故鼎新是抗拒衰朽和倒退的行动，是生命反抗蜕化和腐朽的积极策略。因为生命中总是存在衰退和腐朽的趋势，人不得不调动自身的力量去克服人的惯性和怠惰，从而让生命保持向上的进取的态势。人在革新中不断自我超越和前行，这正是人的力量之表现。

第六节　中华民族精神的再生

21 世纪实现中国的复兴依然面临众多结构性和系统性难题，它们不仅是学术问题更是社会问题；它不是一个人的问题而是一个民族的共同问题。面对时代提出的尖锐矛盾和问题，人们既有热烈的期许也有无力感，因为各种现实中黑暗的力量可能吞噬光明与希望。积累了五千年厚重文化历史的沉重负担依然

[①]《邓小平文选》第 3 卷，人民出版社 1993 年版，第 372 页。

牢牢束缚着人们，而仅仅依靠"物质"的力量不足以克服现实复杂利益的羁绊。这时，焕发整个民族强大的精神力量才能在克服重重障碍中实现自我超越。那么，从哪里寻求这种精神力量？发掘和传承传统文化精神正是 21 世纪中国复兴的动力源泉。

为什么中华民族能够在苦难与牺牲中战胜最凶狠的敌人而赢得最后的胜利，人们在最黑暗的历史时期从哪里寻找信心和勇气？在抗战时期，冯友兰先生以哲学家的视野思考中国的历史与未来，他充分肯定了传统文化对国人的塑造，认为儒家墨家的严肃和道家的超脱形成了国人能负责又能外物的精神品格，这种国风滋养出真正的"中国人"。他举出了一些例子："有一访员碰见一位军人，自动往河北组织游击队。谈话之间，这位军人表示，对于中国底最后胜利，他是有确信底。这位访员问：'中国打胜以后，你打算做什么事情？'这位军人很冷静地说：'那时候，我已经死了，在这次战事中，军人大概都要死底。'在徐州撤退的时候，有一部分军队突围而走，敌人发炮追击。在军队出了敌炮射程以外时，有位军人说：'日本兵对于中国兵真客气极了。放了这许多礼炮送行。'有一个杭州的老板，于财产完全损失以后，跑到上海，有人问他怎么办，他说：'没有什么，再来一回。'这些人都是平常底中国人。他们处大难能如此地严肃，如此地超脱，或如此地严肃又超脱。这都是数千年底国风养出来底真正'中国人'。中国的过去，靠这些真正底'中国人'。中国的将来，也靠这些真正底'中国人'。"[1] 在抗日战争最黑暗的岁月里，中国人没有放弃斗争而是激发出最顽强的

---

[1] 冯友兰：《新事论（中国到自由之路）》，北京大学出版社 2014 年版，第 237—238 页。

斗志和最乐观的精神，由此挺立其天地之间"中国人"的尊严与气概。在抗战中，人们重新认识了中国文化的力量并对中国的未来充满了信心。冯友兰先生充满信心地畅想道："真正底'中国人'已造成过去底伟大底中国，这些'中国人'将要造成一个新中国，在任何方面，比世界上任何一国，都有过无不及。这是我们所深信，而没有丝毫怀疑底。"[①]对于21世纪中国复兴的前景，哲人凭借对历史与文化的深刻理解而洞察到了这一趋势。显然，这不仅是一种主观的想象或意愿，更扎根于对中国社会和文化发展趋势的洞察基础之上，因而能够看到这种演化态势。因此，"文化自信"并不仅仅是一种主观心理状态，更包含了背后支配人的主观心理的客观的社会文化结构。

　　黄河不停地流淌了千万年，哺育了一个民族的成长，也见证了这个民族的苦难与抗争，从一开始就是以命运的形象出现在人面前。"君不见，黄河之水天上来，奔流到海不复回！"生命转瞬即逝，河水不舍昼夜地奔流，这种沧桑感怎能不让人感慨万千！千百年来，黄河儿女用他们有力的臂膀创造着文明。在黄河船夫的号角声里，我们听到了一个民族的坚忍和顽强。不论身处怎样的逆境，中国人都没有屈服而是抱有乐观豁达的心胸，从不放弃对美和善的希望。20世纪，中国遭遇最严重的民族危机时，为了黄河母亲的尊严和荣誉，保卫黄河成为时代的最强音！在前仆后继的壮烈牺牲中，中国的民族精神得到了空前的成长，在与命运的决战中实现了一个民族的新生。它焕发出生命深处的斗志，民族精神在凤凰涅槃中再生。正是为这悲壮的命运和抗争的精神所感染，艺术家创作了《黄河大合

---

① 冯友兰：《新事论（中国到自由之路）》，北京大学出版社2014年版，第240页。

唱》，用他们沸腾的热血写下对祖国的挚爱情感和对中华民族精神的礼赞。作品记载了这段民族的苦难，更展现了中华民族在牺牲和苦难中觉醒与奋斗的历程。激昂的旋律展现着悲壮的命运冲突，激发出寻求民族解放的集体斗志，穿越了时空至今仍响彻神州大地。

中国走向独立与富强的过程不仅传承了这种民族精神和集体意志，而且赋予它们以新的内涵，中国的民族精神在牺牲和变革中得以升华并发展出崭新的形态。在市场经济发展过程中，对物质利益的追逐与享乐也直接腐蚀了人的心灵，物欲的膨胀和感官的享乐麻痹了斗志，人们的道德、精神、信仰、意志等都存在退化的态势，以此种精神状态是否能够克服前进中的困难而实现民族复兴？显然现实令人担忧。从历史经验看，仅仅靠道德的说教或政治的宣传是远远不够的，在现实利益面前人们更愿意接受本能的驱使而随波逐流。人往往是在面临巨大挑战时才被迫激发出反抗的意志，进而在集体行动中实现民族精神的共同升华。在历史上，中国民族的精神不断面临现实利益与权力的侵蚀而存在走向平庸与沉沦的方向；同时，也正是不断遭遇来自各方的生存压力的冲击，它才能不断融合各种新文化的因素并保持自我变革的动力。特别是近代以来史无前例的冲突引发了整个民族救亡图存的共同意志，推动中国在社会变革中实现了文化与精神的蜕变与升华。同样，21世纪中国的复兴需要必将引发整个民族精神世界的裂变与新生，唯有在不断否定中肯定自己，在回归传统文化中创造现代生活，在锤炼精神中再造自我，中华民族才能在实现民族精神的飞跃中升华出新的生命力量。

第十三章

中国复兴与世界文明秩序的重建

当代中国已深度融入全球化体系中，在参与全球治理中发挥越来越重要的作用，因此需要从人类文明发展的视野确立思考自己问题的基本法度。作为21世纪人类文明发展中最重要的变量之一，从世界文明演化的格局看，中国的复兴将以怎样的面貌出现，它是否意味着一种西方式的霸权？中国是否会打破西方主导的世界秩序？中国为世界贡献何种具有普遍意义的文明？这是中国复兴所必须回答的基本问题。

第一节 中国与世界文明秩序的互动

人和社会都是既是抽象又是具体的。作为具体的存在，社会是存在于各种不同经济、政治和文化模式下的群体结合方式，人都在具体的社会中过着形态各异甚至彼此冲突的生活，因而社会和人都表现出显著的特殊性和差异性。同时，社会和人又都是抽象的，在纷繁多样的具体形态下还存在着普遍性和共同性。人有着共同的情感、思维和行为模式，有着相同的生物基因和共同的命运。人类社会作为一个整体具有众多共性，只有从整体意义上才能理解社会的本质。随着全球化进程的推进，人类社会在保持多样化和多元化的同时，同质化的趋势愈加显著。面对所遭遇的现实困境，人类需要确立共同体生活的基本法则，以新的思维面对自我与他者，在彼此接受的法则之上共同生活。

全球化进程将人类社会紧密地连接在了一起，国家作为独立的单元虽仍是独立系统，但已不再是不参与系统循环的孤立部分，而是人类社会系统的有机构成，因此，必须从此系统整体中认识其演变的方向。中国近代以来的文明转型是在应对源于西方的"现代性"挑战中展开的，在与世界文明的碰撞、对话与交流中激发和生长出新的形态。中国向世界开放市场不仅创造了就业机会而且学来了先进的管理经验、技术和思想，在适应国际社会通行的规则和理念中推动了自身的改革，市场化程度以及国际化水准不断提高。中国不仅在经济上高度依赖全球市场，而且深度参与全球分工与市场竞争和全球治理，受到文化交流与文明竞争的直接影响。这时，世界对于中国来说已不只是外部环境，对世界大势的判断以及国际关系的处理直接影响甚至决定国内事务的处理，因而需要从全球化中实现自我发展，又要避免受到国际环境的不利影响而误入歧途。如何从世界文明进程中认识和定位自己，对于中国的复兴来说极其关键。

在此背景下，中国复兴对世界文明的发展意味着什么？探讨这一问题需要跳出以中国为中心或者以西方为中心的视角，摆脱意识形态对立的立场，从中国与世界文明的互动中去认识。中国复兴已成为世界性的历史事件，认识世界文明格局的演变需要把握中国复兴的本质。这样，二者就密切联系在一起成为一个问题，回答这一问题需要认识中国社会历史文化的本质特征及其演变趋势。这一问题对于世界而言也十分重要。世界各国对中国的崛起心存不解、误解甚至敌视。按照现实主义的国际关系理论，主权国家利益至上，对资源与权力的争夺必然导致冲突。按照均衡理论，冲突各方存在共同利益使得合作与妥协成为可能。按照建构主义理论，作为行动主体的国家或国际组织等依然有创造历史的主动权，可以建构更合理的秩序世界。从这些理论看，中国的崛起必然会打破原有的均衡和秩序。一种观点认为，中国的崛起将取代西方成为新的霸权，甚至推行"新帝国主义""新殖民主义"，这必然对西方世界、周边国家构成威胁。在国内，随着国家实力的增强民族主义也在滋长，中国与周边国家的关系趋于紧张。一种观点认为，中国不应该在"韬光养晦"而要强硬起来。美国学者伊肯伯里提出，现实主义者认为中国的崛起可能会导致权力转移带来的冲突与危机。但是，战后美国主导的世界体系不同以往，它建立在市场开放基础之上，推行联合协商、建立规则制度，因此更具有开放性、包容性和适应性。中国在融入这一秩序中获益，美国则要继续巩固现有的秩序体系，将中国限制在这一制度框架内。[1]那么，中国的崛起及其文化复兴能否成为一种建设性的力量，它客观上要求并可能提供一种怎样的新秩序？一种更合理的世界秩序何以可能？

　　认识中国与世界的互动需要把握当今人类文明发展的基本态势。现代人类社会的根本境况有两个突出的表现，一是技术

---

[1] G. John Ikenberry, The Rise of China and the Future of the West Can the Liberal System Survive? *Foreign Affairs*. January/February 2008 Issue.

革命带动下的全球化进程的加速；二是现代性从西方到全世界的传播和扩展，这两个方面相互推动共同塑造了时代的基本结构。

从技术层面看，新科技革命推动了经济的全球化，也使得国家间的竞争从传统意义上的人口、资源、军力的竞争转向科学技术、教育、人才乃至文化的竞争。全球化具有某种普遍性的价值，在诸多方面体现出人类文明进步的崭新特征，也为发展中国家提供了众多机遇；另一方面，全球化仍然为西方资本主义发达国家所控制，其基本的权力架构和运行机制仍然存在不平等性，尤其是对广大发展中国家存在压迫和剥夺。新科技革命推动了经济全球化，也使人类面临共同的经济发展、反恐、全球变暖、地区和平等问题。比如核能技术在创造新能源的同时也将人类带入蘑菇云的阴影之中。有人提出核竞赛形成一种平衡，核武器只是具有威慑作用，但这是建立在"人是理性的"这一假设之上。人具有非理性的一面，在权力缺少有效制度约束的条件下，非理性的因素可能导致任何可能的决策。新科技革命还加剧了世界的两极分化，拉大了西方发达资本主义国家与第三世界各国发展的差距。以美国为代表的西方发达资本主义国家在科学技术上居于绝对领先地位，国家创新体系完善、创新能力强大。在现有的国际经济政治秩序下，这种科学技术上的领先使其进一步有了获得垄断利润的机会，从而不断拉大了与第三世界国家的距离。据统计，当今世界上大约80%的人口只占有6%的财富，1%的人口占据了超过50%的财富。以信息与通信技术为例，发达国家与发展中国家的"数字鸿沟"既是发展不平衡的表现，也是进一步拉大差距的原因。2015年，发达国家81%的家庭有互联网接入，发展中国家的比例为

34%，而最不发达国家则只有7%。① 世界各国特别是发达国家都将发展科技作为国家战略，通过占领科学技术制高点来取得国际竞争的有利地位。教科文组织发布《2015年科学报告：面向2030》显示，美国用于研发的投资占全球28%，中国紧随其后（20%），超越欧盟（19%）和日本（10%）。占世界人口67%的其他地区仅占全球研发投资的23%。全球范围内约有780万科研工作者，欧盟占全球最大的份额——22.2%；自2011年起，中国取代美国上升到第二位。② 与此同时，世界上很多国家特别是非洲、拉美、南亚等地区的众多国家在整体科学技术水平上远远落后于世界先进水平，这种差距甚至越来越大。

在技术革新的背后是整个现代性的系统机制支配了社会的运行，因此需要从现代性的历史进程考察其结构与冲突。地理大发现、文艺复兴、启蒙运动以来，以工业资本主义、民主政治、个人主义等为标志的现代文明向世界开拓和渗透，由此确立了西方主导下的世界秩序。这一方面推动了生产的发展、扩展了人的自由，也引发了系统性的经济危机、政治冲突、生态破坏、社会矛盾以及文化冲突等。伴随着全球化进程，这些危机也扩展到全球。危机根源于现代性深处的结构性矛盾，折射出人类文明的系统性不适，发现其中问题和弊病就需反思现代文明。危机说明人类的智识结构、价值体系、社会组织等存在根本性的缺陷，尤其是人的本性存在局限和弱点，这导致人类陷入无力自拔的僵局。应该说，在过去几个世纪里形成的世界

---

① Human Development Report 2015: Work for Human Development. p. 7. 见 UNDP 网站：http://hdr.undp.org/en/content/human-development-report-2015-work-human-development.

② UNESCO Science Report: Towards 2030. 见联合国教科文卫组织官网：http://unesdoc.unesco.org/images/0023/002354/235406e.pdf.

秩序有其内在的合理性，也有强大的惯性和保守性，其背后则是西方世界主导的利益格局与权力架构。技术进步与资本主义市场经济将世界推向一体化，工具理性塑造了全球化时代人类文明。如果按照国际关系中的现实主义原则，人类面临的诸多共同问题在现有的理念和秩序下是难以有解的。这时，就需要超越现实、从更高的文化和道德层面寻求新的认同基础，进而重构国际政治与经济秩序。比较说来，西方社会相对稳定和成熟，基于资本主义之上的现代文明也根深蒂固。现代性自身的反思与批判机制也使其保持强劲的动力与创新的活力，其内在的矛盾积累下来必然孕育更深刻的变革。建立合理的国际经济和政治新秩序成为世界发展运动的一种诉求。同时，随着全球化的推进，以西方文明为主导的现代文明陷入困境，西方国家"以牙还牙"的行动则使国际矛盾更加尖锐。事实说明，近代以来西方主导的世界文明秩序存在结构性的不合理性，走出困境必须引入新的变革要素。

人能否走出这种困境，人类会不会在自相残杀中同归于尽，或者是在自我欲望的膨胀中断送未来？如何克服现代文明带来的种种问题并寻找一种出路？乐观派论者相信人类可以通过自己的行动克服危机，如自然法则支配下的自然界一样，人类自己制造了问题的同时也会找到解决问题的办法。科学和技术的突破性进展极大提高了人类解决问题的能力，似乎没有什么不在人类理性的掌握中。罗马俱乐部曾经对人类发展提出了增长的极限的悲观估计，但没有想到技术创新改变了历史进程。乐观派坚持的从近代启蒙运动以来对人的理性的认同和高扬的确有着现实的基础，而如何防止理性变成傲慢和自负还需要审慎的对待。悲观论者则更多地看到了问题和潜在的威胁，他们相信人类终究无法克服天命的力量，如果不谨慎运用人的理性，灾难就可能降临。面对强大的自然法则，人类的理性和智慧是有限的。在瞬间的地壳震动面前，在狂怒的海啸面前，成千上万的生命如同草芥被夺去，这提醒人们，理性的过度张扬难免会受到惩罚。

这时，中国向世界展示了基于自己独特文化之上的发展新道路而引起世界的广泛关注。中国是否走出了一条新的人类文明发展道路，中国复兴与人类文明的互动将出现怎样的态势？

第二节 中国复兴与世界治理变革的互动机制

从世界文明格局中认识中国复兴，这是西方现代性向中国的辐射导致的"现代化"进程，还是中国抗拒变迁挺立自身的过程？在这里，适应性融入与创造性变革的张力构成一种动力机制。

中国复兴是适应性融入与创造性变革的过程，二者之间形成一种创造性张力，驱动了中国应对西方现代文明的冲击，进而在变革中走出自己的道路。首先，中国在西方文明的强烈冲击和渗透下开始了文明转型。在西方文明主导世界的格局之下，中国文明遭遇史上最强烈的冲击，在反复震荡中走向觉醒与复兴。这一文明转型是在应对源于西方的"现代性"的挑战中展开的，表现出中国文化强大的适应性和生命力。在历经一个多世纪的变迁之后，中国已深度融入全球化进程，在与世界文明的碰撞、对话与交流中激发和生长出新的形态。从整体而言，以现代性建构为主题的文明转型还远未完成，这仍然是21世纪中国变革的主题。正是充分认识并自觉吸纳西方现代文明的思想与价值，中国向现代社会迈进。中国在认识、接纳、融入西方现代性中推动古老文明的转型，包括选择社会主义、推行改革开放都体现了这一理念。同时，中国有着高度的主体性，文明转型过程既包括对自身的变革，也包括对西方文明的改造。从历史上看，中国不仅是一种独立完整的文明体系，而且具有强大的包容性与适应性，它汲取了各种不同文化比如北方游牧文化、印度佛教文化并加以中国化的改造，进而增强了自身的生命力。同样，近代以来中国对西方现代文明的吸收也是在这种融汇与变迁的过程中实现的。中国的革命和建设都走"中国化"的道路并取得了成功，这种经验最鲜明地呈现出中国的主体性和独特性，一种多元现代性的中国道路渐趋清晰。

中国的复兴作为一种建设性的力量将如何影响世界？这构成了一种创造性张力。之所以存在张力，是因为中国古代文明与西方现代文明存在异质性，不论是融入还是变革都存在结构性的矛盾。过去一个多世纪中国的转型历经曲折，这也使得21世纪的文明复兴面临各种历史遗留下来的难题。同时，在中国社会和文化的深处流淌着古老文明的精神血脉，在向现代转型的过程中也激发出变革精神与创造活力，这正是中国从衰落走向复兴的动力。由于存在这种创造性张力，中国的文明转型也就呈现出复杂交织的局面。一方面，中国仍然需要融入世界文明秩序中，汲取营养、发展自己、变革自身，顺利实现社会的现代转型。在谋求共同利益基础上实现互利互惠是中国外交的基本原则，这也注定了中国将继续接受并融入世界秩序，同时在适应这一秩序中发展自己。另一方面，中国又将是一种建设性和创造性的因素为世界秩序的变革提供新的可能。中国在过去几千年中塑造了强大的文化主体性，在西方文化的强烈冲击面前一度失去自信，然而最终它还是挺立了起来并逐步恢复了生机。21世纪中国的复兴不只是经济的起飞和国力的增强，更重要的是超越自身历史文化的局限而再度恢复其鲜明的主体性。

在这种适应性融入与创造性变革的张力驱动下，中国的发展与变迁将会深度改变中国同时也将影响世界。中国将完成近代以来开启的现代转型，融入世界文明秩序并确立自己的主体性。这是一个古老文明的转型与再生，既包含对厚重传统的系统审视、批判、检省，也包含在新的生活实践中创造新的文明。中国复兴意味着从制度和文化的深处重构新文明秩序，意味着对传统政治与社会经济结构的脱胎换骨式的重塑，也意味着创造新的生活与秩序，显然这是轴心时代以来中国所经历的最深刻的变革。从世界文明格局看，古老中国文明的复兴必然为世界文明格局创造新的要素。

当今人类社会面临复杂而尖锐的矛盾，强权政治、金融危机、环境危机、贫富差距、恐怖主义等为人类未来蒙上了阴影。突破既有秩序就必须有新的变量、新的文明"质料"、新的思想。那么，中国的崛起是否就是一种可以冲击传统秩序的新变量？进入21世纪以来，世界和中国都发生了深刻变革，此时二者的互动又将催生怎样的后果？中国的社会主义探索与古老文明的复兴是人类文明发展的新探索，从而也对21世纪人类文明秩序的重建发挥建设性的作用。中国不能步西方后尘、复制西方文明，而必须在充分吸收借鉴消化的基础上创造出新的发展模式与生活方式。如此，中国将为人类文明的发展打开一扇新的大门、开辟一片新的天地，通过制度与文化的创新来克服西方资本主义的结构性缺陷，在克服各种全球性危机、现代性矛盾中将人类文明带入一个新境界。中国社会主义新文明的探索可能性。"①他认为，这种非此即彼的思想方式会使得欧洲的一体化被看作一场零和博弈，他开出的药方恰是超越这种局限走向"世界主义的欧洲"。

文化通过提供知识和信仰系统为人提供世界观和价值观，它要回答的核心问题之一是：我是谁？人的理性成长的重要标志是自我意识的觉醒，在与他者、与不同文化主体的互动中认识和确认自我。这种对自我同一性的追求不仅是发现和肯定自我，更是寻求自我的安全。文化让人找到了自我认同的基础，让人在社会关系中确立自我，社会也借此维系了某种统治以及社会的再生产。人类合作在追求现实利益的直接驱动背后还有着深层的社会心理基础。人们在更大的文化共同体中能够找到更大的利益的同时也找到了某种文化认同，这既是目的又是手段。世界主义的意识形态也随着全球化的深入而产生和传播开来。

从政治上讲，社会主义和资本主义的意识形态斗争曾经是"冷战"时期最为突出的矛盾。随着"冷战"的结束以及社会主义的自我改革，社会主义和资本主义的界限在相互学习和渗透中趋于模糊，斗争也相对淡化，这已不是国际合作中的关键问题。穿过意识形态的表层话语而走进各国关系的深层可以发现，一个关键问题是如何确定自我与他者的关系。认识和确证自我总是在面对他者中实现的，当面临冲突与合作时，每个主体都遇到了同样的问题：如何认识他者，如何理解自我，从哪里寻找彼此之间的相互认同？在民族主义表象的背后也有着消

---

① ［德］乌尔里希·贝克、［德］埃德加·格兰德：《世界主义的欧洲：第二次现代性的社会与政治》，章国锋译，华东师范大学出版社2008年版，第7页。

极的因素，在等级观念和自我中心意识的支配下，每一方都想做领袖去主宰秩序。这就无法将他者视为真正与自我平等的主体，彼此在相互隔膜甚至对立中无法走向认同。

理解和认识自我的途径之一是走进历史，在正确面对历史的基础上创造未来。从较为广阔的时空背景分析，东亚在自我认同与对待他者中形成了某种核心结构，成为东亚意识形态的基本秩序和关系。在某种意义上说，东亚长期处于一个文化圈中，有着较为相似的社会和文化结构，因而也有着诸多共同的弱点。从东亚地区的经济社会结构分析，小农经济的生产方式和家国一体的社会结构形成严格的社会等级秩序和观念。观念是社会关系的再现，同时又是维系这种社会关系、实现社会再生产的力量。以君臣父子为标志的等级秩序形成了人们在对待自我与他者的"主—奴"心态，由此形成自我理解的基本框架。这种等级秩序一直没有打破，对权力的崇拜、对上级的顺从、对他者的漠视成为普遍的价值观念和生活方式，这在实现了"现代转型"的官僚制度、现代企业、公共生活乃至家庭两性关系中都依然根深蒂固，这也是"亚洲价值"遭受诟病的因素之一。结果是，有独立精神、自由人格以及行动能力的主体难以塑造，同样在对待他者中也依然难以改变传统的思路。

东亚逐渐形成了以中国为中心的"天下秩序"。这一秩序的基础是"天下"观念，主张"天无二日，土无二王"，至高无上的王权成为天下秩序的核心。《史记》记载的秦始皇东游刻碑刻上有言："人迹所至，无不臣者"，这正是秦始皇将这种君臣关系普遍化、从而强化皇权不可挑战的地位之表现。在这里，一种"统治—被统治""中心—外围""上级—下级""主子—奴仆"的等级关系自然形成。儒教将这种权力关系合理化，将

"礼"视为最重要的社会规范，礼制也成为中国政治统治的基础。这种关系层层推演至对待周边各民族和文化实体，由此形成了"天下秩序"。其中，册封与朝贡制度是维系这一权力关系的制度性约束。这样，一方面中国凭借其经济、军事、政治和文化的强大优势成为区域的中心；另一方面周边各国与民族认可这一政治主体及其意识形态。结果，中国满足了自己的中心与自大的心理，周边小国维系了自己权力的合法性和稳定性；同时，也形成了"中心—蛮夷"的观念，主奴观念在国家和民族关系中得到延伸。

文化心理中的"主子—奴仆"观念渗透到中国人的骨髓之中，对此，柏杨揭示了民族心理中的劣根性——对自己的毛病和问题不愿正视更不愿改正就是其中之一。在对权力崇拜中形成的主奴观念是突出的特征，这也导致人的尊严可能随时被伤害。中国人的等级差序观念根深蒂固，缺乏主体意识和独立人格，在对待他者的时候就面对一种无法克服的潜意识：要么是主子，要么是奴才。在等级秩序下，"我"或"我们"是优等的、优先的，他者是劣等的、不必顾忌的。同样，高于自己的他者又是优越的和优先的，自我是劣等的、可以被牺牲的。这种观念以及社会结构维系和再生产了传统社会的秩序，巩固了某种权力和利益结构。这种观念通过特定的机制化为个体的价值准则和行动规范，进而也成为一个民族的集体无意识。

近代以来，源于西方的现代性思想和运动导致东亚文化认同的危机。这不仅是坚船利炮的对抗，更是世界观与价值观的对抗。一方面是对西方文明的排斥与接纳；一方面是对自我文化的反思与批判，重新认识自我、认识他者、认识世界成为一个新问题。其中，西方的平等观念和主体精神作为现代性的核心思想也向东亚社会渗透，公众的平等观念、主体性意识不断增强，启蒙思想被广泛认同。安德森认为，民族是想象的共同体，现代集体认同必须是在政治上被虚构、被建构起来的。贝克等认为，"殖民主义、民族主义，驱逐和屠杀异民族，所有这一切都源自于欧洲。"① 现代性的推进激发了各个民族的自我认同和凝聚力，民族国家的主权概念与民族主义滋长蔓延，成为推动 20 世纪中国民族解放运动的思想基础。这是"追求承认"的过程，也是追求平等的过程。中国在西方列强的压迫和殖民掠夺下自强不息，通过斗争换来了认可同时也找到了新的自我认同。民族主义认同凝聚起民心成为推动现代化的精神力量。如今民族主义依然盛行，因为国际交往反而增强了人们对自己民族的认同。东亚经济奇迹的重要基础之一是"亚洲价值"，传统的儒学为主的思想价值观念成为经济起飞的重要支撑。值得反思的是，中国还需要继续改造自身的观念体系，树立民族和国家的平等观念根本上需要确立对个体生命价值的尊重。

  问题的关键是如何认识自我与他者的关系。人从他者认识和定义自我，自我观念的形成过程也就是确立他者的过程。主奴观念将比自己弱的人视为奴，才有了"我"和"主子"的概念。在这里没有真正的主体，不论任何人都处于"主—奴"的关系中，既是主又是奴，因而终究也无法成为自由的主体。真正的主体需要从改变对他者的认识开始，将他者视为与自我同样有价值的平等主体。平等既要求平等待人更要求平等待己。平等待己是将自己看作是与他人平等的主体；平等待人是将他

---

① ［德］乌尔里希·贝克、［德］埃德加·格兰德：《世界主义的欧洲：第二次现代性的社会与政治》，章国锋译，华东师范大学出版社 2008 年版，第 13 页。

人当作平等的主体尤其是要将他人当作目的。这体现了对生命的宽容和理解以及对人的更高的要求与期待。只要将人视为真正的平等主体尤其是将自我视为主体才能平等对待他人；将他人看作与自己相同的生命才能让自我成为有尊严的主体。

当世界范围的区域主义、世界主义开始成长并广泛传播的时候，能否成为一个共同体也依赖于"我们"的政治建构。走向多赢的合作而非两败俱伤的零和博弈，需要在超越诸多不合时宜的意识形态基础上建构新的政治与文化认同。这需要挖掘合作的历史文化基础并推进现代转型，在自我批判中更新自身文化。一些共同的文化基因可以成为"求同存异"的基础。比如，佛教强调万物平等，不仅人与人，人与佛，甚至人与万物都是平等的，这种彻底的平等主义需要加以改造从而作为一种思想资源为人类合作提供基础。

中国文化主张"和而不同"是对差异和多样性的认可与尊重。在传统中国主导的天下秩序中，一个重要特征是对多样性的尊重。《礼记·王制》主张："中国戎夷，五方之民，皆有性也，不可推移。"隋炀帝大业三年（607年），突厥启民可汗上表"乞依大国服饰法用，一同华夏"，炀帝诏曰："君子教民，不求变俗。断发文身，咸安其性……何必化诸削衽，縻以长缨，岂遂性之至理？"（《隋书》卷八十四《突厥传》）各遂其性是天下秩序的重要基础。事实上中国对册封的王权也只是接受形式上的认可，对其具体内部事务并不干涉。中国作为一个地理、经济和政治大国，很容易引起邻居的担忧，实现和平与合作需要克服大国心态。实际上，平等的自我与他者关系是与利益紧密相关的。在相当长的一段时间内，基于民族之上的国家仍将是国际社会行动的主体，国家利益也是最根本的动因和目的。在强权政治、霸权主义体系下，从硬实力到软实力的"力"是国际关系中的主导因素。在自我中心意识下"只有不合作的、强权的一方才能获得最大利益"，而随着全球化进程的演进，这种基于力之上的国际关系准则不断碰壁，基于共同利益之上的合作共赢成为现实选择。

第四节　中国文化与人类共同体

伴随着全球化进程的加速，各种不同文化之间的碰撞和冲突也日益突出，思想与文化的传播、碰撞与交流也日渐成为全球化进程中的中心问题。如何看待不同文化和价值观之间的不同，如何去协调和对待这种冲突？

中国有着五千年悠久的历史文化传统，创造了璀璨的古代文明。直至 18 世纪，中国的经济发展都处于世界前列，从中国传入的印刷术、火药、指南针等发明推动了西方的启蒙与革命，推崇中国的丝绸、瓷器乃至生活方式等曾成为法国上流社会的时尚。西方的坚船利炮打破了中华帝国的美梦，也让中国陷入长期的战乱之中，中国与西方的充满血与火的斗争塑造了近现代中西关系的基本格局。走过了两个世纪的徘徊与抗争之后，中国赢得了独立自由并走上文明复兴的新道路。由于源于西方的现代性具有强大合理性，中国仍需要谦逊地学习西方，在本土文化土壤基础上确立适合自己的现代性方案。同时，中国又不会简单地复制西方，而只能在自己的生活实践中走出新的道路。这些都需要从思想与文化层面作出创造性回应。中国与世界都需要重新认识自我与他者，从思想文化深处克服褊狭的自我中心论，从而跨越观念与利益的重重壁垒，为中西文化的深度沟通与融合，为人类文明的进步、解决诸如全球变暖等共同问题构建基础。增进共同福祉需要经济技术的合作，更需要从思想文化层面跨越千山万水形成新共识。中国不会步西方帝国主义、沙文主义的后尘，但也要防止民族主义泛滥。

中国的文化传统注定中国复兴是一种文明的复兴。从历史上看，中国在处理与周边国家关系时奉行"以德服人"而非"以力服人"，借助其强大的文化感召力促成了地区的和平与繁荣，儒教、中国佛教等都传播到许多国家进而形成了"东亚儒教文化圈"等。这展示了中国文化的精神魅力，也昭示了中国复兴的正确方向。在全球化时代，人类共享生命家园成为普遍诉求。中国将为现有秩序逐步引入新因素和新动力，化解各种全球性矛盾和危机，从而使国际秩序发生积极的量变，促成更合理和公平的新秩序。在看得见的时间里，中国不会颠覆西方主导的资本主义世界秩序，因为历史发展有其内在的连续性。但是，中国将是一种建设性的、变革性的因素，中华文明的复兴以及社会主义道路的探索将为解决世界各种问题提供新的思路。所以，这将发生部分质变或者阶段性质变，世界财富与权力结构会发生变化，更重要的是，中国文明的复兴为世界文明带来一股清新之风。

从历史上看，中国文化之根没有中断的原因之一在于其包容性，"和"是其核心价值观之一。和是一种生命的达观，是对自我与他人的宽厚态度。它不仅是一种生存智慧也是一种思想方式。和是一种战胜冲突、创造新价值的力量。"和气生财"表达的是在合作中创造价值的经济规律，"和则两利"传递的是人类生活的内在规律。因为不和，多少财富被浪费，多少生命被践踏，多少苦难被引发。和是一种内心的力量，是心中的大爱和大智慧产生的定力，是人的内心的无畏勇气产生的巨大力量。和也是生命成长的力量，从与他人的合作中获得成长是有智慧的表现。和也是化解人类冲突的武器，它销蚀了一切最锐利的矛和最坚固的盾，让人类在合作与和平中共享生命的美好。所谓无坚不摧的力量常常不在锋芒毕露的外在锐利，而在和颜悦色看似柔弱却无比坚强的内在世界，这也是中国人推崇的柔弱胜刚强的哲学道理。

中国文化历经几千年的沧桑巨变而岿然不动屹立于世界，在其历史演变中所表现出来的智慧和勇气是它走向当下生活的基础。中国在世界上的影响力不断提升，而世人对中国文化越来越多的理解与认同。中国文化在走过了千年沧桑与百年屈辱之后再次高昂起自己的头颅，以崭新的姿态再次走进世界的舞台。

第十四章

中国复兴的客观规律与人的主体性

面对现实中盘根错节的矛盾和阻力,中国的改革与创新步履维艰,这不禁让人慨叹命运在捉弄人。那么,中国人能否走出自己的历史宿命,是否有足够的智慧和勇气凝聚共识而实现历史性的跨越?社会变迁是为客观的规律所支配还是由人的主观意志所左右?唯物史观认为,社会历史的发展既为各种客观物质力量所支配又通过社会行动主体来实现。这就要分析历史主体的思想与行动,更要分析背后的社会物质力量所左右的社会运行的轨迹。

第一节 中国复兴是客观历史过程

对"中国复兴"这一大众化的词语,人们常常认为其意自明甚至是不言而喻的,然而事实并非如此。它首先呈现出来的是人的一种愿景,所以会被理解为存在于人主观世界中的目标或战略,这凸显了人的主体能动性也体现出强烈的主观性。从事实看，社会历史是人参与和创造的活动，中国复兴更表现为人通过集体行动实现人的主观意志的过程。洋务派倡导"中学为体西学为用"，学习西洋器物文明以维护政统与道统。戊戌变法主张维新变法以适应变化世界大势。变法的失败使人觉醒，辛亥革命以暴力推翻了专制制度而建立了民主共和，确立了建设现代国家的制度与思想方向。在列强侵略与世界大战爆发的震撼下，中国继续推进新民主主义革命，在持续不断的流血牺牲中最终赢得了独立和解放。"中国人民从此站起来了！"毛泽东掷地有声的话语振奋了整个民族的精神，中国复兴的历史掀开了全新的一页。在建设新社会美好愿望的驱使下，中国人投身于热火朝天的事业中，既走过了曲折的道路也取得了历史性的成就，改革开放以来更是彻底改变了国家和民众的面貌。回顾这一个多世纪中国历史的变迁，可以看到社会历史正是通过人的思想和行动来实现的，人们在认识世界、创造历史的活动中展现出强大的集体意志。

与此同时，社会历史的发展存在不以人的意志为转移的客观规律，中国的复兴也是这样客观的历史进程，遵循其内在的规律性，承认这一事实就要求以科学态度对待这一问题。作为前提的历史与现实都是客观的存在，一定时期的生产力水平、社会生产方式、制度体系、文化价值观等构成一种"客观物质力量"，各种要素相互依存和作用形成社会历史变迁的客观规律。中国的革命是在认识国情和社会历史发展规律的基础上探索符合实际的革命道路；其发展也是在认识国情与世界发展潮流的基础上探索具有自己特色的发展道路；同样，21世纪实现中国的复兴需要继续坚持这一原则。中国复兴意味着重建国家的正当性与社会的合理性以及文化认同，进而在此基础上建设一个新的共同体，显然这不是从头脑中构建出来而是在实践中摸索出来的。如果过于强调人的主观性而忽视社会历史的客观性，则难以把握历史进程的本质内涵和客观走势。相反，只有透过人的主观层面的愿望去把握背后社会历史发展的规律和趋势，认识其中各种变量交互作用所引发的结构变迁，才能深刻理解中国复兴的本质并使人的行动接近其目的。因此，不应从想当然出发先入为主地设定一个结论，而应从事实出发去认识国家发展的内在规律。

历史规律常常以"必然性"或者"命运"的形式出现，中国的复兴便是在承受曲折的历史命运并奋力与之抗争的过程。承载着五千年古代灿烂文明和厚重的历史遗产，近代以来中国走上了转型与变革之路，中国人在矛盾与冲突中升华出新生命的种子，21世纪的中国仍然继续承担着这一历史命运。相同的是，中国面临自己的社会历史文化传统的重负和羁绊，需要在自我革新与超越中实现复兴；不同的是，世界发生了新的重大变化，出现了新的有利条件和不利因素。社会文化系统的深层次结构的变革与转型徘徊不前，古老文明的革新与重生历经波折，人们强烈感受到以作为"命运"的历史必然性的支配。如何摆脱各种历史宿命的梦魇而在文明创造的实践中挺立起自己的主体性？

认识和把握历史必然性与主体能动性的矛盾是认识和推进中国复兴的一个条件，而科学研究旨在把握规律从而为行动提供理性支持。认识并遵循社会发展的客观规律，要求增强科学性、减少主观性，将决策建立在科学之上，从而避免大的失误、以最小代价顺利实现社会转型。

第二节　自由意志与客观规律的统一

社会历史的发展是主观的建构还是客观的事实，这是社会科学遇到的一个基础问题。人类社会的发展是一种客观历史进程，存在着独立于人的意志之外的客观规律；人又是社会历史发展的主体，社会历史通过人的行动和意志得以实现。主体的再造与社会的变革是同一个过程，二者互为条件、互相作用。社会变迁是社会结构的再造过程，侧重是主体之外的"结构"如制度、文化等。相对于主体而言，"结构"是一种"客观的物质力量"先于个人存在。人是能动的行动主体，具有变革社会的能力。一个合理逻辑是，认识并遵循客观规律是人发挥主体能动性以实现自我意志的条件和途径。

对于社会的考察更多的是分析社会的结构与功能，对历史的考察则更多的认识社会的演化与变迁。事实上，存在于生活形态的社会历史是统一的，社会在时间中存在的形态就是历史，历史是社会在空间和时间上的自我展开。因此，可以将社会与历史结合起来去看待。人在既定的历史条件下进行活动，其"主观选择"的背后则是各种客观因素的共同作用，选择体现出人自我意识的觉醒和主体性。生活是一种历险，每一个选择都存在各种可能性和风险，社会历史是一种向各种可能去行动的过程。历史不是已经发生的事实的累积，也不是与人无关的某种规律的自我实现过程。历史的必然性与人的自由意志是矛盾的统一体，任何一个事件都是人自由意志与历史必然性共同作用的结果。大致说来，在宏观、长期、深层、抽象的意义上说，历史的必然性与决定性因素在起作用，人的自由摆脱不掉历史必然性的束缚；从微观、当下、表层、具体的意义上说，人又是自由的，人在作出自由的意志选择。人自由创造自己的历史，历史并不是遵循严格的线性规律运行而是充满了偶然性、不确定性、不可预测性。

尊重客观规律与发挥人的主体能动性如何有机统一起来？马克思认为，实践是人与世界的交互作用的活动，一方面它在既定的社会历史条件下进行并受制于这些条件；另一方面这又是有目的、有意识、有行动能力的人的活动。实践既体现了外部世界的客观性与必然性，也包含着作为主体的人的意志和能动性。自由不是摆脱社会历史的必然性而是在人的活动中得以实现，必然与自由在实践中得以统一。实践可以沟通自由与必然是由其本性决定的。实践是体现人的目的、意志和本质力量的活动，又是与对象世界相互作用的过程，因而受到两个方面的交互作用并在人与对象世界的互动中确证自由。于是，实践既要遵循对象世界的必然性而不能随心所欲地行动，又为自己的目的和意志驱动而不是被外在力量决定而无所作为。通过引入实践揭示人类生活的真实状况，马克思克服了决定论而凸显了人的自由自主活动的创造性，又克服了意志主义而肯定了必然性的客观性。在社会历史领域中，马克思通过批判以往的唯心史观而建立了历史唯物主义，肯定了社会历史的客观性与必然性。他提出："社会经济形态的发展是一个自然历史过程。""问题在于这些规律本身，在于这些以铁的必然性发生作用并且正在实现的趋势。"[①]同时，马克思并没有消解人的自由，他建构的历史观恰恰是基于"人"之上的，而这里的人则是从事实践

[①] 《马克思恩格斯全集》第44卷，人民出版社2001年版，第8页。

活动的人。马克思一再强调,社会历史的第一个前提是"人",是有意识有行动能力在创造生活的人而非冷冰冰的"规律""社会关系"等。这段话说得很清楚:"历史什么事情也没有做,它'不拥有任何惊人的丰富性',它'没有进行任何战斗'!其实,正是人,现实的、活生生的人在创造这一切,拥有这一切并且进行战斗。并不是'历史'把人当做手段来达到自己——仿佛历史是一个独具魅力的人——的目的。历史不过是追求着自己目的的人的活动而已。"[1]孤立地从一个方面去看二者的确存在矛盾,似乎存在两张不同的面孔。克服这一矛盾需要从马克思历史观的整体、从社会实践去认识,将人理解为从事生产实践的主体而不是想象中的抽象的人。一方面,人的生产实践是在一定界限、前提和条件下进行的,历史不是人主观意志支配的活动;同时生产又是人的创造活动,体现了人的意志和能动性,生产的发展便是人自我实现的见证。这是一个辩证的统一过程。如有学者所言,"人类没有屈服于生产力,生产力发展带来的人类进步不是印证了决定论,而是证明了人的自由。"[2]

自由意志和必然性统一于人的实践活动中,这是自由的源泉也是历史必然性的体现。马克思认为,社会生活在本质上是实践的,人通过实践与对象世界打交道,这是人的本质性活动,也是社会历史的本质所在。实践构成社会历史的基本内容,是人克服外在必然性的约束而通达自由的过程。社会生活是一个探索的历程,没有什么是固定不变的或绝对的,这种不确定性也为人的创造提供了空间。自由意志的实现与历史的超越体现

---

[1] 《马克思恩格斯文集》第1卷,人民出版社2009年版,第295页。
[2] Joseph Ferraro, Freedom and Determination in History According to Marx and Engels, New York: Monthly Review Press, 1992, p. 189.

于人的解放行动中，人通过实践参与和创造历史。人是社会关系的承担者和创造者，也是历史发展的动力。因此，不存在离开人的历史，谈论历史规律不能不从人作为历史主体的角度去谈。同时，马克思不是片面强调人的主体性和自由创造，他批判了抽象的唯心主义历史观，将人的主体性和自由置于社会生产活动中去认识。实践并不是纯粹自由的遐想或者主观意志的无约束的自我实现，相反，它是在特定历史条件下遵循外在必然性才能实现的活动。无数种因素包括偶然因素影响着历史的进程，无数人的意志尤其是历史人物塑造着历史，这些既定的历史条件为人的实践划定了范围、提供了前提、规定了方向。但是，历史不会自动实现自己，而是通过人的主体参与来实现；人不是执行某种外在于自己的意志，而是按照自己的意志创造历史，只不过从历史的客观与长远的视角来看，历史为某种内在的力量所支配而遵循着自己的规律。人是进行着有目的有意识活动的能动的主体，在意识到自己的内在的需求、价值、愿望基础上将这些内在尺度外在化。历史的规律性通过主体能动的实践活动来实现，历史通过各个人的充满矛盾的活动来实现自己的意志。这样，主观性与客观性、合目的性与合规律性、事实与价值、自由与必然在实践基础上实现了统一。

在这里，社会历史的客观结构也展现出来。一方面，社会生产实践本身是一种客观物质性的活动，具有历史传承性，由此形成的社会关系则是特定历史条件下的社会结构，这构成了人活动的基本场域。另一方面，社会本身处于运动之中，这种运动也是各种客观力量作用的结果，具有超越个体的外在制约性。通过对现代资本主义的分析，马克思揭示了这一社会系统的结构及运行机制。这一观点不是否定人作为历史主体的主观能动性，而是将人背后的客观历史力量揭示了出来。如果片面地强调这些方面就会陷入决定论。人参与和创造历史所作出的每一个选择都打上了自己的烙印，但又无处不在受到历史命运之手的控制。人创造了历史，可以积极地影响历史的进程；社会历史又有内在的运动轨迹，存在着某种外在于人的意志之外的力量。这便是社会历史自身的某种客观性。

可见，社会历史既是一种客观的进程又是人们主动选择和创造的结果，二者统一于实践这一具有超越性的活动中。不仅思想具有超越有限性边界的品格，人类的一切活动都具有这种可能，人在不断挑战有限性的过程中增长了自己的力量。人无法预见历史，历史也不存在必然如此的唯一道路。生活是在既定的历史条件下进行的，选择都是由各种因素共同作用的结果；生活又是流动的过程，是不断从现实走向未来的过程。这是生命的内在意志所驱动的结果，不能抗拒生命本身的这种诉求。人类能够作出选择是人的主体性的体现，而这种选择同时又不是完全按照自己的意志行事的，它还受到各种因素包括各种偶然因素的影响，所以它是多种力量共同博弈的结果。

第三节　认识和遵循中国复兴的历史规律

中国复兴是一个客观历史进程，它是五千年中华文明自我发展的演化过程，是近代以来中国社会文化发展的自然延续。从这一较长时段的历史发展来看，21世纪中国复兴是必然的、不以人的意志为转移的趋势，因而是任何力量无法阻挡的。因此，这其中包含着某种规律性的法则，认识并遵循这些法则正是理解和实现中国复兴的根本条件。

首先，中国复兴遵循人类社会发展的某种普遍规律，包括从资本主义向社会主义过渡的历史规律。人类社会的演进表现为各不相同的地域、国家和文化之中，其中也包含了某种普遍的带有规律性的法则与趋势。特别是从近代以来世界文明发展的客观进程看，世界在走向全球化中愈发融为一个整体，由此也形成了越来越多的普遍法则。中国复兴正是在这一进程中展开的，体现了人类文明进步的某种方向，包含了世界文明在现代性驱动下所实现的某种同质化的趋势。尤其是，对社会主义的选择包含了对西方资本主义文明的反思与批判，立足中国的社会文化传统又基于对西方现代性的继承与超越，因而具有显著的创新性，代表了对人类社会发展方向的积极探索。如此说来，中国的复兴便包含了人类社会历史发展以及中国社会变迁的客观规律，这自然以客观必然性的形式展现出来。

其次，中国复兴遵循自身社会历史发展的客观规律，认识和把握中国复兴的独特规律正是探索中国道路的核心要义。人类社会发展的规律与当代中国的社会发展规律之间是一般与个别的关系。中国复兴既遵循人类社会发展与进步的大道，也基于自己独特的文化、历史与现实之上。认识中国需要避免滑入思维定式中，从事实出发而非从抽象理论或既定模式出发确立合理起点，从既有的历史与现实遗产基础上寻求复兴之路。社会文化系统本身具有强大的惯性和连续性，人类文明的演化是一个包含承继与变革的过程，而传统中的各种因素总是以各种方式存在于人类社会文化的基因中。现代社会系统更加复杂而脆弱，转型与变革更需要清醒认识自己的历史与现实，进而在尊重现实的基础上寻求一种合理的道路。从事实看，传统政治体制、文化、社会心理、公民素养等都依然存在结构性的矛盾，政治与社会文化生活方式的变革便必然需要经历长期的移植、适应、创造的过程。

从历史经验看，20世纪中国革命与建设的成功正是在不断摸索历史发展规律中走过来的，其中充满了挫折与失败，在对挫折与失败教训的总结中，人们深刻认识到必须在尊重规律基础上发挥人的主体能动性。毛泽东总结道："自由是必然的认识和世界的改造。由必然王国到自由王国的飞跃，是在一个长期认识过程中逐步地完成的。对于我国的社会主义革命和建设，我们已经有了十年的经验了，已经懂得了不少的东西了。但是我们对于社会主义时期的革命和建设，还有一个很大的盲目性，还有一个很大的未被认识的必然王国，我们还不深刻地认识它。我们要以第二个十年时间去调查它，去研究它，从其中找出它的固有的规律，以便利用这些规律为社会主义的革命和建设服务。"[①]正是在总结实践中的成功经验与失败教训中，人们不断认识中国革命与建设的规律，尤其是从付出巨大代价的挫折中形成了对中国和世界历史发展规律的认识，这是中国复兴历程的基本态势。

20世纪的中国"唯意志主义"十分流行，这是革命成功的基本条件同时也使人付出了巨大的代价。唯意志主义的产生和流行有着现实的基础，面对严酷的环境和惨烈的斗争，在强大的敌人与弱小的自我面前，达成目标只能最大限度地激发人的意志和牺牲精神。在这种人定胜天的革命乐观主义精神指引下，中国走过了最困难的历史时期并迎来了独立与解放的曙光。对

---

① 毛泽东：《十年总结》，《建国以来毛泽东文稿》（第9册），中央文献出版社1996年版，第216页。

此需要以同情的理解去认识。同时，唯意志主义也容易引发人理性的膨胀而走向非理性的狂热，最终背离了客观规律而走向人目的的反面。尊重规律的实质是尊重客观事实，坚持实事求是的科学精神与理性原则。21世纪中国复兴自然是人通过观念与行动所把握的历史变迁，但同时它更是社会历史的客观演化进程，因而需要承认这种客观规律，进而通过认识和遵循规律而实现人的目的和历史的方向。按照马克思主义的观点，最根本的是通过实践中的探索不断加深对社会发展规律的认识，从而能在遵循规律基础上实现复兴的目标。

第四节　高扬中国主体性以克服宿命论

认识和探索中国复兴的规律无法从经典作家中或者西方模式中寻找答案，而需要在自己的社会历史文化条件下创造新的制度、文化与生活，探索新的国家发展道路与新的文明形态，人的主体能动性最突出地表现于此。创造历史并非是随心所欲地进行的，而恰恰需要基于对社会发展规律的认识和遵循之上，正确地认识世界和自我则是发挥人的主体性的直接体现。实现中国复兴是超越现实创造未来的活动，也是抗争命运争取自由解放的过程。在转型与变革中实现国家复兴、创造现代中国的新文明，必然需要克服自身的缺点与局限，如此才能走出历史创造未来。因为这种对新生活和新文化的向往，人们便需要在社会制度与精神文化上进行彻底的变革。

历史的规律是通过人的行动特别是集体的选择与行动得以实现。当人们试图去认识和推动历史进程时，不可避免地遇到了种种客观必然性的支配。受制于人的认识和行动能力的局限，面对以客观必然性为特征的规律，人难免产生强烈的命运感。中国复兴也是一部亿万人用行动谱写的命运交响曲。一个人的命运可以切身去感受，一个民族的命运通过时代主题表现出来。命运的主题是常常有阴郁的一面，因为这承载着热切的渴望也负载着复杂的矛盾。命运最集中的表现是冲突，冲突将命运的主题推向了高潮，社会生活中存在结构性冲突塑造了命运的主题，对社会历史命运的认识需要从把握社会结构性冲突入手，从中寻找破解历史之谜的道路。在这其中，人通过行动抗争宿命从而可能在超越现实中构筑新生活。这不是乌托邦的想象或者纯粹理论的思辨，而是借助对现实生活内在律动的把握寻找其演变的趋势。中国复兴是与命运抗争的过程，历史并不会自动实现自己，走出自己的宿命需要社会主体的担当与创造。人未必一定能战胜命运，但人永远不能被战胜的理由就是其"屡败屡战"的精神。从个体生命的经验事实看，这种命运感与对命运的抗争彰显了人的主体性。作为庞大社会文化系统的一个细胞，个人都为自己的社会和文化所塑造，因此也可从中体察宏观系统的命运。在剧烈的变迁中人们感受到命运的力量，一种透达灵魂的悲情冲撞心胸。这既是个人的生命遭遇，也是对个人背后的社会文化命运的体认与抗争。当人深陷各种矛盾困境中不能自拔时，命运意识便涌上心头，其主题是人遭遇到不能克服的矛盾、陷入不能自拔的困境，生命在冲突中历练、在死亡中升华。

五千年的文明历史让后人自豪，而一百多年来的近现代历史更是充满了觉醒的艰难与变革的辛酸，人性的善和恶都以得到了空前的释放。梦想与希望、痛苦与欢乐、创造与毁灭、爱与恨都与时代及其变迁连在一起，构成滚滚红尘中的一朵朵浪花。千百年来人们似乎走不出历史的轮回，卑微生命不足以撼动强大的社会结构，如朝代更替，如生生死死。站在历史演变的时空坐标中审视当下生活，人需要为生命的延续与升华寻找精神支柱，在黑暗的世界中追寻思想光芒的照耀以抗拒平庸与衰退。面对命运的强大和自身的无力，人只能上下求索以找到克服生命本体性的虚无的压迫。在历史上，因为有先人用生命树立的丰碑伫立在道路两旁，人类才没有被苦难、卑微、死亡和悲伤所压倒，而是通过顽强抗争展现出人类精神的高度。

在认识和尊重社会历史发展规律的基础上发挥人的主体能动性，实现合规律性与合目的性的统一，这是中国复兴的生动实践过程，既体现出中国社会历史发展的客观逻辑，也表现出人们自觉抗争命运以争取自由的奋斗历程。其中，思想作为最灵动和富有想象力的活动构成抗争命运的能动因素。

大国兴起需要思想的支持，思想的繁荣是推动中国前进的重要动力。但是，当今中国思想世界里还存在阻碍创造的观念与体制，思想还不能回应急剧变迁的生活的要求。思想与文化有重复的一面，从广义上说思想是文化的一部分，但它又是通过理性化和抽象化加工过的精神层面的文化。思想是文化的核心，它塑造了一个社会和文化的基本精神和总体高度。思想家站在时代精神的最前沿，敏锐地感知社会发展的走向，成为社会前进的精神航标。思想常常是矛盾和冲突的焦点，在不断冲击既定体系的过程中成为社会变革的先导。这样，思想的创造就成为时代进步的灵魂，它不仅表现为学院里知识的生产，更表现为自由开放的精神和人的创造力的释放。当改革走过了边试验边摸索的阶段之后，中国的复兴迫切需要思想的创造。作为物质背后的精神力量，思想的创造是民族复兴、文化再生的基本标志。反观当今中国的思想世界，思想成为一种稀缺资源。虽然当今中国的文化比历史上任何时候都更加开放、繁荣、富有活力，但是思想的创造依然落后于实践，尤其是缺少原创性的思想创造。充斥于中国人文化世界的大都是舶来的西方话语，或者是已与时代隔膜的传统思想的只言片语；日常生活则为肤浅的商业文化与时髦的流行话语所包围。在国际舞台上，中国鲜有引起重大影响的思想贡献。这些，都要求思想在面对现实问题中寻找创造的思路。中国古代文明的兴盛是以思想的勃兴为突出标志和基本动力的，中国的复兴同样将伴随思想的再度繁盛。从可能性上说，中国社会的历史变革为思想的创造提供了舞台，人们期待中国思想的繁荣。要将这种可能性变为现实，还需要认识和遵循思想创造的规律。在人类思想史上，西方曾经有古希腊思想的高峰，也有中世纪对思想的窒息；在中国曾经有百家争鸣的辉煌，也有罢黜百家的灰暗。思想犹如生命的种子，只有在合适的条件下才能够生根、开花、结果。人们需要沿着智慧之路、抱着理性的开放心态，才能到达思想创造的彼岸。

　　思想创造意味着冲破迷信和教条并运用理性去追求真理，真理是思想探索的最高价值。人类探索真理的历程是从必然走向自由的过程，是人的自主意识日渐觉醒、认识并掌握自己命运的过程。然而人又常常坚持自我中心论的立场，对于真理有一种固执的认同，不同于自己的就是要被排斥和否定的。在生活中人们发现，一些曾经被视为天经地义的"真理"其实只具有相对的意义。独断论的褊狭在文明史上导致了持续不断的宗教迫害、种族歧视甚至战争。推进思想创造就要从各种独断论中摆脱出来，通过解放思想而通达真理的智慧本性。思想塑造了人们的生活，它常常限定了人们生活世界的界限；同时生活的改变常常来自观念的改变，理念的突破成为推动历史变迁的关键。转折时代总是充满着思想的交锋，而分娩的疼痛却是新生命到来必须付出的代价。解放思想就是要不断冲破各种牢笼，将生命从有限性的束缚中解放出来，引领人走向自由自觉的创造之路。思想创造也是在批判中建设新生活的过程，它主张将既成的一切予以理性的审察与批判，发现其问题而不遮掩、寻找其出路而不回避。新陈代谢是大自然的普遍机理，也是一个社会保持生命力的内在法则。其中，批判精神维护着一个社会机体的健康与活力，思想借此不断跨越生活有限性的边界并打开了世界的缺口。思想的创造总是发端于个别人物，他们是人类思想史上的第一个吃螃蟹者。常人大都生活于被安排好的思想和秩序中，很少有人对此表示怀疑，然而保持清醒的头脑并敢于作出独立的判断则是走进思想创造之境的门槛。越过这道门槛，思想的探索就成为一种精神的历险。这不仅是因为存在失败的可能，而且因为这种探索本身就是一次激动人心的、挑战风险的精神历程。探险者不是循规蹈矩而是要打破思想和行为的常规去寻找新生活的可能，这必然意味着挑战自己的知识与思想的视野和精神的高度从而迈进新的世界。

平凡的生活常常磨灭了人的生命意志和创造激情，麻木的神经无法感受深刻的冲突，自然也无法提出触动灵魂的问题。只有突破平庸并直面灵魂深处的矛盾，才能让问题找到人身上，从而打动人的心扉、震撼人的心灵。只有发乎内心并寻找到某种冲动和激情，思想才能在自由驰骋中绽放活力。中国复兴便是这样一个主题。历练思想、砥砺精神、锻造生命才能迸发出真理的光芒。思想是抗拒命运的反抗行动，为了让生命显现出内在的光华，思想必须直面灵魂深处的矛盾、挑战黑暗秩序的问题，最终走出混沌、无知、污浊而达至澄澈、智慧与纯净的道路。因此，思想也便成为洗练身心的过程，在锤炼思想中提升生命境界、在提升生命境界中历练思想才能求得纯净文字。思想是心灵世界的印证，一个人能否清朗如许，也就常常映照在他的思想之中；纯净的思想映照了纯净的生命，纯净的生命塑造了清新的思想。惟有大格局、大气度才会有大境界。仁者不忧，仁者无敌，仁者爱人，它生发出巨大的精神力量和悲悯之心，超越个体有限的生命而在达人中实现达己。把个体生命融入这样的事业中，也就需要不断提升自我的境界，从而才能达到精神的新高度。

第十五章

大转型时代的哲学变革

面对转型时代的大问题,以探究思想、捍卫精神为己任的哲学可以有何作为?显然,这不仅是一门学科的提问,更是对整个民族的精神世界的拷问。哲学的变革意味着古老文明走向复兴进程中的思想再造,这也是一个民族在自我觉醒中走向新生的精神表征。

第一节 哲学与时代

哲学可以是纯粹知识性的思维游戏,也可以是深度介入时代的思想活动。从事实看,哲学正是在回应时代问题中得以生长,时代也在哲学的思想引领下发生变革,二者之间的密切互动构成人类文明演进的一种动力机制。

在轴心时代,东方的老子、孔子以及西方的苏格拉底、柏拉图等追问了宇宙与人生的大根大本问题,回答了文明初创时代由理性觉醒所提出的"人是什么"等问题,进而开创了不同的哲学体系与文化传统。雅斯贝尔斯认为,轴心时代的哲学家确立了之后两千年文明发展的基本范式,这种范式的创立是基于对人类基本境况的体验以及对人类使命的澄明。[①] 基于对"礼崩乐坏"的时代矛盾的反思、对天命的感知以及对安顿人生需求的回答,孔子创立了儒学体系,构建了后世中国文明秩序的基本架构。基于对人类理性及德性的质疑与肯定,苏格拉底以鲜活的生命包括最后的死亡选择诠释了真理与正义,奠定了西方哲学和思想的基础。这样,轴心时代的思想通过提出和回答人类的一些终极问题确立了古代文明的基本秩序与价值体系。在启蒙时代,培根、洛克、笛卡儿、康德等对"认识何以可能"等予以追问,满足了地理大发现以来人们认识世界的渴求,也推动了思想启蒙与近代科学的兴盛。西方哲学由此发生了"认识论转向",通过拷问人类认识能力夯实了科学发展与社会革命的基础。同时,在对"社会秩序何以可能"的追问中,霍布斯、卢梭等考察了权力合法性的基础,由此撬动了政治制度的变革以及现代民主政治的发展。这样,哲学成为通向理想世界创造未来的一个通道,有力地推动了现代工业文明的诞生。在现代社会,马克思、尼采、福柯等洞察到了现代文明演进中的复杂矛盾并进行了反思与批判,在对现代文明悖论的拷问中揭示了资本、权力与知识的异化,进而寻求实现人的自由与解放的可能出路。马克思提出,以往的旧哲学停留于"解释世界",新哲学的使命则是要"改变世界"。尼采挥舞起"重估一切价值"的重锤试图"打碎一切偶像",在对西方文明的批判中继续了启蒙的事业。通过直面现代性的危机,哲学以其思想和精神的力量反抗各种压迫,在挺立人的尊严与价值中确认了存在的意义。西方文明在资本主义驱动下走向世界并对非西方世界构成剧烈

[①] [德]雅斯贝尔斯:《大哲学家》,李雪涛主译,社科文献出版社2005年版,第194页。

冲击，在"挑战与应战""抗拒与变迁"等模式下，世界文明发展走进"全球化时代"。现代文明内在矛盾引发了两次世界大战，在碰撞与交融中形成21世纪复杂的人类文明演进格局。

历史转折时代常常是文明的爆发期，一种文明在量变积累基础上孕育了爆发的能量，同时也意味着守旧与变革的尖锐冲突，这些都集中表现于时代矛盾之中并对人们的精神提出了挑战。此时，哲学以其对时代问题的深刻洞察和自觉承担引领了时代精神的走向，在人类文明史上树立起一座座丰碑——这是思想的丰碑，积聚了人所能拥有的智慧，展现出一个时代所能达到的思想高度，体现了人的生命力和创造力；这也是精神的丰碑，展现出人在冲突中激发出的顽强反抗和生命伟力。因而，哲学通过提出问题、激荡思想、砥砺精神参与时代，是人类反抗黑暗与邪恶、抗拒平庸与堕落、追求光明与正义的精神与思想事业。从形式上看，其提问方式与玄远思考似乎远离现实；从实质上看，它却是以冷峻的目光和批判的精神投身历史洪流，以飞蛾扑火的牺牲唤醒麻木的日常生活，启迪人们去面对和思考生活的真切问题，在涤荡污泥浊水中澄清天下。哲学是时代精神力量的表现，也是培育新文明的思想与行动。所以，在大转型时代，哲学不是可有可无而是不可替代的精神存在。

在这一过程中，哲学也塑造了自身的精神品格和存在方式，人们也可以对"哲学是什么"有多维度的认识。哲学不仅是知识或学问，它更是人类适应生活境遇的思想活动，借助理性反思而达成对宇宙人生的洞察与认知。哲学不仅解释世界、辩护现实，更包含反思与批判的指向，这构筑了防止人类社会走向僵化和腐朽的机制，进而开创人类生生不息的广阔前景。因而，哲学不是一成不变的知识体系而是流动的思想和精神，随着时代生活的变迁而不断超越自己，哲学的开放性与创造性正是时代生活塑造的结果。由此来说，哲学就不只是少数人的职业，它更是一个民族共同参与的实现其价值与理想的思想伟业，是人类回答生命终极问题、提升人的价值的精神活动。

第二节　大转型时代对"道"的追问

今天人类进入一个新的时代，对于中国来说更是一个极具转折意义的大时代。这是快速变革的时代，在科学技术革命及市场经济的推动下，互联网改变了人类的生产方式、交往方式、价值观念，经济全球化、政治民主化进程加速，文化则呈现同质化与多元化的双重交织，一切都处于快速流变之中。同时，这又是大转型的时代，从工业文明向知识经济、生态文明、信息社会等转型是世界趋势，从古老文明向现代文明的转型则是中国变迁的走向。对于中国来说，这一转型尤为复杂。近代以来，以现代性为标志的西方文明兴起并冲击了一切古老文明。在走过了停滞与抗争之后，中华文明上了复兴的道路，其本质是通过社会和文化系统的整体再造来构筑新的中华文明秩序，这包括建设市场体制、民主制度、法治体系、新型文化价值观以及信仰体系等。中国的转型除了市场化之外还包含城市化、民主化、全球化，不仅追求经济发展和社会变迁更要实现文化再造与制度创新，不论其广度还是深度都是空前的，其难度和挑战也是显而易见的。从世界文明发展的背景看，西方文明主导下的世界存在尖锐矛盾，解决这些矛盾需要跳出现有格局，通过引入新变量重构人类文明新秩序。此时，中国的崛起便是一个新变量，作为积极的变革性因素，它将为人类共同问题的解决进行创新性探索。这意味着中国不仅向世界贡献廉价商品，更要提供思想、制度、秩序与价值。中华文明的复兴意味着一种整体性、系统性的变革与超越，既包括对自己的历史和传统的超越，也包括对西方文明的超越，在对时代问题的回答中创造新文明。为此，中国首先需要从深层次上破解近代以来的社会文化变革中面临的矛盾，在解决国家发展、社会重建、文化复兴中遭遇的结构性、制度性、思想性问题上取得实质性突破，在世界与中国、东方与西方、传统与现代等对立与矛盾中确立合理定位，在超越现代性局限的同时培育新文明。

人们普遍认识到，21世纪中国的复兴是深刻影响世界格局的最重要的历史事件之一。那么，中国的复兴是自然而然就能实现的吗？事实是，中国的转型依然面临种种难题，在经济快速发展的同时，传统的经济秩序、社会秩序、心灵秩序被打破，整个社会也陷入失衡状态中。一是人与自然的失衡，资源透支与生态破坏导致人与自然的关系高度紧张。二是经济秩序出现混乱与扭曲，权力支配下的市场存在畸形，市场化的负面作用凸显，贫富两极分化、发展不可持续趋于显著。实现社会主义的公平正义和经济发展的创新转型，需要重建经济秩序以探索社会主义市场经济的合理模式。三是政治秩序出现失衡，合法性危机要求重建政治合法性基础，在遵循历史发展潮流、立足中国人的生活实践基础上构筑新型民主政治。四是人与人关系的失衡，在工业化、市场化、城市化冲击下，传统社会结构逐步瓦解，人与人的关系空前紧张。构建新的社会秩序需要在培育新的社会与文化认同中构筑新型共同体。五是价值观与信仰的迷失导致社会心理的失衡。面对价值观的混乱以及心灵世界的困顿，重建心灵秩序成为人们普遍的渴求。重构文明秩序的核心是重建心灵秩序，确立社会的价值体系和人的意义世界。转型时代的这些失衡都显示出"道"的混乱，"天下无道"成为时代矛盾的焦点，重新寻找和秉持社会发展的"大道"成为中国复兴的客观要求。

　　面对这些失衡与失序，寻求中国复兴之路不仅需要从"术"的层面解决具体问题，也需要从"道"的层面追问根本问题，这便是哲学的事业。从一定意义上说，中国的文明复兴与国家转型恰恰是在"道"的层面上陷入困顿与纠结，因而也亟须从此意义上给出回答。这包括：其一，中国新文明将走出一条怎样的新道路，新道路的世界观与方法论基础是什么？中华新文明秩序需要在反思和超越现实中确立新的世界观，突破西方文明主导的体系，进而构筑新时代更合理的世界观。同时还需要克服封闭狭隘的思维方式，以新的视角重新认识世界和自我。其二，培育中华新文明秩序的制度与文化的道义基础是什么？推动市场经济发展、建设民主政治、构筑新型社会结构等需要从文化上寻求制度的道义基础，通过确立新的集体认同来冲破利益藩篱并寻求最大程度的共识。其三，中华新文明将确立怎样的价值体系、道德规范和意义世界？重建价值体系与意义世界是国家转型与文明复兴的关键问题，这需要适应时代的变化，在新的生活实践中形成新价值体系。中国的文化传统和民众心理具有明显的世俗化特征，难以通过全民信教确立信仰和价值体系，这就需要寻求别的价值和意义支撑。过去儒学便发挥了这种功能以至于被视为"儒教"，今天，哲学便要更多地在回答时代精神问题中构筑国人的心灵秩序。

　　这些问题便是时代向哲学提出的问题。"哲学问题"不会自动提出来，它是从生活中提炼出来的或说是生活向人们提出的问题。哲学不只是一种学科或工作方法，它更是一种系统性、根本性的思维方式。从哲学层面发现和提出问题是哲学参与时代的第一个活动，问题也表现出对时代和历史大势的认识深度。在大转型的时代，以哲学的突破探索国家发展与转型的大道，便是中华文明复兴的客观要求。对于时代提出的这一历史性的要求，哲学能否承担起历史使命？显然，这不仅是一门学科的问题，更是关系时代精神及整个民族的生命境界的问题。

第三节 哲学的贫困折射时代精神的困顿

在20世纪的中国，哲学参与了国家的变革并推动了思想启蒙，这包括新儒学的兴起、大众哲学的普及等。后来，哲学也曾成为政治的附庸，哲学的普及也走向了简单化甚至庸俗化。改革开放以来，哲学回归学术的独立立场并有了长足发展。随着"传统文化热""国学热"的兴起，传统中国哲学一度流行，然而由于没有实现适应现代生活的"创造性转换"，它依然难以解决时代问题并为人们提供终极意义支撑。西方哲学译介和流行开拓了人们的视野，然而因为与中国社会的深度隔膜而难以解决中国的问题。马克思主义哲学被列入必修课，教条主义的宣传使其失去了批判的本性。伴随着市场经济的发展，哲学也逐渐滑入边缘、无力的"贫困"状态。

哲学的贫困表现为没有提出触动时代的问题，从源头上失去了话语权。从历史上看，哲学介入时代首先表现为提出了触及时代的大问题，引发普遍的关注和讨论，在激荡思想中冲破了教条束缚并推动了社会的变革。比如，"文革"之后关于真理标准的讨论、关于人道主义和异化问题的讨论等，基于对时代困境的感知和洞察而从哲学层面提出问题，结果激发了思想的碰撞、引发了人内心的共鸣，在解放思想中推动了历史的进步。在一段时间内，哲学越来越难以提出触动时代本质、撞击人们心灵的问题，也就难以引起社会层面的广泛关注。

哲学的贫困也表现为整个社会批判精神的缺失与批判能力的蜕化。在经济发展大潮中，资本与权力结合成强悍的物质力量冲击和控制了社会的运行，科学技术推动经济发展确立了工具理性的统治地位，结果，传统价值和思想都受到冲击，人甚至沦落为"经济动物"。这种奔涌而来的强大潮流既有积极健康的因素，也有腐败衰朽的方面，而且后者的力量十分强大甚至吞噬了光明与正义，销蚀了存在的意义与人的尊严。这时，哲学本应以其固有的反思与批判介入时代生活，对于种种负面因素给予有力反抗。从历史上看，哲学正是在抗争中诞生和发展的，比如对现代性的反思与批判催生了包括马克思哲学在内的现代哲学，哲学也成为人类反抗虚无与黑暗势力、见证与维护人类尊严的精神力量。然而，在当下中国的现实中，哲学没有奋力反抗而是在强力面前退缩了，面对生活中的异化、虚无、意义的消解、美的毁灭，哲学失去了批判能力、辨别能力、反抗能力，在强悍的资本与权力面前自动退步，结果也无法挺立起独立自由的精神。

哲学的贫困不只是一个学科或职业的衰落，更折射出时代精神的困顿与人们精神世界的自我矮化，人们沉湎于物欲的享乐与权力的争斗而由此可能失去追求美好事物的能力。在社会生活为物欲与市场所支配的时代，人们的精神走向物化、平庸、浅薄。黑格尔曾这样分析19世纪初德国的时代精神：在追求民族国家复兴的背景下,人们对日常生活的琐事予以太大的重视,"世界精神太忙碌于现实,太驰骛于外界,而不遑回到内心,转回自身,以徜徉自怡于自己原有的家园中。"①中国人有着根深蒂固的入世情结,市场经济的发展极大激发和释放了人的物欲,人们被卷入经济发展与物质享乐的狂热中不能自拔,精神世界也陷入空前的危机中。这时,社会生活包括哲学也普遍存在黑格尔所批评的"空疏浅薄"的"虚浮习气",哲学走向边缘也成为时代普遍精神的自然写照。

什么导致了"哲学的贫困"?这有哲学自身的原因,片面的学术化倾向使其远离现实而成为少数人的爱好和职业,成为一种技术性的"学术"或自娱自乐的词语游戏。各种学术"工程"的学术积累有积极意义。然而,这种学院派的哲学研究远离现实,不能直面和回答时代的深层问题,也就无法融入时代大潮。大众关注切身的利益尤其是物质利益,在物欲的满足中自我麻醉。结果,哲学遗忘了世界,而世界也遗忘了哲学。所谓"道不远人",常常是人自身远离了道。人为外物或私欲等纠缠而迷失了自我的本真性,主动远离甚至放弃了"道"的指引,便很容易走上歧途。

面对这种时代境遇,哲学何去何从?当下中国正处于一个新的历史关口,中华文明复兴展现出激动人心的前景。在可以期待的"新轴心时代",中国文明将以全新的姿态傲然屹立于世界,这一文明再造历程对哲学提出了要求,从而也为哲学的发展提供了契机。可以说,哲学处在了新的历史起点之上,面临着突破、变革、创新的历史机遇。经济学、管理学等适应经济

---

① [德]黑格尔:《小逻辑》,贺麟译,商务印书馆1980年版,第31页。

发展的需要而成为"显学",这些知识也为经济发展作出了贡献。如今国家转型、文明复兴遇到了深层次的问题,需要哲学给出回答。这既是一种挑战也是一种机遇,哲学需要在介入时代问题中引领时代精神的发展。

第四节　文明复兴与哲学变革的互动

　　哲学的复兴当然不是轻而易举的,现实中存在各种困难与阻力,在强悍的资本与权力面前,哲学似乎太软弱无力了,人们可以为哲学的无为找到各种理由。然而,哲学也可以成为引领人们走出历史窠臼的超越性力量。哲学不只是时代精神的"反映",更是对时代生活的"创造",是创造新生活和新文明所不可缺少的思想力量。西方哲学传承了真理至上、理性批判的传统,这塑造了哲学的反思性品格,借助知识创造和社会批判推动了社会的变革。在东方,中国哲学从源头上确立了刚健有为、生生不息的传统,它塑造了中国文化的厚重、包容与坚忍的品格,也培育了中华文明薪火相传的生命力量和中国人至大至刚的精神传统。所以,哲学传承了人类文明演化所积累下的最具活力和创造力的思想与精神力量,这是人类文明持续发展并绵延进步的动力源泉。同样,中华文明的复兴与世界文明的进步依然需要这种力量的支持。所以,哲学的复兴并非是等待国家复兴之后的被动附带产物,相反,哲学需要走在时代的前列,以其独特的方式参与时代变革,哲学的复兴也便与国家与民族的复兴同步。在21世纪,中华文明复兴与哲学的振兴是同一个过程的两面,二者有着密切的联系和互动并构成文明演化的一种机制。

一方面，中华文明复兴昭示了一个大时代的到来，这一时代面临的种种大问题要求哲学作出根本性的回答。哲学在反抗现实中与黑暗力量抗争以彰显其精神风骨，这是培育新文明、实现中华文明复生的动力机制。问题意味着对立、矛盾、冲突，在大转型时代，生活、思想和制度等各个层面都存在对与错、新与旧、正义与邪恶、光明与黑暗、真善美与假恶丑的较量，这不仅涉及观念与思想更关涉利益与生命。这时，哲学需要表明自己的立场，将正义的旗帜高高举起，在与一切丑恶势力做坚决斗争中挺立其独立操守与精神风骨。在新文明成长的过程中，哲学的抗争是一个有力的杠杆。

另一方面，哲学的振兴本身是一种创造性的力量，哲学在正面回应时代大问题中参与推动中华文明复兴，这是客观的历史逻辑。哲学需要直面时代需求，投身转型与变革的"主战场"，在深度介入文明复兴与社会变革的实践中承担起历史使命。中国哲学历来以"为天地立心、为生民立命"为己任，今天它更应理直气壮地走向时代生活，这不只是哲学界的一厢情愿，更是中华文明复兴的客观要求。投身时代需要"活的哲学"，这意味着关注当今世界的矛盾与冲突，关注历史洪流中人的苦难与命运，自觉投身变革的历史进程，进入时代生活的中心而非停留于边缘。中国文明的复兴必内含深刻的思想震荡与社会再造，大转型与大变革必然包含深刻的大冲突。哲学要在思想激荡中回答中华文明复兴与国家转型中的深层次、基础性、方向性、思想性问题，在反思与批判中寻找新方向、创造新理念、探索新生活、培育新制度。文明复兴本身包含一种世界观的革命，需要从哲学层面进行自我反思与批判，在超越自我中构筑新制度与新文化的思想基础。

从近现代历史看，哲学的变革一直是中华文明复兴与再生的引导力量。在社会革命与中西文化碰撞的冲击下，中国哲学曾在国难当头激发出其内在的精神力量，以思想的创造投身民族解放与国家独立的历史运动中。抗战爆发后大学南迁，在中国历史上最大的民族灾难期，冯友兰、金岳霖、汤用彤等一批哲学家写出了扛鼎之作。一边是炮火连天、生死旦夕；一边是冷静沉思、奋笔疾书，最玄奥的哲学运思饱含了哲人对苦难命运的深切关怀和对民族复兴的热烈期许。对于冯先生的《新理学》，"有人认为它标志着中国哲学的复兴。中国哲学的复兴则被人当作中华民族复兴的象征。"[1] 在历经苦难的洗礼与生死抗争中，中华民族走上了新生的道路，而这一时期哲学家的思想探索正是对时代问题与民族命运的自觉担当。

进入21世纪之后，中国走上了文明复兴的快车道，在转型中也出现黑白颠倒、是非混淆、善恶不分、方向不明的乱象，亟待澄清基本的事实、规则、价值，拨乱反正，正本清源。中国哲学自当义无反顾、以"虽千万人吾往矣"的精神投身变革的时代洪流中，在直面时代核心问题、深度介入社会实践的过程中获得新生，进而在回答时代问题中为中华文明复兴发挥引领作用。

面对大转型时代的历史境遇，哲学以何种方式介入时代并在推动中华文明复兴中实现自身的复兴？这时，哲学需要直面大转型时代的大问题，推动思想文化上的"哥白尼式革命"。这是对时代问题和历史大势的自觉，是哲学自我成长与发展的台阶。

---

[1] 冯友兰：《中国哲学简史》，北京大学出版社2013年版，第318页。

首先，哲学需要与现实保持一定的张力和距离，避免成为现实的附庸和工具。哲学总是以冷静的批判立场洞察现实、以思想启蒙撬动变革。保持知识与思想自身的独立自主性是哲学成长的一大标志，坚守这种精神传统才有可能实现哲学之理想。如果放弃了独立与批判品格为权力和市场所左右，哲学就无法承担起其使命。当然，这并不意味着只能独善其身而无力参与现实。在权力的压迫与市场的诱惑面前，哲学能否挺立起自身的精神风骨是真正的检验。所以，投身时代绝非投其所好地"媚俗"，这将是哲学的蜕化甚至堕落；而应是以自身的独立、反思与批判的精神与一切腐朽、黑暗、没落的力量斗争并彰显精神的伟岸与自信。

其次，哲学需要从变革自身开始，彰显思想与精神的超越性。文明的复兴必将意味着哲学世界观层面的革命式变革，这是解决系统性问题、探索新的制度与文化的需要，也是文明复兴的标志。哲学的反思与批判精神首先是面向自身的，它时刻对一切僵化和自负保持警惕并随时准备自我革命，只有如此才能坚守其精神品格。面对时代问题与历史机遇，哲学需要高扬这种批判精神，以大无畏的姿态直面自身，在自我反思与批判中寻求超越现实的出路。

再次，哲学的复兴不仅是知识增长或思想迸发，同时也包含了精神的历练、反思与再生。在知识爆炸和商品统治的时代，精神的萎靡也催生了精神成长的迫切需求。随着国家的独立与经济的发展，人们摆脱了贫困的折磨与外敌的困扰，从而能够有条件追求精神的自由与思想的繁荣。哲学本身不只是一种知识或学术，它更触及人类最深层灵魂与精神的事业。黑格尔说：

"追求真理的勇气，相信精神的力量，乃是哲学研究的第一个条件。"[①]哲学是人类追求真理和砥砺精神的最高表现，它需要以此种精神为条件并推动人类精神的进步，这是一条朴实的道理。在物质繁盛的时代，这种精神却走向式微而成为稀缺资源，人在权力和利益面前失去了追求真理和抗争黑暗的勇气。文明的复兴需要唤起整个民族的精神力量，让追求和坚持真理成为基本价值观，这既是哲学复兴的条件，也是哲学走向时代的使命。从根本上说，文明的昌盛当然表现为物质生产力的发展，但更具实质意义的缺失精神的高度与丰富性。在初步实现了小康生活之后，中国文明的复兴越来越依赖于精神和思想层面的变革与创造。这时，哲学的复兴就需要挺立起追求真理的勇气和挑战自我的精神，在参与时代变革中引领思想、砥砺精神、重塑中华文明的思想与精神根基。

还有，哲学要跳出狭隘的小圈子而走向亿万民众的真实生活，在启蒙中培育新时代的文化品格与精神气质。如此，哲学才能找到最扎实的生活基础，而这恰是推动哲学事业发展的强劲动力。哲学曾通过"大众化"而启蒙了民智并化为民众的自觉生活；如今，哲学更需要走进亿万民众的心灵世界，拨动人的心弦，激发人的智慧，使其成为亿万民众共同的事业。中华文明的复兴需要在对自我的检省与批判中进行再度启蒙，以批判精神推动启蒙并引导启蒙正是哲学义不容辞的责任。如今，社会生产方式、交往方式、价值观念等发生了剧烈变化，教育的普及与民主化的推进等都有力地推动了启蒙事业。此时，哲学要走出小圈子而走进公众生活世界，深切、热切关注其命运，

---

① ［德］黑格尔：《小逻辑》，贺麟译，商务印书馆1980年版，第36页。

进而在思想启蒙事业中促进民众的自我解放。

大转型时代的中国呼唤和期待"哲学的春天",这不只是一门学科或学问的兴盛,它是中华民族在自我觉醒中走向新生的客观要求。黑格尔曾热切地呼唤哲学复兴所表现出来的时代精神。"在这时代里,那前此向外驰逐的精神将回复到它自身,得到自觉,为它自己固有的王国赢得空间和基地,在那里人的性灵将超脱日常的兴趣,而虚心接受那真的、永恒的和神圣的事物,并以虚心接受的态度去观察并把握那最高的东西。"[①] 21 世纪中华文明的复兴本质上绝不只是物质或技术的积累与创造,更是精神的升华与思想的创新。从古老文明的涅槃重生中升腾出来的青春生命将涤荡一切的陈腐与虚浮,激发整个民族的蓬勃生机。此时,在思想创造与精神引领中推动这一历史性的伟业,便是中国哲学义不容辞的历史使命。

第五节　意义世界的重建

哲学源于对生活的观察、思考和追问,生活提出的问题是哲学思考的源头,关注当下中国人的命运并回答其问题是中国哲学的使命和发展动力。人首先是一个自然的生命,其生存依赖于物质资料的生产,这是人类文明和人的自由发展的根本条件。另一方面,人是有精神、灵魂、思想的生命,这既表现出人的生命尊严和价值,也是人类文明包括物质文明不断发展的基本因素,而精神世界的满足和安顿则是人类社会面临的核心

[①] [德] 黑格尔:《哲学史讲演录》第 1 卷,贺麟、王太庆译,商务印书馆 1959 年版,第 3 页。

问题。在生产力水平达到一定程度、人们物质生活需求基本满足的条件下，精神文化的需求变得尤其迫切，人的"幸福指数"也很大程度上取决于此。人类精神文化生活的核心是对生命意义的追问，回答这一问题并确立起自足的意义世界正是哲学的核心使命。从 21 世纪中国复兴的大背景看，当代中国面临的一个核心问题是意义世界的瓦解，探索新文明形态的核心是重构意义世界以为人提供安身立命的终极关怀。

传统社会向现代社会的转型带来由经济结构的变化引发的文化价值观的裂变，首当其冲的是传统价值观受到剧烈冲击甚至被颠覆。传统中"采菊东篱下，悠然见南山"的田园生活向人们展示了精神的飘逸与心灵的安适，也塑造了人与自然、人与人之间淳朴的"田园诗般的关系"。在现代性的冲击下，这种生活和社会关系受到了剧烈的冲击而土崩瓦解。一个最直接的力量是来自于市场的交换工具——金钱，金钱至上成为流行的"核心价值观"，人性深处的恶被激发出来如洪水般冲破了世间的道德甚至法律。中国传统哲学借助对宇宙和社会的理解构筑了一套意义体系，为生灵提供了安身立命的意义支撑。近代以来，传统的意义体系在现代性冲击下走向解体，意义世界的危机构成近代以来中国危机的深层内涵。

重构意义世界是中国复兴的内在要求，也是 21 世纪中国哲学的核心使命。作为一种生存方式，文明的创造正是人追求存在意义之见证。在追问和回答存在之意义的过程中，一种文明得以确立终极的合理性。现代文明的诞生是系统性的社会文化转型，它在瓦解传统意义世界的同时确立新的秩序与价值。然而，现代文明的内在矛盾恰恰包含了对意义的解构，重构意义也成为创造新文明的标志。在世界上，宗教为人提供了最普遍的意义安排和坚定的信仰支持，这是最古老而有效的精神安顿方式。世俗化是现代性的一个基本特征，而对于有着深厚的务实和入世传统的中国人来说，宗教很难为整个社会提供基本的意义系统。中国文化本质上是入世的，人在现实的人伦日用中追求和实现生命的意义，宗教的超越诉求并不高。这种文化品格的积极意义是适应"现代社会"的生产和生活方式，由此也推动了经济繁荣与社会变迁；其消极意义则是容易为市场的交易法则与金钱至上的价值观所侵蚀，由此带来意义世界的迷失。基于这种现实，哲学便义不容辞地更多地担负起在现实世界中为人确立终极意义世界的使命。

敢于直面生活世界提出的问题并担当起历史的使命，这就是中国哲学发展的道路。中国哲学取得在世界哲学中的地位不在于与西方哲学为代表的"国际化"的学术研究"接轨"，不在于赢得西方哲学话语圈的认可，而首先在于回答中国社会和文化演变中的问题，中国人的生活与奋斗、光荣和梦想、喜怒哀乐与酸甜苦辣正是中国哲学的关切对象。中国哲学能否拿出自己的智慧和勇气充当思想文化变革的先锋，不仅关系哲学的命运而且关乎整个文化的命运。在大转型时代社会与文化的剧烈变革中，中国必然需要并推动哲学的变革与繁荣，这绝不只是一种"学术"意义上的知识积累和创造，更意味着思想与精神层面的反思与批判。在这里，哲学不仅是一种思辨的学问，更是批判现实、启蒙民智、超越当下的强大力量。因此，它不仅是一种"言说"的艺术，更是一种"行动"的要求。显然，马克思的"实践哲学"与中国传统哲学的务实品格统一起来，共同构成现代中国哲学发展的理论指向。这样，哲学变革的内涵是以思想的解放与创新来引领和推动社会的变革，这也构成中国复兴所需要的思想体系的基础。如今,哲学作为一种学术发展出各种学科门类,累积下庞大的知识体系。对于中国复兴大业来说,哲学需要承担的核心使命不是知识的积累和传播,而是思想的创造与精神的引领,尤其是为意义世界的重建提供世界观和方法论。

参考文献

《马克思恩格斯文集》第1—5卷，人民出版社2009年版。
《马克思恩格斯选集》第1—4卷，人民出版社2012年版。
《李大钊全集》第5卷，人民出版社2013年版。
《陈独秀著作选编》第1卷，上海人民出版社2009年版。
《毛泽东文集》第5卷，人民出版社1996年版。
《邓小平文选》第2卷，人民出版社1994年版。
《邓小平文选》第3卷，人民出版社1993年版。
《胡适全集》第1卷，安徽人民出版社2003年版。
冯友兰：《新事论（中国到自由之路）》，北京大学出版社2014年版。
林毅夫、庄巨忠、汤敏、林暾：《以共享式增长促进社会和谐》，中国计划出版社2007年版。
中国发展研究基金会：《中国发展报告2008/09：对我国构建全民共享的发展型社会福利体系》，中国发展出版社2009年版。
中国科学院：《科技革命与中国现代化》，科学出版社2009年版。
《康德全集》第8卷，李秋零译，中国人民大学出版社2013

年版。

［德］黑格尔：《小逻辑》，贺麟译，商务印书馆1980年版。

［德］黑格尔：《哲学史讲演录》第1卷，贺麟、王太庆译，商务印书馆1959年版。

［英］罗素：《中国问题》，秦悦译，学林出版社1996年版。

［英］汤因比：《历史研究》，刘北成、郭小凌译，上海人民出版社2005年版。

［英］路德维希·维特根斯坦著，［芬］冯·赖特、海基·尼曼编：《维特根斯坦笔记》，许志强译，复旦大学出版社2008年版。

［美］塞缪尔·亨廷顿：《第三波——二十世纪后期民主化浪潮》，刘军宁译，上海三联书店1998年版。

［法］米涅：《法国革命史》，北京编译社译，商务印书馆1977年版。

［法］布罗代尔：《文明史纲》，肖昶等译，广西师范大学出版社2003年版。

［美］大卫·哈维：《新自由主义史》，王钦译，上海译文出版社2010年版。

［匈牙利］卢卡奇：《民主化的进程》，寇鸿顺译，广东人民出版社2013年版。

［法］涂尔干：《教育思想的演进》，李康译，商务印书馆2016年版。

［美］大卫·科兹、［美］弗雷德·威尔：《来自上层的革命——苏联体制的终结》，曹荣湘、孟鸣歧等译，中国人民大学出版社2008年版。

［法］泰·德萨米：《公有法典》，黄建华、姜亚洲译，商务印

书馆 1985 年版。

［德］斐迪南·滕尼斯：《共同体与社会》，林荣远译，商务印书馆 1999 年版。

［英］卡尔·波兰尼：《大转型：我们时代的政治与经济起源》，冯钢、刘阳译，浙江人民出版社 2007 年版。

［英］雷蒙德·威廉斯：《漫长的革命》，倪伟译，上海人民出版社 2013 年版。

［美］马奇、［挪］奥尔森：《重新发现制度　政治的组织基础》，张伟译，生活·读书·新知三联书店 2011 年版。

［法］托马斯·皮凯蒂：《二十一世纪资本论》，巴曙松等译，中信出版社 2014 年版。

［美］约翰·奈斯比特：《大趋势——改变我们生活的十个新趋向》，中国社会科学出版社 1984 年版。

［美］杰里米·里夫金：《欧洲梦：21 世纪人类发展的新梦想》，杨治宜译，重庆出版社 2006 年版。

［美］詹姆斯·施密特编：《启蒙运动与现代性 19 世纪和 20 世纪的对话》，徐向东、卢华萍译，上海人民出版社 2005 年版。

［德］霍克海默、阿尔多诺：《启蒙辩证法：哲学断片》，曹卫东译，上海人民出版社 2006 年版。

［荷］科恩：《世界的重新创造：近代科学是如何产生的》，张卜天译，湖南科学技术出版社 2012 年版。

［美］熊彼特：《资本主义、社会主义与民主》，吴良健译，商务印书馆 1999 年版。

［加］罗伯特·韦尔、［加］凯·尼尔森编：《分析马克思主义新论》，中国人民大学出版社 2002 年版。

［美］马歇尔·伯曼：《一切坚固的东西都烟消云散了》，徐大

建、张辑译，商务印书馆 2003 年版。

［德］乌尔里希·贝克、［德］埃德加·格兰德：《世界主义的欧洲：第二次现代性的社会与政治》，章国锋译，华东师范大学出版社 2008 年版。

［德］雅斯贝尔斯：《大哲学家》，李雪涛主译，社会科学文献出版社 2005 年版。

［美］肯尼斯·梅吉尔：《马克思哲学中的共同体》，《马克思主义与现实》2011 年第 1 期。

Nathaniel Peffer, *China: The Collapse of a Civilization*, New York: The John Day Company, 1930.

Sir Ernest Barker, *Traditions of civility: Eight Essays*, Cambridge; New York: Cambridge University Press, 2011.

Naomi Oreskes and Erik M. Conway, The Collapse of Western Civilization: A View from the Future, *Daedalus*. 142 (1) Winter 2013.

Daron Acemoglu and James Robinson, *Why Nations Fail: the Origins of Power, Prosperity, and Poverty*, New York: Crown Publisher, 2012.

Pippa Norris, *Driving Democracy: Do Power-Sharing Institutions Work?*, Cambridge University Press, 2008.

Maesen, Laurent van der (eds.), *Social Quality: From Theory to Indicators. Houndmills, Basingstoke, Hampshire*; New York : Palgrave Macmillan, 2012.

David Levi-Faur (ed.), *Oxford Handbook of Governance*, Oxford; New York: Oxford University Press, 2012.

Samuel P. Huntington, *Who Are We? The Challenges to America's National Identity*, New York: Simon & Schuster, 2004.

Joseph Ferraro, *Freedom and Determination in History According to Marx and Engels*, New York: Monthly Review Press, 1992.

Martin Hart-Landsberg & Paul Burkett, "China and Socialism: Market Reforms and Class Struggle", *Monthly Review*, 56 (3): 1-116.

Jan S. Prybyla, "On Systemic Transition: Will China Go Capitalist?", *Journal of Northeast Asian Studies*, 1996, 15 (4): 3-34.

Michael E. Porter and Mark R. Kramer, "Creating Shared Value", *Harvard Business Review*, 2011, 89 (1/2): 62-77.

Archon Fung and Erik Olin Wright, "Deepening Democracy: Innovations in Empowered Participatory Governance", *Politics & Society*, 29 (1), 2001: 5-41.

G. John Ikenberry, The Rise of China and the Future of the West Can the Liberal System Survive? *Foreign Affairs*, January/February 2008 Issue.

后　　记

　　本书探讨的是中国复兴问题。作为亲身经历这一进程的中华民族的一员，我想到了自己平凡无奇的人生。

　　在记忆中，小时候抬头即看到东面巍峨的高山，那是"孔子登东山而小鲁"的东山即蒙山。家乡在孔子故里不远处，受孔孟影响很深，特别讲究"礼数"。比如，亲朋聚餐时常常为礼让座次而争得面红耳赤，甚至有人生气拂袖而去。曾祖父魏锡爵是一位开明士绅，抗战时期把三个儿子都送到前线参加了革命。我小时候最亲近的人是祖母魏张氏，祖父魏一山参加八路军在蒙山打游击，祖母独自抚养四个孩子，历尽艰辛，任劳任怨。在祖母的悉心呵护下，我们一大群孙子孙女都度过了幸福的童年。祖母去世前，家人都围在她身边，她安慰大家说：我还要活十年。祖母就像童年记忆中的蒙山，慈祥、坚忍、伟岸，她永远是我们心中最高大的人。我的父亲魏殿新很早参加工作，积极上进、一丝不苟。母亲宋敬荣是一位中医，基本是自学而成。一次谈及哲学，她拿了一张纸折了几折说道："哲学就是'折'过来看。折过来是反面，再折过去又是正面。从阴阳变化角度看问题，便是哲学。"

一路走来，给我直接影响的是许多老师。1983年我读初中，那时经济状况开始好起来，老校长却依然穿着打着补丁的衣服，成为校园的一道风景。张鸿义老师的脸上永远挂着笑容。读高中时，寒冬腊月里早晨起来跑步，副校长朱尔惠常常借机向全校学生训话，风趣幽默，操场上充满了欢声笑语。后来他教了我们一年多的语文，每每布置了作文题，我总是充满激情地畅谈自己的想法，期待看到他的批语。受他的影响，我高考时决意从事教育。读大学上"资本论"课时，我写了一个长长的读书报告，得到吕时达教授的鼓励，内心也增强了理论学习的热情。读研究生时，马捷莎教授带我走上了学术的道路，她更以自己的执着奋斗给学生们树立了人生的标杆。十余年来，李士坤教授的人格与智慧不断给我精神的砥砺与思想的启发。记得一次他说："要有哲学家的胸怀，不要担忧什么。一切都是个过程，任何困难到了一定时候都会过去，过去也就过去了。"回想起来，那时教育还没有受太多商业化的侵蚀，我领受了一种淳朴、厚道、善良、纯净的精神的熏陶，感受到人生的美好，也许这正是人世间最有价值的东西了。想到这，心中充满感激之情，感谢引领、鼓励、启发我前进的所有亲人、老师、前辈。无以为报，只有在心中默默地致意。

　　我不禁想到，这是否就是中国文化最深层的根基，是中华民族生生不息绵延长存的精神之魂？在平凡人生活的背后，一直存留支撑我们民族的生命根基，这也许正是中华文明复兴最深厚的动力。想到这，对中国的未来油然而生一种信心。在各种文化的冲击碰撞下，人们常常对自己的文化抱有复杂的情感。我们终究是中国人，流淌着先人的血脉，传承优秀文化和创造新的文明正是自己的使命。

21世纪中国将迎来自己数千年文明史上的一次壮丽日出，一种新的生活气象正在升腾起来，对于这一景象怎能不令人向往。反观现实中的种种乱象，对孩子的未来不免萌生种种担忧。然而，孩子从不能翻身到说话跑步，每一步都展现了生命进化的活力。"士不可不弘毅，任重而道远。"好好活着，做好自己的事情，生活总会充满希望。

　　本书系北京社科基金研究基地重点项目《中国特色社会主义治理体系的文化基础》（15JDZXA001）的阶段性成果。感谢北京大学马克思主义学院同仁的支持帮助。感谢责编朱华彬博士的辛勤付出。